세상은 나의 보물섬이다

세상은
나의
보물섬이다

김웅기(글로벌세아 그룹 회장) **지음**

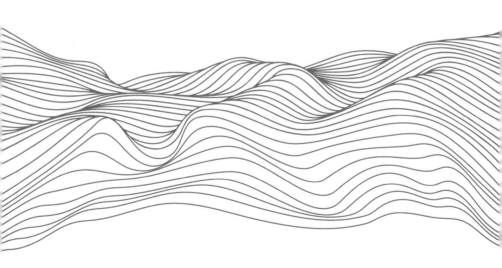

쌤앤파커스

차례

네 안의 모험가를
깨워라

나는 1986년 3월 6일 창업을 했다. 그때 내 나이 35세였다. 모든 것이 낯선 국가에서 상담을 하고 사람들을 만나며, 토지를 매입하고 공장 건물을 신축했다. 인종도 민족도 다른 수많은 근로자들을 채용하여 교육시켰다. 이종 업종에도 진출을 했다. 풍운아 같은 인생을 살아왔다. 덕분에 자본금 500만 원으로 시작한 글로벌세아 그룹의 매출은 37년 후인 2022년에 6조 원을 상회했다.

그러다 보니 살아오면서 긴 시간을 항공기 내에서 보냈다. 한창 바쁠 때는 1년에 24일 이상을 기내에서 보낸 것 같다. 아득한 상공에서 기내의 불이 꺼지면 항공기의 소음만 들릴 뿐이다. 어둠과 소음 속에서 나는 눈을 감고 생각에 잠긴다. 과거와 현재,

미래를 넘나드는 상념은 대부분 사업과 관련된 구상들이다. 그러다 보면 어떤 경우에는 한없이 복잡했던 문제들도 명쾌하게 풀리곤 했다.

미국, 중국을 비롯해 사이판, 베트남, 인도네시아는 물론이고 과테말라, 멕시코, 니카라과, 아이티, 코스타리카, 엘살바도르 등 중미와 아프리카까지… 37년 동안 여러 국가와 도시를 방문했고 많은 날들을 체류했다. 그런 탓인지 국내보다 해외에서 하는 비즈니스가 더 마음이 편하고 쉽게 느껴진다. 오히려 국내에서 하는 비즈니스가 외국에서 하는 비즈니스처럼 낯설게 느껴진다. 그렇게 모험하는 마음으로 전 세계에서 비즈니스를 펼쳤다. 남들이 걷고 뛸 때 늘 지구 위 어딘가를 날고 있다 보니 혹자는 나를 '플라잉맨'이라 부른다.

세상을 탐험하면서 깨달은 사실이 하나 있다. 자신이 갈 수 있는 가장 먼 곳까지 가서 많은 것을 보고 배우고 느껴본 사람만이 기회와 가치를 알아보고 획득할 수 있다는 사실이다. 본 만큼, 아는 만큼 거둔다. 그런 의미에서 내가 만난 세상에는 온통 보물이 가득했다.

나는 늘 나 자신을 낯선 곳에 데려다 놓았다. 거기서 얻은 사람과 기회, 성취가 안전한 곳에서 편안함을 누리고 싶은 마음을 이겼

7

다. 행운의 여신은 언제나 모험가의 편이어서 기회는 계속해서 앞으로 나아가는 사람, 쉼 없이 모험 중인 사람에게만 온다. 물론 보물을 알아보는 안목과 인내심, 먼저 달려가는 실행력과 성실함은 필수다.

사업은 미지의 바다를 끝없이 항해하는 것과 같다. 언제 거친 폭풍우가 밀려올지 모른다. 은퇴하는 순간까지 밀려오는 폭풍우를 헤치고 나아가야 하는 것은 나에게 주어진 운명이다. 나는 가끔 자문을 한다. 하나님께서 20대로 돌아가서 다시 인생을 시작할 수 있는 선택권을 주신다면 어떻게 할 것인가? 단연코 나는 새로운 인생을 선택할 것이다. 나는 지금보다 더 높고 더 먼 미지의 세계로 가고 싶기 때문이다.

많은 사람들이 창업을 하거나 직장생활을 한다. 성공의 비결을 묻는 사람들에게 나는 "무엇을 하든 선두주자가 되라"고 말한다. 선두주자는 개척자이고, 개척자는 물길을 바꿀 수 있다. 또 기업은 필연적으로 1등만 살아남는다. 그러니 무슨 일을 하든 혼신의 힘을 다해 부동의 1등이 되어야 한다.

그 시작은 바로 꿈을 꾸는 것이다. 희망의 꿈을 꾸지 않으면 미래는 없다. 희망의 꿈을 안고 용기 있게 도전하라. 도전은 꿈과 희망을 성취하는 사다리다. 그러니 도전을 두려워하면 안 된다. 당신 안의 모험가를 깨우고, 끝까지 밀어붙이는 용기로 이 세상의 가장

먼 곳까지 가보기 바란다. 그곳에는 분명 당신만 알아볼 수 있는
보물이 기다리고 있을 것이다.

김웅기

PART

1

서른다섯,
막다른 길의 선택

지금 생각하면 내 나이 서른다섯은 청춘이었다.
종잣돈 500만 원으로 무슨 사업을 하겠다고 했는지 도무지 알 수 없다.
청춘은 희망의 꿈을 꾼다. 청춘은 도전과 용기다.
아마도 나는 청춘을 사업의 가장 큰 자산으로 여겼나 보다.
기회는 우리가 알지 못하는 사이에 조용히 찾아왔다가 순식간에 사라진다.
똑같은 기회는 두 번 다시 찾아오지 않는다.
그러니 기회가 왔을 때 용기와 결단력을 발휘해서
그 기회를 잡고 승리해야 한다.

-1-
맨손으로 집을 짓던
청년의 꿈

큰딸 세연이는 강서구 등촌동의 방 한 칸 전셋집에서 태어났다. 주인은 2층에 살고, 세입자 두 가구가 1층에 사는 주택이었다. 우리는 방 1칸에 부엌이 좁은 곳에 살았고, 나머지는 유진네가 살았다. 유진이는 세연이와 동갑이었다. 유진네와 우리는 친하게 지냈다. 주인집 출입구는 대문이었고 유진네와 우리는 뒷문으로 다녔다. 세입자들이 들고 나기에는 뒷문이 편했다.

세연이가 태어나면서 내 삶의 목적이 바뀌었다. 아이를 좀 더 나은 환경에서 키우고 싶어 화곡동으로 이사를 했다. 화곡동 골목 안 두 번째 전셋집은 방은 2개였으나 부엌이 어둡고 깊었다. 한 집에 4가구가 임대로 살았는데 화장실이 1개뿐이어서 많이 불편했다. 그 집에 살 때 둘째 진아가 태어났다. 진아가 태어난 것은 무척 기뻤지만 그만큼 내 어깨는 더 무거워졌다.

화곡동 집은 작은방 2개가 미닫이문으로 나뉘어 있었는데, 슬레이트 지붕이라 여름에는 더웠고 겨울에는 외풍이 심해 추웠다. 위험하긴 해도 아이들 때문에 방 안에 연탄난로를 놓지 않으면 견딜 수 없을 정도였다. 안방 유리창을 둥그렇게 뚫고 연통을 창밖으로 뺀 후 외풍을 막기 위해 테이프를 붙여 두었다.

더운 여름에는 어쩌다 토요일 오후에 이른 퇴근을 하면 저녁식사를 마치고 세 살, 한 살 아이들과 함께 골목으로 나갔다. 세발자전거에 둘을 태우고 한여름 골목길을 몇 차례 밀며 왕복한다. 너무 더워서 땀이 비 오듯 하지만 아이들은 좋아하며 계속 밀어달라고 했다.

그 무렵 나는 충남방적 계열 회사인 ㈜충방의 의류사업부 과장이었다. 충방은 연간 수출실적이 약 1,000만 달러로 지금은 소기업 규모지만 당시에는 중견기업이었다. 1983년 5월에 미국 뉴욕으로 첫 해외출장을 떠났다. 그때는 해외로 나가기 전에 국가에서 시행하는 반공교육도 의무적으로 받아야 했다. 지금처럼 수시로 해외에 드나들기가 어려웠던 시기라 누가 출장을 가게 되면 모든 부서에서 바이어에게 보내는 샘플을 맡겼다. 짐을 꾸리고 보니 초행길인 내 짐이 3단 이민 가방으로 3개나 되었다. 개인 가방은 별도로 있었고 이민 가방은 전부 의류 샘플로 채워졌다.

그때는 대한항공을 포함해 모든 미국행 항공기가 앵커리지에서 1시간 정도 중간 기착을 했다. 앵커리지 공항에서 가락국수를 먹고 있는데 바잉 에이전트인 신한 인터내셔널 H회장을 만났다. 우리는 반갑게 인사를 나누었다. 내가 신한 인터내셔널 바이어들에게 전달할 샘플도 많이 가지고 간다고 했더니 H회장은 자신의 일을 처리해주는 통관 브로커가 나오기로 했으니 세관 통관할 때 도움을 주겠다고 했다. H회장은 일등석을 이용했는데 JFK 공항에 내려서 찾아보니 그는 보이지 않았다. 나를 잊은 것 같았다.

미국 세관원은 나에게 3단 이민 가방 3개에 든 의류 샘플을 모두 꺼내서 샘플 스탬프를 찍으라고 했다. 워낙 양이 많다 보니 2시간 넘게 걸렸다. 가방을 정리한 후 입국장 밖으로 나가 보니 마중 나오기로 약속했던 J사장이 없었다. 나는 허탈했다. 호텔을 J사장이 예약해서 나는 호텔 이름도 모르고 있었다. 더구나 초행길이었다. 택시를 잡아타고 맨해튼 아무 곳이나 가자고 했다. 나는 저렴한 호텔에 투숙한 후 다음 날 J사장에게 전화를 하고 만나러 갔다. J사장은 바잉 에이전트인 암스트롱 B사장의 친구였는데, 브루클린 처치에서 흑인들을 상대로 잡화점을 운영하고 있었다. 그는 JFK 공항에서 나를 기다리다가 2시간이 지나도 나오지 않자 오지 않은 것으로 생각하고 집으로 돌아갔다고 했다. 평생 동안 왕래할 나의 첫 번째 미국 출장은 그렇게 시작되었다.

그때 내 목표는 충방에서 전문 경영인이 되는 것이었다. 그러나 그 꿈은 당시 전문 경영인이었던 Y사장 때문에 물거품이 되었다. 오너 경영인이든 전문 경영인이든 경영자라면 개인적인 이익보다는 회사의 이익을 위해 전념해야 한다. 나는 과장이었지만 회사의 이익을 위해 일했고, Y사장은 자신의 이익을 추구했다. 그러다 보니 갈등이 생겼다.

어느 날 나는 Y사장의 지시를 거부했고(자신의 이익을 추구하기 위한 지시였다), 그 후로는 오더를 수주해도 Y사장이 수주결재를 해주지 않아 원부자재를 발주할 수 없었다. 사장이 오더 수주에 대한 결재를 해야 원부자재를 발주할 수 있는 시스템이었다. 도저히 일을 계속할 수 없었고, 결국 사직서를 낼 수밖에 없었다.

당시 일본을 제외한 미국, 유럽 등에 의류를 수출하는 회사들은 '수출쿼터'로 승패가 좌우되었다. 의류를 수출하려면 수출허가 신청을 할 때 수출쿼터 증명을 제출하고, 배분된 쿼터량에 따라 수출허가증을 발급받았다. 그런데 이 쿼터는 교환할 수 있었다. 쿼터가 다양하지 못했던 충방의 영업부는 보유한 쿼터로만 영업을 했다. 나는 달랐다. 영업실적을 올리기 위해 회사가 보유한 불필요한 쿼터를 타사의 필요한 쿼터와 교환하여 오더를 수주하는 등 적극적인 영업을 했다. 단연 내가 맡은 팀의 수출실적이 가장 높았다. 당시에 쿼터를 교환하면서 쌓았던 인맥이 창업 이후에 큰 도움이 되었다.

그렇게 회사를 떠난 후 의류 수출 업계에 종사하고 있던 선배들을 만나 창업에 대한 조언을 구했다. 모두가 말렸다. 단 한 사람도 창업을 찬성하지 않았다. 밤잠을 설치며 고민했다. 더 이상 직장생활은 하고 싶지 않았다. 옛날 생각이 주마등처럼 떠올랐다.

내가 사업가로 성공할 수 있을까?

나는 대학 졸업 후 지방에서 건축업을 했다. 50평 대지를 구입한 후 건평 25평으로 주택 설계를 의뢰했다. 설계가 끝나고 군청에서 건축허가가 나오면 오야지 목수를 선정한다. 오야지 목수는 새끼 목수와 토수, 미장이 등 필요한 기능공들을 모으고 자재 물량을 산출한다. 나는 그가 산출한 목재와 시멘트, 벽돌, 토기, 못 등 모든 자재를 직접 구매했다. 20대 건축주는 50대, 60대 목수와 토수들의 시중을 들었다. 막걸리도 받아오고 담배도 사 왔다. 일을 안 하면 어른들에게 싫은 소리도 했다. 밤에는 현장에서 숙식하면서 자재를 지켰다.

그 첫 번째 주택은 작은 누님을 위해서 짓기 시작했는데 하다 보니 모두 4채를 건축했다. 한 채를 짓는 데 보통 6개월이 소요되었고, 수익은 50만 원 정도였다. 하지만 건축업은 힘들었고 대학졸업자로서 직장생활에 대한 생각을 떨칠 수 없어 결국 그 일을 접었다.

단독주택 시행사업을 돌이켜보면 사업은 나에게 운명이었다. 사회경험이 전무한 20대의 나이에 누구의 도움도 없이, 잘 알지도 못하는 주택건축 사업을 시작했다. 나는 작업이 끝나고 인부들이 퇴근하면 현장에 떨어진 못 1개라도 줍고, 나무에 잘못 박힌 못은 빼내어 망치로 두드려 곧게 폈다. 그리고 인부들이 사용할 수 있게 못 통에 규격별로 넣었다. 벽돌 1장, 나무토막 1개도 아꼈다. 그때는 그것이 원가절감인지 몰랐다. 그냥 그렇게 하는 것인 줄만 알았다.

여름에는 모기장을, 겨울에는 텐트를 치고 현장을 지켰다. 매서운 바람이 몰아치는 날에도, 눈 내리는 밤에도 그렇게 했다. 그 나이에 왜 사업을 시작했는지, 내 안의 무엇이 나를 그러한 길로 이끌었는지, 지금 생각해도 도무지 알 수가 없다. 사업은 나에게 운명처럼 다가왔다.

지금도 가끔 만나는 한상현이라는 친한 친구가 있다. 고등학교 때 상현이 어머니께서 광주공원 근처에서 철물점을 하셨다. 가게는 조그마했지만 말이 철물점이지 빗자루부터 토관, 화덕, 연탄집게, 못과 경첩 등 없는 것이 없었다. 상현이를 만나러 그 철물점에 가면 나는 손님에게 물건을 판매하는 것이 그렇게 재미있었다. 손님이 안 사려고 해도 어떻게 하든 팔았다.

경영자는 승부사 기질이 있어야 한다. 기회는 우리가 알지 못하는 사이에 조용히 찾아왔다가 순식간에 사라진다. 똑같은 기회는 두 번 다시 찾아오지 않는다. 그러니 기회가 왔을 때 용기와 결단력을 발휘해서 그 기회를 잡고 승리해야 한다. 나는 승부사 기질이 있는가? 과연 사업가로 성공할 수 있을까? 주택건축 사업을 접은 후 10년 가까운 직장생활을 끝냈다. 모두 반대하는 길, 성공확률이 희박한 사업을 나는 꿈꾸고 있었다.

- 2 -
아버지의
전 재산

얼마 후 의류 업계에서 안면이 있던 몇몇 분들로부터 함께 일하자는 연락을 받았다. 무역 회사와 바잉 에이전트였다. 운명의 그날도 면접 겸 식사를 하자는 연락을 받고 출근 날짜까지 의논했으나 마지막 결정은 미루고 인사를 하고 나왔다. 마음이 착잡했다. 다시 직장생활을 시작한다면 내 인생에서 사업의 꿈은 접어야 했다.

겨울바람이 매서운 거리를 정처 없이 걸었다. 한참을 걷다 보니 어느덧 마포 공덕동 로터리에 들어섰는데 "사무실 임대"라는 휘장이 눈에 들어왔다. 5층 건물인 국민서관 빌딩이었다. 아무 생각 없이 건물로 들어가서 임대조건을 물었다. 임대 평수는 18평, 실평수 11평의 작은 사무실이었다.

그날 저녁, 아내와 의논했다. 아내는 사업을 반대하지 않았고 나는 마음을 굳혔다. 당시 우리가 가진 예금통장 잔고는 500만 원 남짓이었다. 다음 날 사무실 계약을 하고 책상 3개, 3인용 소파 1개, 철제 캐비닛 1개, 타자기 1대, 커피포트 1개, 다이얼식 전화기 1대를 주문했다. 무모한 도전이었다. 며칠 후 다시 큰맘 먹고 한국에서 가장 저렴한 승용차 포니 엑셀을 할부로 계약했다. 200만 원으로 기억한다. 차량번호는 서울 4 더 3292, 차량의 모든 시스템은 100% 수동이었고 에어컨은 물론 없었다. 이 포니 엑셀은 후일 회사의 성공과 발전을 이끈 일등공신이 되었다. 나는 나의 분신과도 같았던 파란색 포니 엑셀을 지금도 잊지 못한다.

막냇동생 상기는 다른 의류 수출 업체에서 근무하고 있었는데 도움을 요청했더니 흔쾌히 합류했다. 여직원은 바잉 에이전트에서 근무하던 눈이 큰 단발머리 아가씨 김경희 씨로 매우 총명했다. 사명은 첫째 딸 세연이와 둘째 딸 진아의 이름을 따서 '세아교역'으로 정했다. 주식회사로 하기에는 자금이 없어 개인회사로 설립했다. 1986년 3월 6일을 창립기념일로 정했다.

지금 생각하면 내 나이 서른다섯은 청춘이었다. 종잣돈 500만 원으로 무슨 사업을 하겠다고 했는지 도무지 알 수 없다. 청춘은 희망의 꿈을 꾼다. 청춘은 도전과 용기다. 아마도 나는 청춘을 사업의 가장 큰 자산으로 여겼나 보다.

당시 서울에는 크고 작은 바잉 오피스와 바잉 에이전트가 있었다. 바잉 오피스와 바잉 에이전트는 같은 일을 하지만 다른 점이 있다. 바잉 오피스는 미국이나 유럽의 유통 회사들이 직접 설립한 지점이지만, 바잉 에이전트는 수수료를 받고 바잉 오피스 역할을 한다. 그러므로 대부분의 수출영업은 바잉 오피스나 바잉 에이전트를 통해서 이루어졌다. 바이어와 직접 상담 한 번 하지 않고도 그들을 통해 오더 수주가 확정되는 경우가 많았다. 그러므로 그들의 힘은 막강했다.

첫해 세아교역의 수출실적은 46만 달러였다. 지금은 한 스타일당 수백만 장 수량의 오더도 있지만, 당시에는 그렇지 않았다. 우리는 다른 회사에서 하지 않는, 아니 하지 못하는 수백 장 또는 아주 많아야 스타일당 1,200장의 오더를 수행했다. 자금도 없고, 업력도 없는 조그만 신생 회사로서는 그마저도 감사했다. 그런 오더는 임가공을 전문으로 하는 아주 작은 공장에서도 수량이 적어서 싫어했다. 그런 오더를 흔쾌히 받아준 공장 사장님들은 내가 직장생활을 할 때 거래했던 분들로 손실을 감수하고 기꺼이 도와주셨다. 당시 나는 사업가가 아니라 조그만 가게의 주인이었다. 창업 첫해 1986년은 그렇게 저물어갔다.

신생 회사는 절박하고 서럽다

가족은 하나님께서 주신 보물이다. 나는 아내와 아이들을 위해 존재한다. 1987년 1월, 간밤에 눈이 많이 내린 어느 날이었다. 출근 전 부엌에서 세수를 하고 수건으로 얼굴을 닦으며 방으로 올라왔다. 자고 있는 네 살배기 세연이가 이상했다. 살펴보니 눈은 떴으나 흰자위만 보이고 흔들어도 미동을 하지 않았다. 두 돌이 지난 진아는 자고 있었다.

나는 혼비백산하여 아침식사를 준비하던 아내를 다급히 불렀다. 누가 먼저라고 할 것도 없이 우리는 문을 열어젖히고 밖으로 뛰쳐나갔다. 아내와 나는 세연이를 안고 나오며 옆방 아주머니에게 진아를 부탁했다. 나는 뒤로 세워놓았던 포니 엑셀에 아내와 세연이를 태우고 후진 기어를 넣고 힘껏 가속페달을 밟았다. 골목길에 밤새 눈이 많이 쌓여 있었다. 좁은 골목길을 정신없이 후진으로 빠져나가다 보니 포니 엑셀이 담벼락에 몇 차례나 부딪혔다.

아내와 나는 굳어 있는 세연이의 몸에서 피가 나오면 살 수 있다고 생각했다. 아내가 세연이의 여린 손등을 이로 물어뜯었다. 살점이 떨어졌는데도 피가 나오지 않았다. 세연이는 울지도 않았고, 미동도 없었다. 그야말로 일각이 여삼추 같았다.

큰길로 나가서 화곡동 사거리에 도착하자마자 차를 팽개치고 김철호 소아과 문을 두드렸다. 진료시간 전이었지만 의사가 응급처치를 했다. 잠시 후 세연이가 깨어나 울기 시작했다. 아이의 울음이 그렇게 반가울 수가 없었다. 의사는 경기 때문이라고 했다. 열을 내리기 위해 옷을 모두 벗기고 온몸을 알코올로 닦아냈다. 세연이는 하염없이 울었다. 우리 부부의 무지가 세연이의 손등에 상처를 냈고, 지금도 그 상처가 희미하게 남아 있다. 방 안 연탄난로 때문일까? 아이가 경기를 일으킨 이유를 추측만 할 뿐이었다. 그 일로 너무 놀란 우리 부부는 최대한 빨리 화곡동 전셋집을 떠나기로 했다.

세아교역은 성장은 느렸지만 매출이 조금씩 늘어났다. 다품종 소량 오더를 주로 수주했기 때문에 원사도 소량만 필요했다. 원사는 현금이나 외상으로 구매했고 편직, 염색, 봉제 등은 모두 임가공 형태로 진행했다. 필요한 미국 쿼터는 대행을 하거나 돈을 주고 일시(1년) 양도받아서 수출했다. 우선 현금이 필요한 곳은 쿼터였다. 급한 현금은 3부 이자의 사채로 융통했다.

그러다 1987년에 원사 파동이 일어났다. 원사가 부족해서 방적 회사 영업직원들은 출근 도장만 찍고 종일 밖에서 시간을 보냈다. 사무실에 있으면 원사를 달라는 전화에 너무 시달렸기 때문이었다. 당시 내 고민에 비하면 너무 행복한 고민이었다.

세아는 원사를 소량 사용하는 신생 회사여서 방적 회사가 거들떠보지도 않는 찬밥 신세였다. 충남방적을 찾아가서 직장생활을 할 때 내가 오더를 주었던 M과장에게 사정했다. 그는 담보를 가져오면 원사를 주겠다고 했다. 나는 고민 끝에 조치원에 내려가서 아버지께 도움을 요청했다. 아버지는 흔쾌히 허락하시며 이런 말씀을 하셨다.

"예전에 주택을 건축해서 매각하는 것을 보니까 너를 믿어도 좋겠다는 생각이 들더라. 내가 돈 욕심 없이 평생을 공무원으로 살다 보니 남은 게 이 집 하나뿐이지만 네가 하는 일에 도움이 된다면 그렇게 해라. 돈 없이 어떻게 사업을 하겠느냐?"

아버지는 평생 경찰 공무원으로 봉직하시다 정년퇴직하셨다. 살고 계신 주택 한 채가 전 재산이었는데 자식이 사업하는 데 필요하다니 두말없이 내어주셨다. 그날 나는 아버지 앞에서 차마 고개를 들지 못했다. 죄송함에 눈시울이 붉어졌고 반드시 성공해서 그 믿음에 보답하리라고 굳게 결심했다.

M과장은 아버지를 광화문 충남방적 사무실로 올라오시도록 했다. 자필서명을 받고 근저당을 설정하기 위해서였다. 직원 1명만 조치원으로 보내면 될 것을 그는 그렇게 하지 않았다. 백발이 성성한 아버지는 등기부 등본을 들고 서울로 올라오셨다. 그리고 충남방적 사옥인 청화빌딩의 어둑한 사무실에서 아들을 위해 서명을

하셨다. 가슴이 아팠다. 평생을 공복으로 지내신 아버지 재산의 담보가치는 1,800만 원이 전부였다.

하루를 48시간으로 살다

충남방적은 원사를 주는 조건으로 서대전에 있는 자사 염색 공장을 사용하도록 지정했다. 약자는 따를 수밖에 없었다. 서울에 소재한 편직 공장에서 샘플을 편직하면 서대전 충남방적 염색 공장으로 직접 가지고 가서 하루나 이틀 뒤에 염색된 원단을 다시 찾아오는 일이 일주일에 한두 차례씩 반복되었다. 한 번 다녀오면 5시간 이상 소요되었다. 낮에는 한시가 바쁜 상황이라 서대전에 다녀오는 일은 퇴근 이후로 미루었다.

회사에서 저녁 8시쯤 업무가 끝나면 저녁식사를 하고 파란색 포니 엑셀을 몰고 서대전으로 출발했다. 밤 12시가 다 되어 공장에 도착하면 새로운 작업 지시서와 샘플 생지 원단을 맡기고 염색된 샘플 원단을 차에 싣고 다시 서울로 출발했다. 서울에 도착하면 새벽 3~4시였다. 어떤 날은 집으로 가지 않고 사무실에서 잠시 눈을 붙였다. 운전하다 졸릴까 봐 친구 한상현을 가끔 데리고 내려갔다.

그렇게 서대전 염색 공장을 방문하는 날이면 48시간 동안 한

숨도 자지 않고 일하는 경우도 있었다. 아침 7시에 출근해서 근무하다 늦은 밤 서대전에 갔다가 새벽에 돌아오면 그대로 출근한다. 그리고 또 퇴근 후에 직원들을 데리고 봉제 공장으로 가서 제품 선적을 돕느라 다음 날 아침까지 일하는 식이다. 당시 나는 일만 하기 위해 태어난 사람 같았다.

그때 세아교역이 거래했던 봉제 공장들은 전체 근로자 50명 전후의 영세한 공장들이었다. 대부분 서울 왕십리, 성수동, 구로동, 월곡동, 창동 등에 있었다. 제품을 부산으로 출고하는 날에는 작업이 항상 새벽 3~5시 사이에 끝났다. 그 제품들은 수량이 적어 컨테이너에 실을 수 없었고, 기다리다 지쳐 투덜거리는 트럭 기사를 달래며 함께 카톤 박스를 실었다. 박스 위에 우비를 덮고 줄로 단단히 고정시키는 것까지 돕고 따로 담뱃값을 쥐여주며 떠나보냈다.

트럭이 출발하고 나면 집에 가기에도 어중간한 시간이라 포니 엑셀에서 2~3시간 눈을 붙이고 목욕탕을 거쳐 회사로 출근했다. 한번은 몹시 더운 어느 여름날, 그날도 월곡동 공장에서 새벽에 트럭을 떠나보낸 후 포니 엑셀 차 문을 열어놓고 잠을 자다가 지붕을 때리는 요란한 빗소리에 놀라 깬 적도 있다. 공장 이름이 슬비섬유였다. 슬비섬유 털보 사장은 지금 과테말라에서 공장을 하고 있다.

공덕동 국민서관 빌딩 시절은 채 2년이 안 되었다. 직원이 2~3명 더 늘어나면서 같은 공덕동 내에 있는 면적이 조금 넓은 지방행정회관으로 사무실을 이전했기 때문이다.

직장생활을 하면서 강남구 도곡동에 있는 23평형 진달래 아파트를 전세를 끼고 사두었다. 23평의 전세금은 화곡동 집 전세보다 높은 금액이었다. 거래은행에서 진달래 아파트를 담보로 대출하여 부족한 전세 보증금을 돌려주고 세입자를 내보냈다. 세연이 일로 놀란 우리는 진달래 아파트로 이사했다. 이사 첫날 아내가 수도를 틀면서 따뜻한 물이 나온다고 좋아했던 것을 나는 평생 잊을 수가 없다. 아내와 아이들에게 아파트 생활은 편안했다. 나는 아내와 아이들을 위해서 평생 열심히 살겠다고 마음속으로 다짐했다. 그리고 이제 본격적으로, 사업을 제대로 하기로 결심했다. 가정에 대한 걱정도 없었다.

- 3 -
벼랑 끝으로 내몰린
두 번의 위기

1988년 후반, H회장이 운영하던 신한 인터내셔널에서 바이어 브룩스 브라더스와 상담을 했다. 스타일은 크루넥으로 양소매와 앞가슴에 피스 프린트된 우븐 원단을 파이핑으로 덧댄 중량이 높은 CVC 플리스 원단이었다. 수량은 4만 장이 넘었다. 세아를 설립한 이후 한 스타일에 그렇게 많은 수량의 오더를 상담한 적이 없었다. 나는 그 자리에서 원가계산을 해서 1장에 10달러가 넘는 단가를 제시했다. 바이어는 흑인 남자였는데 이름은 기억나지 않는다. 그는 그 가격을 받아들이고 나에게 샘플을 의뢰했다.

브룩스 브라더스 샘플을 제작하면서 정확한 원가계산을 끝낸 나는 너무 놀랐다. 338/9 쿼터 비용까지 포함된 원가는 7달러도 안 되었다(338/9 쿼터는 면 혼용율이 높은 상의 제품이 해당된다). 오더가 확정되면 이익이 무려 35%를 초과했다. 단가를 다시 조정해야겠다고 생각했는데 다음 날 오더가 이미 확정되었다는 통보를 받았다. 단일 오더로는 가장 큰 50만 달러를 초과하는 오더였다. 그 오더 덕분에 세아상역은 업계에 안착하기 시작했다. 그러나 나는 그 오더로 인해 정상이익의 필요성에 대해 배웠다.

섬유 업계의 비즈니스는 제로섬게임이다. 피자 한 판을 놓고 원단, 봉제, 벤더(vendor), 바이어 등 여러 이해관계 회사들이 적정한 이익을 분배하는 구조다. 그러므로 이들 중 어느 한 회사가 과다한 이익을 취하면 다른 회사의 이익은 그만큼 줄어든다. 그런 일이 반복되면 어느 순간 비즈니스 생태계는 무너지고 결국에는 그 피해가 우리 회사를 포함한 모든 기업에 돌아간다. 그러므로 비즈니스 생태계가 온전히 존립하고 발전할 수 있도록 서로 적정하게 이윤을 배분하려는 자세가 필요하다. 바로 그것이 '정상이익'이다. 브룩스 브라더스와의 거래는 계속되지 않았다. 어쨌건 1986년 창립 첫해에 46만 달러였던 수출실적은 1988년 764만 달러로 2년 만에 17배 가까이 증가했다.

정동빌딩에 있던 신한 인터내셔널을 통해 바잉을 가장 많이 하는 바이어는 차우스였는데, 연간 약 9,000만 달러였다. 때문에 H회장은 차우스를 애지중지하며 가장 공을 많이 들였다. 그러나 차우스는 신한 인터내셔널에서 근무하던 P부사장을 지점장으로 내정하고 여의도 63빌딩에 자체 바잉 오피스를 만들었다. 당연히 신한 인터내셔널과는 거래를 끊었다. 커미션 에이전트보다 자체 바잉 오피스를 운영하는 것이 비용 절감 측면에서 유리했기 때문이다. 이처럼 비즈니스의 세계는 냉정하고 비정하다.

나는 차우스로부터 약 100만 달러가 넘는 패키지 오더를 수주했다. 다섯 가지 스타일로 대단히 어려운 오더였다. 염색된 원사를 선염사라고 부르는데, 상의는 선염사로 편직한 자카드 원단으로 올리브 색상 바탕에 흰색 무늬가 있었다. 그러나 스커트와 팬츠는 올리브 색상 후염이었다. 선염사로 편직한 상의와 편직된 원단을 염색한 원단으로 제작한 하의의 색상을 정확히 일치시키는 것은 매우 어려웠다. 최선을 다해서 색상을 일치시키면서 바잉 오피스로부터 색상 확인을 받고 작업을 모두 종료했다.

그런데 바잉 오피스 최종검사에서 선염과 후염의 색상이 정확히 일치되지 않는다는 이유로 불합격되었다. 무려 100만 달러 금액의 제품을 모두 출고하지 말라는 것이다. 나는 그들에게 사정했다. 내가 보기에는 큰 문제가 없으니 스타일별로 샘플을 직접 바이어에게 보여주고 설명하자고 했다. 그러나 그들은 냉정하게 거절했다. 세아상역이 알아서 하라는 것이었다. 100만 달러 제품이 선적되지 않으면 당장 문을 닫아야 했다. 눈앞이 캄캄했다. 그때 전 직원이 7명이었다.

나는 스타일별로 샘플을 챙겨서 혼자 맨해튼으로 갔다. 브로드웨이에 있는 차우스 사무실에서 소싱 책임자였던 낸시 야오를 만났다. 그녀는 아버지가 대만 분이고 어머니는 한국 분이었는데 한국어를 전혀 못 했다. 나는 상담 때문에 몇 차례 안면이 있었고 예전에 식사도 함께 했었다. 나는 낸시에게 제품에 대해 상세히 설명했다. 선염과 후염의 미세한 색상 차이는 존재할 수밖에 없다고 설명했다. 그리고 만약 100만 달러 오더가 취소되면 세아상역은 문을 닫을 수밖에 없다는 말도 덧붙였다.

낸시 야오는 빙긋이 웃으면서 바이어들에게 제품을 가지고 가서 설명할 테니 잠시 기다리라고 했다. 나는 회의실 의자에 앉아 기다렸다. 시간이 얼마나 흘렀을까, 한참 후 그녀가 돌아왔다. 활짝 웃으며 당신이 말한 대로 설명했더니 바이어도 이해를 했다고 말했다. 패스했으니 모두 선적하라는 것이다. 나는 긴장이 풀려 당장 쓰러질 것 같았다. 차우스 사무실을 나와 브로드웨이를 걸어 호텔로 가는 길은 신천지 같았다. 모든 것이 기쁘고 감사했다. 나는 지옥의 문턱에서 생환했다.

지금도 크게 다르지 않지만 당시에도 여러 회사들이 바이어 초청으로 미국 출장을 가서 상담을 했다. 뉴욕 JFK 공항에 이른 아침에 도착하면 노란 택시를 타고 맨해튼으로 간다. 맥도널드에서 햄버거로 아침식사를 하고 바이어 사무실에 도착하면 수십 스타일의 패키지를 받고 가격산출을 위한 설명을 듣는다. 오후가 되면 브로드웨이에 있는 사우스게이트 타워 호텔에 체크인을 했다. 사우스게이트 타워 호텔은 하루 숙박비가 70~80달러였는데 간단하게 취사를 할 수 있는 가스레인지와 냉장고, 식기 세트, 식탁이 갖춰져 있었다. 브로드웨이 32번가에 있는 한인 상가에서는 라면을 팔았다.

호텔 방에서 저녁을 간단히 만들어 먹고 가격을 산출하다 보면 어느덧 어둠은 사라지고 동이 트기 시작한다. 당시 상담을 위해 미국 출장을 가면 오더를 조금이라도 더 수주하기 위해 거의 밤을 새워가며 일했다. 물론 나 혼자만이 아닌 함께 출장 온 여러 회사와 경쟁을 한다. 세아상역은 매년 조금씩 성장했고, 나는 일손이 부족해서 직원을 몇 명 더 채용했다.

저승사자 수잔과의 담판

당시 대한민국에서 에이전트로는 가장 규모가 컸던 신한 인터내셔널은 바이어들이 이탈하기 시작했다. 이유는 H회장이 폴로 랄프로렌, 쉐비뇽 등 해외 브랜드를 들여와 내수사업을 하다 실패해서 현금 유동성 문제로 회사 경영이 어려웠기 때문이다. 결국 부도가 났다. H회장은 이미 해외로 출국한 후였다.

H회장이 내수사업에서 성공했다면 바잉 에이전트 사업도 무너지지 않았을 것이다. 이종 사업은 어렵다. 실패하면 기존 사업도 흔들릴 수 있기 때문에 이종 사업은 신중에 신중을 기해야 한다. 나는 평소 눈여겨보았던 신한 인터내셔널 K이사에게 자금을 빌려줄 테니 독립해서 에이전트를 설립할 의사가 있냐고 물었다. 며칠 후 그녀는 그럴 의사가 있다고 했다. 나는 K이사에게 현금 2,000만 원을 차용증 없이 빌려주었다. 그녀는 바잉 에이전트를 설립했다. 사무실은 여의도 태영빌딩이었다. 나는 개업선물로 복사기를 선물했다. K사장은 신한 인터내셔널에서 담당했던 마이클 캐리라는 바이어와 거래를 시작했다. 과거에 마이클 캐리는 신한 인터내셔널을 통해 세아상역에서 하의를, 지금은 없어진 군자산업에서 상의를 수입했다.

마이클 캐리의 소싱 책임자는 수잔이라는 유대인 여자였다. 그런데 수잔은 K사장과 거래를 시작한 후로 돌변했다. 한국에 출장 오면 과거에 신한 인터내셔널과 거래할 때는 하지 않았던 행동을 했다. 가령 상담하다가 마음에 안 드는 일이 있으면 소리를 지르거나 책상을 발로 걷어차고 의자를 밀어버렸다. 그러나 K사장은 수잔이 바이어라는 이유로 그 수모를 묵묵히 참았다.

세아상역은 어느 날 마이클 캐리로부터 여러 스타일의 패키지로 약 30만 장의 오더를 받았다. 금액은 150만 달러 정도였다. 우리는 수주한 오더를 생산하는 데 전념했다. 일반적으로 모든 오더는 생산이 종료되었을 때 바이어에게 스타일별, 색상별로 샘플을 발송한다. 30만 장 오더도 예외는 아니었다.

샘플을 발송한 후 마이클 캐리로부터 연락이 왔다. 사이즈 스펙이 맞지 않으니 선적을 보류하라는 것이었다. 철렁하고 가슴이 내려앉았다. 나는 마케팅 클레임이라고 판단했다. 에이전트인 K사장에게 미국으로 가서 함께 해결하자고 했다. 그러나 K사장 남편이 반대했다. J사장이라는 그 남편은 사무실을 오픈한 후부터 출근했는데, 의류 바잉 에이전트 업무를 전혀 모르는 분이었다.

나는 스타일별, 색상별, 사이즈별로 견본을 모두 챙겨서 3단 이민 가방 2개에 가득 채우고 혼자서 뉴욕으로 출발했다. 앵커리지에 기착해 평소처럼 가락국수를 먹었다. 하지만 머릿속은 마이클 캐리에 대한 걱정으로 가득했다. 기내에서 한숨도 자지 못했다. 멍한 정신에 커피를 한 잔 마시면서 '내가 과연 이 위기를 잘 넘길 수 있을까?' 스스로에게 물었다. 욕도 서슴지 않는 강한 성격의 수잔을 내가 이길 수 있을까? 나는 할 수 있다고 믿었다. 이 위기를 해결할 수 있다고 스스로에게 다짐했다. 절대로 물러서지 않기로 마음을 굳혔다. 도착하자마자 뉴욕에서 의류 비즈니스를 하고 있던 메이븐의 J사장을 만나 사정을 설명하고 도움을 청했다.

다음 날 호텔에서 택시를 불러 이민 가방 2개를 싣는데 비가 억수같이 많이 내렸다. 짧은 시간이었지만 옷이 모두 젖었다. 비까지 내리니 마음이 더 심란했다. 브로드웨이 1407 빌딩 로비에서 J사장을 만나 함께 올라갔다. 사무실에서 수잔이 기다리고 있었다. 그녀는 권투선수 떠버리 클레이(무하마드 알리)처럼 나에게 인사를 했다. 먼저 기선을 제압하려는 것 같았다.

나는 수잔에게 J사장을 맨해튼에서 의류 비즈니스를 하는 내 삼촌이라고 소개했다. 그러자 수잔의 눈빛과 말투가 달라졌다. 조용했다. J사장은 갑자기 내 삼촌이 되어버렸다. 나는 제품을 한 장 한 장 펼쳐서 사이즈 스펙을 쟀고, 내 삼촌 J사장은 그것을 정성스럽게 노트에 기록했다. 물론 수잔은 그런 우리를 팔짱을 끼고 지켜보고 있었다. 모든 스타일의 사이즈는 허용 오차 범위였다.

결국 수잔은 모든 제품을 선적하는 대신 6만 달러를 깎아달라고 했다. 나는 150만 달러의 2%인 3만 달러만 깎아주었다. 수잔은 선적을 승인했다. 마이클 캐리 사무실을 나설 때의 내 기분은 그야말로 구름을 타고 나는 듯했다. 또다시 죽음의 문턱에서 밝은 세상으로 나온 느낌이었다. 저승사자 같은 수잔을 내가 이겼다.

여담이지만, 귀국 후 나는 K사장을 만나 마이클 캐리 사무실에서 있었던 이야기를 하며 앞으로 마이클 캐리와 거래하지 않겠다고 했다. 며칠 후 K사장이 나를 찾아왔다. 바잉 에이전트를 청산하겠다며 2,000만 원을 돌려주었다. 그 후로는 한 번도 만나지 못했다. K사장처럼 착하고 순한 성품으로는 수잔 같은 사람과 비즈니스를 할 수 없었다. 비즈니스를 하려면 수잔을 뛰어넘을 수 있어야 했다.

사업 초창기에 우리 회사는 연간 매출이 수백만 달러도 안 되는 규모였다. 그런 상황에서 100만 달러가 넘는 제품들을 선적하지 못 할 뻔한 위기가 두 번이나 있었다. 만약 한 번이라도 위기를 넘기지 못했다면 지금 나는 어디에서 무엇을 하고 있을까?

언제나 끝까지 남는 사람이 리더다

1988년쯤에 외출한 직원들이 연락할 수 있는 도구는 유선전화와 삐삐밖에 없었다. 당시 나를 포함해서 전 직원이 일당백 역할을 하며 전천후로 일했다. 바잉 오피스와 바잉 에이전트 사무실을 거쳐 편직 공장, 염색 공장, 기모 공장, 나염 공장, 봉제 공장, 자수 공장, 워싱 공장을 방문하고 작업 지시서를 전달했다. 또 어떤 경우는 견본 원단을 구입하기 위해 동대문시장, 평화시장을 방문했고, 부자재 공장까지 찾아가 필요한 부자재를 구한 후 견본실을 직접 방문하여 견본작업을 의뢰했다.

내가 회사에 있을 때 외근 중인 직원들이 공장에서 퇴근한다는 연락이 오지 않으면 나는 퇴근을 하지 않았다. 업무가 너무 늦게 끝나서 이제야 퇴근한다는 연락을 받은 후에 나도 퇴근했다. 당시에는 봉제 공장들이 영세해서 제품을 납기에 맞추어 출고하려면 항상 철야 작업을 했다. 그럴 때는 퇴근 후 직원들을 모두 데리고 가서 작업을 도와주었다. 실밥을 제거하거나 제품을 폴리백에 넣는 작업, 카톤 박스 포장 등을 도왔다. 새벽 3~4시쯤 작업이 끝나가면 직급이 낮은 순서대로 직원들에게 근처 여관으로 가서 조금이라도 수면을 취하라고 했다. 그러나 나는 제품이 트럭에 실려 출발할 때까지 공장 사장, 근로자들과 함께 일했다.

지금도 회사에서 내가 항상 강조하는 것이 솔선수범이다. 어렵고 힘든 일일수록 상급자가 해야 한다. 나는 상급자였으므로 언제나 끝까지 남았고 힘든 일을 먼저 하려고 애썼다. 회사는 군대가 아니다. 윗사람이랍시고 직급을 내세워 명령하면 직원들의 로열티가 없어진다. 힘든 일이 생기면 자기만 쏙 빠지는 상급자를 직원들이 과연 신뢰할까? 그럴 리 없다. 직원들은 자신을 아껴주는 상급자를 존경한다. 또 직원들을 아껴주는 회사에서 근무할 때 맡은 일에도 정성을 다한다.

순리대로 돌아가는 게
세상이다

나는 중학교 때부터 그림 그리기를 좋아했다. 스케치북을 들고 공원 풀밭에 앉아 풍경 그리는 것을 즐겼다. 그때는 틀림없이 화가가 되리라고 스스로 생각했다. 내가 사업가가 되리라고는 생각도 못했다.

의류와 첫 인연을 맺은 것은 고등학생 때다. 1960년대 후반에는 옷이 흔하지 않았다. 고등학생, 대학생들은 주로 군복이나 보세품을 염색하거나 수선해서 입었다. 어머니는 집에 있는 재봉틀로 이불 홑청을 만들거나 옷을 수선하셨다. 어디서 구했는지 모르겠지만 집에 청록색 바지가 한 벌 있었다. 당시에는 밑단이 넓은 나팔바지가 유행이었는데 그 바지는 이상하게 밑단이 좁았다. 내가 입기에는 사이즈도 너무 컸다. 나는 바지를 모두 뜯은 후 원형은 그대로 유지하면서 내 사이즈에 맞게 가위로 재단을 했다. 그리고 잘라낸 원단을 안쪽으로 덧대어 밑단도 넓혔다. 어머니의 재봉틀로 합봉해 새 바지를 만들었다. 입어보니 밑단도 넓고 나에게 잘 맞았다. 손수 재단하고 봉제를 했던 그 바지를 대학에 진학하고 나서도 즐겨 입었다. 청록색의 바지 색상이 지금도 눈에 선하다.

내가 어렸을 때 어머니는 늘 재봉틀 앞에 앉아 계셨다. 드르륵드르륵 소리를 들으면서 잠든 날도 많다. 어머니는 재봉틀로 옷도 줄여주시고 버선도 만드셨다. 이불 홑청, 상보도 뚝딱 만들어내셨다. 어머니가 재봉틀을 돌릴 때 옆에서 바늘에 실을 꿰어 드렸던 기억이 지금도 선명하다. 세상의 모든 어머니는 마술사다. 남편의 박봉 또는 몇 마지기 논밭으로 자식들을 키워내셨으니 마술사도 그런 마술사가 없다. 그런 어머니들의 희생이 대한민국을 만들었고, 우리 어머니도 마찬가지였다.

사회에 나와 2년 동안 주택건축 사업을 하면서 사업의 기본기를 배웠다. 예산과 비용지출, 현금 출납, 원자재와 부자재 관리, 로스 개념, 사람 관리와 인간관계 형성이 얼마나 중요한지를 그때 스스로 깨우쳤다. 돈을 번다는 것이 얼마나 고생스럽고 어려운지도 그때 알았다. 지금도 크고 작은 결단을 내려야 할 때, 그때 배운 용기와 지혜가 의식 저편의 도전정신을 일으켜 세우는 것 같다. 때문에 나는 도전을 두려워하지 않는다. 오히려 도전을 향해 성큼성큼 걸어간다.

세아교역은 1988년 8월에 세아상역 주식회사로 법인 전환을 했다. 회사는 조금씩 성장하기 시작했다. 서울 올림픽이 열린 1988년 8월 15일에 아버지께서 돌아가셨다. 아버지를 생각하면 항상 떠오르는 모습이 있다. 서울역 광장에서 가방을 대각선으로 메고 서 계시던 모습이다. 아버지는 1년에 두어 차례 진달래 아파트 우리 집에 오셨는데 조치원에서 기차를 타고 서울역에 도착하시면 광장에서 나를 기다리셨다. 회사 업무로 눈코 뜰 새 없을 때라 아버지가 올라오시는 것이 내심 못마땅했다. 나는 항상 늦어 아버지를 서울역 광장에서 기다리시게 했다. 키가 크고 건장한 백발의 아버지가 신사복에 어울리지 않는 검은색 가방을 대각선으로 메고 두리번거리며 어색하게 아들을 기다리시던 모습이 내 마음속에 영원히 각인되었다. 효도 한번 제대로 못 한 것이 평생 한으로 남았다.

작지만 드디어 사옥이 생겼다

선경 아파트로 이사한 후 1991년 초여름에 막내 세라가 태어났다.

이른 장마가 시작되었던 7월 초, 잿빛 하늘에서 종일 내린 빗속을 운전하며 바잉 에이전트와 공장들을 방문했다. 세라가 태어난 산부인과 근처 포장마차에서 가락국수로 저녁을 대충 때우고 아내와 아기를 만나러 병원으로 갔다. 세라가 태어난 지 일주일 되는 날 처음으로 병원을 방문한 것이다. 아내는 셋째도 딸이라 내가 서운해서 병원에 오지 않은 것으로 오해했다. 간호사가 모유를 먹이기 위해 아기를 데리고 왔다. 젖을 먹는 모습이 예쁘고 사랑스러웠다.

세아상역처럼 영세한 회사는 은행 거래를 위한 담보가 항상 부족했다. 나는 아내와 상의해 도곡동 진달래 아파트를 매각하고 더 넓은 평수의 대치동 선경 아파트를 매입했다. 은행에 담보로 제공해 더 많은 원사 구매를 위한 신용장 오픈 용도로 사용하려는 목적이었다. 1990년 당시 세아상역은 워낙 영세한 회사라 은행에서 주는 신용한도가 없었다.

규모가 작은 회사는 바이어가 오픈해준 신용장이 있어도 그것을 근거로 원사 구입을 위한 신용장 오픈이 원활하지 않았다. 담보가 부족했기 때문이다. 고민 끝에 나는 세아상역이 사옥으로 사용할 수 있는 빌딩을 저렴한 가격으로 구입하면 정상가격과의 차이만큼 담보가치가 만들어질 것으로 생각했다. 거래은행에 문의했고 긍정적인 답변을 얻었다.

    작은 빌딩을 찾다가 반포에 소재한 지하 1층 지상 4층 건물을 발견하고 부동산 공인중개사인 J사장의 도움으로 저렴한 가격에 계약을 했다. 임차인 명도는 매입자가 책임지는 조건이어서 시세보다 저렴했다. 그 건물은 대지 105평에 건물 바닥면적이 45평이었다. 지하 1층에는 가라오케가 있었고 지상 1층은 '죽도'라는 일식집이었다. 지하와 지상 1층은 임대를 주고 2, 3, 4층을 사무실로 사용할 생각이었다.

    얼마 후 잔금을 모두 치르고 2층과 3층을 방문했다. 두 층 모두 철제 책상들만 덩그러니 놓여 있었다. 사람이나 서류 같은 것은 전혀 없었다. 마치 책상과 의자를 판매하는 가구상 같았다. 3층에 여직원이 1명 있었다. 안쪽에 소파 세트가 보였는데 바닥에 호랑이 가죽이 깔려 있었다. 여직원에게 사장을 만나러 왔다고 했더니 다음 날 오라고 했다. 4층에 가보니 개인 주택이었다.

    나는 다음 날 2층, 3층을 임차한 회사 사장을 만났다. 젊은 사람이었다. 자신의 회사가 슬롯머신을 관리하는 회사라고 했다. 나는 무역 회사 사옥으로 사용하기 위해 건물을 매입했으니 사무실을 비워달라고 말했다. 그러자 그는 소파에 앉은 자세로 나를 쳐다보고 빙긋이 웃으며 갈 데가 없다고 했다. 쉽게 내보내기 어렵겠다는 생각이 들었다.

나는 다시 J사장을 만나 2, 3, 4층을 내보낼 방안을 강구해달라고 했다. 며칠 후 J사장이 나를 찾아왔다. 확인해보니 2, 3층은 임대료를 1년이나 내지 않았다고 했다. 이전 주인이 시세보다 저렴한 가격으로 매각한 이유가 바로 그것 때문이었다. J사장은 난감한 얼굴로 그들을 내보내기가 쉽지 않겠다고 말했다. 나는 이사비를 충분히 줄 테니 다른 곳을 소개해주라고 했다. 시일은 꽤 소요되었지만 우여곡절 끝에 나는 2, 3, 4층의 명도를 끝냈다.

그리고 결국 반포동 빌딩에 세아빌딩이라는 황금색 금속 활자를 붙였다. 글씨는 내 대학동창 한상문의 동생인 서예가 한상우가 써주었다. 대학 때 상문이를 만나러 그의 자택으로 가면 상우와 가끔 바둑을 두며 친하게 지냈다.

작지만 드디어 사옥이 생겼다. 이제는 임대 빌딩 경비로부터 늦었으니 퇴근하라는 독촉을 받지 않고 새벽까지 마음껏 일할 수 있다. 원자재 구매를 위한 신용장 오픈 한도도 더 증액할 수 있었다. 세아상역은 신용장 오픈 한도에 맞게 더 많은 오더를 수주했다. 사원채용 공고를 신문에 게재하고 적은 인원이지만 신입사원 공채도 시작했다.

직원들은 회사의 성장을 위해 열심히 일했다. 낮에는 거래처를 방문하고 밤에는 회사로 돌아와 새벽까지 일했다. 내가 아침

6시에 문을 열고 들어가면 직원 몇 명이 철제 책상 몇 개를 붙이고 그 위에서 서류를 베게 삼아 쪽잠을 자고 있는 일이 허다했다.

의문의 올백머리 해결사

여전히 담보가 절실했다. 수출을 더 많이 하고 수익을 더 내려 해도 담보가 없어 어려웠다. 게다가 회사가 점점 커지면서 46명으로는 일손이 부족해 직원을 더 채용하고 싶었지만, 반포동 사옥에는 더 이상 공간이 없었다. 나는 다시 매입할 빌딩을 수소문하기 시작했다.

강남구 삼성동 사거리 지하철 3번 출구 바로 옆에 17층 동신 빌딩이 있었다. 15, 16층에 바잉 에이전트 마스트가 입주해 있었다. 세아상역 초창기에 바이어 상담을 위해 마스트에 자주 갔다. 16층에서 내 차례를 기다리며 테헤란로 거리를 내려다보곤 했는데, 그때 '이런 빌딩에서 우리 직원들이 근무할 수 있는 날을 기필코 만들고 싶다'는 생각을 했다. 그런데 어느 날 그런 기회가 거짓말처럼 찾아왔다.

동신빌딩은 B제약이 소유한 빌딩이었다. 오너인 C회장은 회사의 많은 채무를 감당하기 어려워 재미교포 사업가라는 D에게 회사를 매각했다. C회장은 B제약 주식과 함께 채무까지 떠안는 조건으로 그에게 모두 매각하고 물러났다. 그러나 재미교포 사업가라는 신임 D회장은 어떤 채무도 상환하지 않았다. 그는 기업 사냥꾼이었다. 결국 은행 채무를 상환하지 못해 외환은행에서 빌딩을 경매 처분했다. 그러나 동신빌딩은 1차에서 유찰되었다.

나는 몇 개월 후에 열리는 2차 경매에 참가할지 아니면 3차 경매를 기다릴지 고심했다. 당시 대부분의 경매 물건들은 3차나 4차에서 낙찰되었다. 나는 빌딩 위치가 너무 좋아 3차에서는 경쟁자들이 더 많이 참가할 것이므로 가격이 오히려 2차보다 더 올라갈 것으로 생각했다. 그래서 나는 2차를 택했다. 다행히 아무도 참가하지 않았고 우리가 낙찰을 받았다. 대로변 상업용지 대지 544평, 연건평 5,000평 건물을 매입한 것이다.

경매가 끝나고 경매법정에서 나오는데 누군가가 악수를 청했다. 마스트의 지점장이었다. 그는 대체 이 빌딩을 누가 낙찰 받는지 궁금해서 와봤다고 했다. 아는 회사가 낙찰을 받아 안심이라며 축하해주었다.

잔금 지급까지는 시간이 많이 남아 있었다. 나는 다시 업무에 열중했다. 그러던 어느 겨울날 오후, 세아상역 사무실로 웬 사내가 불쑥 찾아왔다. 그는 사무실 문을 열고 문 앞에 서서 사장을 만나러 왔다고 말했다. 키가 커서 문틀에 머리가 닿을 듯했고 체구가 건장했다. 그는 흰색 머플러에 검은색 가죽코트를 입고 가죽장갑을 꼈으며 한 손에는 서류가방을 들고 있었다. 머리는 올백으로 기름을 발라 뒤로 넘겼고 구레나룻 수염을 길렀다. 직원이 그를 내 방으로 안내했다. 그는 소파에 앉자마자 나에게 명함을 내밀었다. 명함에는 B제약 회장 비서실장이라고 쓰여 있었다. 내가 물었다.

"무슨 일로 오셨습니까?"

"저는 B제약 회장 비서실장입니다."

"그런데요?"

"동신빌딩을 다시 찾으러 왔습니다."

"그게 무슨 뜻이지요?"

그는 웃으면서 이야기했다.

"김 사장님이 경매에서 낙찰 받은 동신빌딩을 양보해주시면 저희 회장님께서 다른 빌딩을 찾아봐주신다고 하십니다. 그래서 말씀을 전달하러 찾아왔습니다."

나는 그를 기업 사냥꾼이 보낸 해결사라고 짐작했다. 창밖을 보니 어느새 눈발이 바람에 날리고 있었다. 눈 내리는 날 불청객이 찾아온 것이다. 나는 단도직입적으로 말했다.

"불가합니다."

사내가 다시 웃으면서 말했다.

"사장님, 머지않아 다시 찾아올 테니 잘 생각해보시지요. 다음에 다시 뵙겠습니다. 그럼."

가죽코트를 입은 사내는 목례를 하고 일어섰다. 나는 그 비서실장이라는 올백머리 해결사를 어떻게 처리해야 할지 난감했다.

다행히 가족들은 걱정할 것이 없었다. 세연이와 진아가 미국 뉴욕주로 유학을 갔는데, 진아가 미국 음식이 입에 맞지 않아 힘들어했다. 아내는 유치원에 다니던 막내 세라를 데리고 미국으로 갔다. 아내는 뉴욕주 북부 포킵시에 있는 아이들 학교 근처에 월세로 조그만 집을 임대했다. 아래층은 거실 겸 주방이고 2층에 조그만 방이 2개 있었다. 나는 미국 출장길에 들러 K마트에서 나무 의자와 식탁 세트를 사서 조립했다. 창문에 조립식 커튼도 달았다. 세연이와 진아는 금요일 방과 후에 집으로 왔다가 일요일 오후에 기숙사로 돌아갔다. 세라는 초등학교 1학년에 입학했다. 주변에 한국 사람이 없어서 아내가 많이 힘들어했다.

가족들이 미국에 있어 그나마 다행이라고 생각했다. 나는 정식으로 인가를 받은 경호 회사에 경호원을 요청했다. 경호원은 내가 아파트에서 나와 출근할 때부터 퇴근 후 문을 열고 들어갈 때까지 나를 경호했다. K라는 28세 청년이었다. 그도 기름을 바른 올백머리를 했다. 회사에서 K는 내 방 바로 앞에 책상을 놓고 앉아 또 다른 올백머리를 기다렸다.

얼마 후 함박눈이 펑펑 내리던 어느 오후, 올백머리 비서실장이 붉은색 목도리에 검정 코트를 입고 다시 나를 찾아왔다. 그는 소파에 앉자마자 머리에 앉은 눈도 털지 않은 채 나에게 물었다.

"사장님, 생각 좀 해보셨습니까?"

"불가하다고 하지 않았습니까?"

"저희 회장님께서 사장님을 위해 다른 빌딩을 찾고 계십니다."

그는 여러 가지 이야기로 나를 회유하려 했다. 나는 약속이 있다고 했고 그는 다시 오겠다며 돌아갔다. 나는 K를 불러서 그의 얼굴을 보았냐고 물었다. K는 서로 눈이 마주쳤다고 했다. 그를 통해 경호 회사에서 연락이 왔다. 확인해보니 올백머리 비서실장은 단란주점을 운영하면서 건설현장의 함바집 브로커 역할을 하는 사람이라고 했다. 다음에 다시 찾아오면 더욱 단호하게 대해도 문제없을 것 같았다. 올백머리는 그 뒤에도 두 차례 더 나를 찾아왔으나 나는 차갑게 거절했다.

비 오는 날 이사 내보내기 작전

동신빌딩 잔금을 치르기 3일 전에 나는 사이판으로 출장을 떠났다. 혹시라도 법원에 잔금을 납부하지 못하도록 나를 납치하는 불상사를 피하기 위함이었다. 나는 잔금 납부일에 맞춰 사이판에서 새벽 2시에 출발해 아침 6시에 김포공항으로 귀국했다. 직원들과 10시에 경매법원에서 만나 잔금을 납부했다. 모든 것이 끝났다. 올백머리는 그 후로 나를 찾아오지 않았다. 그리고 한참이 지난 어느 날 심철식 차장이 나에게 보고를 했다.

"D회장이 구속되었다고 합니다."

"무슨 죄로 구속되었습니까?"

"그것까지는 잘 모르겠습니다."

심 차장은 명도 때문에 B제약으로 그를 찾아가서 만난 적이 있었다.

"심 차장이 면회라도 한번 가보는 것이 좋겠습니다."

심 차장이 구치소로 면회를 갔다. D회장은 나에게 고맙다는 말을 전해달라고 했다. 석방되면 나에게 인사를 하러 꼭 들르겠다고 했다. 그러나 그는 나를 찾아오지 않았다.

세아상역 사무실을 속히 이전해야 했다. 나는 법무사 한 분과 심철식 차장을 B제약으로 보내서 건물을 비워달라고 독촉했다. 순순히 비워주면 이사비용으로 5,000만 원을 주겠다고 제안했지만 B제약은 요지부동이었다. 다행히 법원에 잔금 납부와 동시에 명도 소송을 해서 집행이 가능했다. 어느덧 시일이 흘러 겨울과 봄이 가

서른다섯, 막다른 길의 선택

고 초여름으로 접어들었다. 우리도 기다릴 만큼 기다렸다.

비가 추적추적 내리는 어느 날이었다. 법원 집달관들이 B제약 사무실로 들이닥쳐 책상과 의자들을 1층 옥외 주차장으로 옮겼다. B제약으로서는 속수무책이었다. 그제야 B제약 관리부장이 심철식 차장에게 연락을 했다.

"심 차장님, 저희 공장이 있는 오산으로 당장 이전하겠습니다."

"진작 그렇게 하셨어야 경우에 맞지요."

"그런데 이사를 하려면 이사 차량이 10대 이상 필요합니다. 전에 주신다는 이사비용 5,000만 원을 주시면 안 되겠습니까?"

나는 심 차장에게 그렇게 해주라고 했다. 결국 B제약은 오산 공장으로 이사를 했다. 마침 그날도 비가 왔다. 나는 B제약이 이사하는 날 경호 회사에 동신빌딩 경비를 맡겼다. 경호 회사는 혹시라도 B제약 임직원들이 다시 들어오지 못하도록 50명의 인력으로 건물을 에워싸고 24시간 동안 지켰다. 빌딩에 입주한 다른 회사 임직원들은 신분증이 있어야 출입할 수 있었다.

나는 동신빌딩을 세아빌딩으로 변경하고 건물 내부를 모두 리모델링했다. 지상과 지하의 모든 배관설비도 새로 교체했다. 로비는 물론 화장실과 엘리베이터, 지하 기계실의 기계들도 모두 바꿨다. 그 후 세아상역은 7, 8, 9층을 사용하고 8층과 9층은 바닥을 뚫어 실내계단을 설치해 3개 층을 서로 연결했다. 층마다 회의실과 쇼룸을 만들었고, 책상과 사무용 비품을 유명 회사 제품으로 모두 새로 구입했다.

사옥 구입은 자기자금과 은행 대출로 충당했다. 덕분에 신용장 오픈 한도는 충분했고, 당분간 금융 한도에 발이 묶여 오더 수주를 제한받는 일은 없을 것이었다. 사무실 공간과 금융 한도는 모두 넉넉했다. 창업 후 처음으로 편안한 기분이 들었다. 다만 세아 빌딩을 정상적인 오피스 빌딩으로 만들기 위해서는 몇 곳을 더 내보내야 했다. 1층에 단란주점과 식당이 있었고, 3층에는 다단계 회사가 있어 아침마다 외치는 구호 소리에 다른 입주사들이 힘들어했다. 시간과 이전비용이 들어갔지만 결국 그들도 모두 떠났다. 세상을 살면서 순리를 거스를 수 없다는 것을 나는 배웠다.

먼저 깃발을
꽂는 자가 되라

세아의 해외 진출은 중국에서 첫발을 떼고
사이판에서 도약 준비를 마쳤다.
나는 글로벌 무대에서 본격적으로
판을 바꿀 기회를 찾기 시작했다.
IMF 위기로 하루하루가 살얼음판 같았지만
과테말라, 멕시코 등지를 누비며
새로운 투자처와 기회를 발굴했다.
후발주자는 단 한 순간도 시간을 낭비할 수 없었다.

- 5 -
깨어나는 대륙에서
시작된 '세아몽'

우리나라 의류 기업들은 이미 1980년대에 경쟁력 제고를 위해 해외 진출을 시작했다. 해외 일부 국가에서 생산하면 섬유 쿼터 제약에서 벗어날 수 있었다. 한참 후발주자인 세아상역은 해외 진출을 하고 싶어도 투자금이 없었다.

1992년 겨울, 바잉 에이전트 사장의 소개로 중국 칭다오를 방문해 그곳에 진출한 한국 의류 회사들을 둘러보았다. 한중수교가 체결된 직후였지만 중국을 방문하려면 홍콩을 경유해야 했다. 홍콩에서 출발해 상하이로 가는 항공기 안에 앉아 있으려니, 말로만 듣던 '죽(竹)의 장막'으로 들어가는 느낌이 야릇했다.

늦은 오후의 상하이 시내는 느리고 어두웠다. 좁은 길에 나지

막이 늘어선 낡은 건물들은 오랜 전설처럼 시간의 굴레 속에 멈춘 듯했다. 지금의 푸동은 감히 상상도 할 수 없었다. 다음 날 중국 국내선 항공편으로 칭다오에 도착했다. 해변 경치가 아름다운 해천 호텔에서 1박을 한 후 소개받은 공장을 찾아 나섰다.

공장은 황다오구에 있었다. 칭다오와 황다오구는 만(灣)을 사이에 두고 서로 마주 보는 위치에 있었다. 승용차로 돌아서 가면 2시간 30분, 배를 타고 직선으로 가면 30분이었다. 해천 호텔 앞에서 택시를 탔는데 운전기사가 영어를 못했다. 나는 종이에 한문으로 '황도구(黃岛区)'라고 적고 옆에 배를 그렸다. 운전기사는 "커이 커이(괜찮다)" 하며 소리 내어 웃었다. 활짝 웃는 기사의 치아가 우려 낸 차 빛깔 같았다. 중국인들은 차를 많이 마셔서 그런지 치아 색상이 모두 비슷했다.

배는 큰 철선이었다. 사람뿐 아니라 승용차와 트럭도 실었다. 배가 출항하자 나는 갑판으로 올라갔다. 많은 사람들이 몰려 있었다. 오랫동안 안 감은 것 같은 부스스한 머리의 중국인 남자가 한 손에 흰 빵을, 다른 손에는 큰 양파를 들고 한 입씩 베어 먹고 있었다. 중국인들이 흰 빵과 양파로 요기한다는 말은 들었지만 직접 보기는 처음이었다.

철선은 30분 만에 만의 반대편에 도착했다. 뱃고동이 울린 후

철선에서 빠져나가는 트럭과 승용차 소리가 요란했다. 황다오구에는 공장이 많았다. 나는 우븐 공장과 피혁 공장을 방문했다. 한국에 비해 생산성은 떨어졌지만 인건비가 매우 낮다는 장점이 있었다. 나는 장 경리라는 사람을 소개받았다. 그는 산둥성 복장진출구공사에 소속된 공무원으로 공사에서 합작투자한 공장을 관리하고 있었다.

당시 중국은 덩샤오핑의 개방정책 덕분에 외국 자본과 합작 공장을 설립하는 것이 유행이었다. 복장진출구공사는 공장 건물과 기계 일체를 부담하고 근로자까지 채용한다. 합작하는 외국 기업은 원부자재와 기술인력, 오더를 책임지는 형태다. 공장을 설립할 자본이 없던 나는 눈이 번쩍 떠지는 느낌이었다. 장 경리는 다음에 칭다오시를 방문하면 산둥성 복장진출구공사 사장을 소개해주겠다고 했다. 그리고 자신이 세아상역과 합작한 회사를 운영하고 싶다고 말했다.

한 달 후에 나는 직원 1명과 함께 다시 칭다오로 가서 산둥성 복장진출구공사 사장을 만났다. 안경을 쓴 60대 남자로 온화한 성품의 소유자였다. 머지않아 은퇴를 앞두고 있었다. 나는 세아상역에 대해 소개하고 합작투자를 하고 싶다고 말했다.

그는 우리를 어느 중국식당으로 초대했다. 식당 입구에 놓인 커다란 유리 상자에는 굵은 뱀들이 있었다. 사장은 뱀 한 마리를 고르고 나서 식당 안으로 우리를 안내했다. 나중에 알았지만 당시 중국의 유명식당들은 미식가들을 위해 각종 뱀을 진열했다. 그러나 혐오감을 주던 유리 상자들은 언제부턴가 사라졌다.

우리 일행이 원탁 테이블에 자리를 잡고 환담을 하는 중에 종업원이 하얀 사기 종발을 들고 왔다. 물과 함께 담긴 푸른색의 신선한 뱀 쓸개를 고객에게 확인시키기 위해서였다. 잠시 후 첫 번째로 나온 요리는 뱀 껍질이었다. 뜨거운 물에 살짝 데친 것 같았다. 향채와 섞여 있어서 마치 미나리에 버무린 복어 껍질처럼 보였다.

중국에서는 손님이 먼저 음식을 집는 것이 예의다. 모두 나를 쳐다보고 있었다. 할 수 없이 먼저 한 젓가락 집어 시식했다. 뱀 껍질이라는 선입관 때문에 놀라서 맛은 느낄 수 없었다. 그다음 요리는 뱀 쓸개를 넣은 계란탕이었는데 쓰지 않고 맛있었다. 세 번째 요리는 뱀 몸통을 토막 내고 전분을 묻혀 기름에 튀긴 것이었다. 손으로 잡고 뜯어 먹어야 할 정도로 뼈가 크고 억셌다.

나는 그 후에도 몇 차례 황다오를 방문해 합작 회사 설립을 논의했다. 미국은 쿼터 제한이 있었으므로 일본 오더 위주로 공장을 운영하기로 했다. 미국 쿼터를 구입할 경우에는 우리가 실비를 지불하기로 했다.

붉은 손의 여인들과 도시 밖 또 다른 중국

세아상역은 그로부터 1년 후 중국 칭다오시 황다오구에서 합작 공장을 가동했다. 오더와 원부자재는 모두 한국에서 공급했고 한국인 기술책임자도 공장에 파견했다. 공장 건물과 기계설비, 인력공급은 산둥성 복장진출구공사의 장 경리가 책임졌다. 전체 근로자는 380명 정도였는데 마 창장(공장장)이라는 여성이 인력을 관리했다.

마 창장은 주부였는데 추운 겨울 아침에 출근하는 그녀를 보면 양손이 항상 붉은색이었다. 연료가 부족해 찬물로 집안일을 했기 때문일 것으로 추측했다. 다른 여성 근로자들도 마찬가지였다. 우리는 그 공장을 '청도승리세아복장유한공사'라는 이름으로 등록했다. 한국인 기술자 2명과 조선족 통역들, 한국인 출장자들을 위해 기숙사도 임대했다.

그즈음인 1993년 11월 30일 무역의 날, 세아상역은 창사 최초로 '천만불 수출의 탑'을 수상했다. 1994년 1월에 황다오구 공장 준공식을 거행했는데, 가슴에 꽃을 꽂은 장 경리와 내가 인사말을 했다. 비록 합작법인이지만 세아를 설립한 이후 처음으로 자사 공장 같은 7개 라인의 공장을 가동할 수 있게 된 것이다. 가슴이 벅차올랐다.

당시 중국은 기술이 없어 정상적인 품질의 원단을 생산하지 못했다. 어쩌다 생산하는 기본적인 니트 원단도 신축성이 전혀 없었다. 그래서 중국은 자본과 노동력을 대고 한국의 기술을 배웠다. 세아상역은 한국에서 생산한 원부자재와 한국인 기술자를 제공하고 봉제 임가공료만 지불했다. 일본 오더가 아닌 미국 오더는 쿼터 구입 비용을 지불했다. 무역부 영업이익은 모두 세아상역의 몫이었다.

근로자 대부분이 비(非)숙련공이었으나 6개월쯤 지나자 품질과 생산성이 모두 좋아졌다. 청도승리세아복장유한공사는 저렴한 인건비와 충분한 노동력 덕분에 가격 경쟁력이 좋았다. 나는 한 달에 두어 차례씩 황다오구를 방문했다. 첫 방문 때와 달리 중국 내 항공편이 증편되어 당일 상하이를 거쳐 칭다오 공항에 내리면 어둠이 내린 밤이었다.

택시기사와 황다오구까지 요금을 합의하고 차에 오르면 캄캄한 밤길을 2시간 30분 정도 달려야 한다. 가로등도 없는 칠흑 같은 밤에 중국인 운전기사가 나를 제대로 데리고 가고 있는가 하는 오싹한 의심이 들 때도 있었다(당시 한국인이 상하이 어느 호텔 방에서 살해당한 사건이 발생했다). 게다가 어떤 도로는 중앙선도 안 보였다. 보이더라도 택시기사는 중앙선을 넘나드는 아슬아슬한 곡예 운전으로 손에 땀을 쥐게 했다. 청도승리 공장 방문은 항상 그런 식이었다.

한번은 통역을 데리고 황다오구 재래시장을 방문했다. 없는 것이 없었다. 중국인들은 소꼬리를 먹지 않아서 한국 돈으로 2,000원이면 커다란 소꼬리를 살 수 있었다. 광주 무등산 수박처럼 큰 수박도 한 통이 300원이었다. 길거리에서 돼지고기를 걸어 놓고 파는 상인도 있었는데, 냉장시설이 없어 팔다 남은 돼지고기는 저녁에 만둣집으로 넘긴다고 했다.

늦은 저녁에 황다오구 시내 거리를 걷다 보면 전등을 들고 가로수 위로 올라가 무엇인가를 잡는 사람들을 수시로 볼 수 있었다. 매미 애벌레를 잡는 사람들이다. 매미 애벌레는 완전한 단백질이어서 시장에서 제법 비싸게 팔린다고 했다. 재래시장에서는 정말 없는 것 빼고 다 팔고 있었다.

황다오구에 가면 가끔 장 경리가 집으로 식사 초대를 했다. 가정집인데도 특별한 음식이 많았다. 자라탕은 물론이고 번데기(중국 번데기는 어른 엄지손가락보다 컸다), 튀긴 전갈 등이 소복하게 담겨 나왔다. 삶은 자라의 껍질을 먹는 법도 배웠다. 자라의 갑피는 밖에서부터 돌려가며 이로 조금씩 잘라서 먹으면 꽤 많이 먹을 수 있다. 마치 콜라겐 덩어리 같았다.

길이가 아주 짧은 민물새우는 간장소스와 함께 하얀 사기 대접에 담겨 나왔는데, 살아 있는 새우들이 튀어 올랐다. 주황색의 삶은 꽃게는 10여 마리씩 포개져 있었다. 물론 백주도 함께 나온다.

장 경리는 술잔을 비우면 빈 잔을 머리 위에 쏟는 시늉을 한다. 한 방울도 남기지 않고 다 마셨다는 증표다. 나도 그렇게 따라 하면 우리는 서로 마주 보며 껄껄껄 웃었다.

　　장 경리는 공무원은 물론이고 국가가 소유한 사업장에 없어도 될 사람들이 너무 많다고 했다. 그런 사람들을 중국에서는 '철밥통'이라고 부르는데, 그런 철밥통들이 없어져야 중국이 발전할 것이라고 말했다. 나 역시 중국을 왕래하면서 철밥통들을 많이 목격했다. 하지만 언젠가부터 그런 철밥통들은 서서히 자취를 감추더니 그때부터 중국이 발전하기 시작했다.

　　시간이 지나자 황다오구에서도 근로자들을 채용하기가 어려워졌다. 새로운 공장들이 많이 설립되었기 때문이다. 나는 근로자를 채용하기 위해 장 경리와 함께 내륙에 있는 직업훈련소를 방문했다. 승용차로 2시간 이상 소요되었다. 초겨울 차창 밖 풍경은 황다오구와 전혀 달랐다. 끝없는 지평선을 따라 추수가 끝난 메마른 대지 위로 삭풍이 휩쓸고 있었다. 붉은 벽돌로 지은 작고 낮은 농촌주택은 매서운 흙바람을 묵묵히 받아내고 있었다. 칭다오, 황다오와 멀지 않은 곳에 또 다른 중국이 있었다.

　　1990년대 중국은 잠에서 깨어나는 대륙이었다. 모든 것을 새로 정립하는 시기였고 표준화도 안 되어 있었다. 세계는 물론 나도 깊은 잠에서 서서히 깨어나고 있는 중국몽을 모르고 있었다. 장 경리는 사업수완이 좋았다. 그 시절에 벤츠를 타고 다닐 정도였다. 자신이 군인 출신이며 아들도 군 복무 중이라고 했다. 그는 청도승리세아복장유한공사 외에 의류 부문이 아닌 다른 공장도 운영하고 있었다.

청도승리세아복장유한공사 같은 유형의 합작체제는 갈등이 생길 소지가 많다. 처음에는 서로 필요해서 불만족스러워도 합작을 하지만, 각자 필요한 부분을 취하고 나면 갈등이 생길 수밖에 없는 구조다. 장 경리는 청도승리를 독자적으로 경영하고 싶어 했다. 오더와 원부자재 공급은 이제 다른 한국 회사를 통해서도 가능했기 때문이다. 그러한 갈등은 한순간에 찾아오는 것이 아니기에 나 역시 미리 준비하고 있었다. 덕분에 나와 장 경리는 서로 불편함 없이 헤어졌다. 세아상역은 한국인 기술인력만 빠져나오면 되므로 철수도 간단했다.

그 후 세아상역은 단독으로 황다오구 내에 면적이 더 넓은 건물을 임대해 공장을 설립했다. 법인명은 '세아황도복장공사'로 정했다. 1986년 창립 이후 처음으로 자가 공장을 설립해 운영하게 되었다. 청도승리에서의 경험 덕분에 각종 기계설비 구입과 인력수급, 운영 등 모든 면이 시행착오 없이 순조로웠다. 중국몽과 함께 '세아몽'도 시작된 것이다.

- 6 -
모두가 위기를 볼 때
누군가는 기회를 본다

남태평양 북마리아나 제도는 1986년 11월에 미국령으로 편입되었다. 사이판, 튀니안, 로타 등 3개의 섬으로 이루어졌고 주도(主都)는 사이판섬 찰란 카노아다. 사이판에서 의류를 제조하고 원가의 50% 이상의 가치를 사이판 내에서 충족시키면 미국으로 수출할 때 무관세 통관이 가능하다. 미국령이므로 미국 의류 쿼터도 필요 없었다.

　1980년대 초부터 한국과 대만 기업들이 사이판에 진출해 봉제 공장을 설립했다. 1992년에 내가 사이판을 방문했을 때는 이미 34개의 공장이 있었다. 생산인력은 주로 중국 한족과 조선족이었고 규정상 총원의 20%는 차모로족(북마리아나 제도 원주민)을 의무적으로 채용해야 했다.

실제로 가보니 기존에 진출한 공장들은 '더 이상 경쟁력이 없다'며 고개를 저었다. 미국 정부가 최저임금을 매년 인상해왔기 때문에 한계에 다다랐다는 것이다. 하지만 나는 그렇게 생각하지 않았다. 사코(SAKO)라는 한국계 공장이 있었는데 오더가 부족해 세아상역의 오더를 생산하겠다고 했다. 그래서 우리는 갭(Gap) 오더를 사코에서 생산했다.

나는 최저임금이 시간당 3.25달러로 높다고 해도 무관세 혜택이 있으니 생산성을 향상시키면 충분히 경쟁력이 있다고 판단했다. 기존 공장들은 더 이상 투자를 하지 않아 기계설비들이 노후했지만, 만약 새 공장을 짓는다면 자동화율이 높은 최신 설비를 갖출 수 있다. 그리고 황다오구에서 경험한 것처럼 숙련된 인력으로 세팅하고 효율적으로 생산관리를 하면 분명 승산이 있어 보였다. 나는 신대륙을 발견한 콜럼버스처럼 가슴이 뛰었다. '사이판은 세아상역을 스케일업 할 멋진 승부처다.'

1994년 중반, 근로자 1,000명 규모의 공장과 기숙사를 건립하는 투자계획을 세웠다. 주변에서는 이미 진출한 회사들도 공장을 철수하려 하는데 뒤늦게 왜 사이판에 투자하느냐고 우려했다.

나는 먼저 회사의 모든 자금을 점검하고 부족한 금액을 은행에서 차입했다. 사이판 남쪽에 부지를 구입하고 설계를 마친 후 건축을 시작했다.

더운 나라의 특성상 기숙사는 특히 샤워 시설에 공을 많이 들였다. 휴게실과 세탁실은 넓고 쾌적하게 만들고, 식당은 한 번에 500명을 수용할 수 있는 규모로 지었다. 이 모든 시설과 내부 구조는 근로자들이 편리하게 사용하는 데 중점을 두었다. 그렇게 해서 사이판에서 가장 훌륭한 공장 건물이 완공되었다. 설비는 최대한 많은 공정을 자동화할 수 있는 기계로 구입했다. 1995년에 공장과 기숙사가 완공되었고 나는 공장 이름을 '위너스'라고 지었다. 어떤 시련도 기필코 이겨내겠다는 뜻을 담았다.

그즈음 나는 근로자를 채용하기 위해 중국 옌지로 갔다. 황다오구 세아복장공사에서 봉제 테스트용으로 재단된 원단을 가져가서 숙련공 선발 테스트를 했다. 옌지의 어느 공장을 빌려 기능 테스트를 했는데 지린성뿐만 아니라 헤이룽장성 등지에서도 많은 지원자가 찾아왔다. 테스트 결과를 A, B, C등급으로 구분하고 1,000명을 채용했다.

합격한 근로자들은 김포공항을 거쳐 한 번에 200명씩 사이판에 도착했다. 계약기간은 2년이었고 대부분이 조선족이었으나 한족도 있었다. 우리는 기숙사 규칙을 만들고 남녀 사감을 인선했으며, 근로자들의 선호를 조사해 식단을 만들었다. 돈을 벌기 위해 이역만리 타국까지 온 그들이 애틋했다. 한국인 직원들은 그들을 친동생처럼 대했다.

그리고 위너스에 일일 결산 시스템을 도입했다. 하루 수입과 지출을 기록해 본사로 보고하는 '데일리 코스트' 시스템이다. 덕분에 서울 본사에서도 위너스의 손익을 일일 단위로 파악했다. 데일리 코스트는 세아상역의 모든 공장에서 지금도 사용하고 있다.

"세아는 납기를 목숨처럼 지키는 회사"

연습작업 후 본작업을 시작해보니 손발을 맞추는 데 예상보다 시간이 오래 걸렸다. 빅토리아 시크릿 오더를 투입했는데, 작업이 어려워 납기를 맞출 수 없다는 연락이 왔다. 나는 즉시 연락 직원 1명만 본사에 남기고 33명 전원을 데리고 사이판으로 갔다. 사이판으로 가는 항공기는 매일 저녁 8시에 출발하므로 도착하면 자정이 넘었다. 입국 수속을 마치고 짐을 찾으면 새벽 한두 시다.

그렇게 도착한 33명의 본사 직원들은 바로 다음 날 아침 위너스 공장으로 출근해 각자 맡은 업무를 수행했다. 위너스 근로자들은 본사 직원들의 원정 지원에 고무되었고, 3박 4일의 작업 끝에 결국 납기를 지켰다. 작업을 마친 다음 날 나는 본사 직원들과 함께 사이판 관광을 하고 해변에서 해수욕도 했다. 저녁에는 싱싱한 참치회로 회식을 했다.

사이판 위너스를 생각하면 또 한 가지 기억에 남는 일이 있다. 전세기를 띄운 일이다. 2002년, 미국 LA 항만 노조의 파업으로 컨테이너선들이 하역은 물론 항구에 접안도 못해 이미 선적한 제품들이 롱비치 바다에 떠 있었다. 위너스 제품을 실은 컨테이너들이 기약 없이 대기하는 상황에서 또다시 선박으로 출고하는 것은 무의미한 일이었다. 파업이 언제 끝날지 몰랐기 때문이다. 나는 세아상역 부담으로 대형 전세 화물 항공기를 섭외해 급한 수량의 제품들을 실어 보냈고, LA 공항에 도착한 즉시 통관되도록 조치했다. 바이어들은 세아의 이런 결정에 상당히 감동했다.

그렇게 사이판 위너스 공장은 성공적으로 안착했다. 바이어들은 납기와 품질에 만족했고 위너스 제품을 신뢰했다. 사이판 생산을 원하는 바이어가 많아져 오더도 충분했다. 세아상역이 위너스를 설립한 이후로 10여 개 회사들이 사이판에 공장을 새로 설립했다. 철수를 고려하던 기존 공장들도 사이판에 계속 남았다. 하향하던 사이판의 의류생산은 세아상역의 투자 이후 최고 전성기를 맞았다. 맞물려 사이판 경제 전체에 활력이 생겼다.

예상대로 사이판은 세아상역의 멋진 승부처가 되었고, 위너스 설립으로 신규 거래 회사가 증가함에 따라 회사 성장에 가속이 붙었다. 덕분에 1999년 11월 30일 무역의 날, 세아상역은 '칠천만불 수출의 탑'을 수상했다.

중국 동북지방에서 온 위너스 근로자들은 여성이 80%, 남성이 20%였다. 사이판에서 2년 정도 열심히 일하면 당시 중국에서 집도 한 채 구입할 수 있었다. 생활력이 강하고 알뜰한 사람들은 2년간 근무한 후에 중국으로 휴가를 다녀와서 다시 2년 이상 근무했다. 대부분 최소 4년은 근무했다. 미혼인 사람도 있었지만 대부분 기혼자였다. 일부 여성 근로자들은 자녀를 남편 또는 친정이나 시집에 맡기고 사이판으로 왔다.

대부분의 착실한 남편들은 아내가 타국에서 고생하며 벌어서 송금한 돈을 모두 예금해서 집도 장만하고 상가도 계약했다. 그러나 더러 방탕한 남편들은 아내가 보내온 월급으로 다른 여자와 살림을 차리거나 술과 도박으로 모두 날렸다는 이야기도 들려왔다. 성별만 바뀌었지 과거 우리나라 얘기와 비슷했다. 열사의 중동 건설현장에서 남편들이 피땀 흘려 번 돈을 알뜰하게 모아서 목돈을 만드는 아내들도 있었고 춤바람에 탕진한 아내들도 있지 않았던가.

위너스에서 근무했던 조선족 근로자들은 대부분 착하고 순진했다. 그들은 휴일에 기숙사에서 쉬거나 밀린 빨래를 했다. 어떤 이들은 회사 차량을 이용해서 외출을 했다. 가족을 위해 헌신한 그들을 떠올릴 때면 지금도 마음 한쪽이 애잔하다.

그즈음 〈뉴욕타임스〉에 사이판 근로자에 대한 비판 기사가 실렸다. 취재차 사이판을 방문한 미국인 기자가 휴일에 어느 중국계 공장 밖에서 철조망을 사이에 두고 사진을 찍었다. 상의를 벗은 남자 근로자가 기자를 보고 어색하게 웃고 있는 사진이었다. 기사는 사이판의 공장들이 수용소처럼 열악한 환경에 근로자를 감금하고 일을 시킨다고 비판했다.

바이어들은 컴플라이언스(준법 경영) 문제에 매우 예민하다. 공장 내부의 작업환경과 기숙사, 식당의 환경과 인권 문제는 최종 소비자의 구매 선택에도 영향을 미치는 대단히 중요한 이슈이기 때문이다. 위너스는 공장과 기숙사를 최신식으로 지었기에 문제가 없었지만, 노후한 공장 건물과 기숙사를 운영하는 곳의 환경은 사실 매우 열악했다. 그때부터 컴플라이언스가 더욱 중요한 문제로 대두되었던 것으로 기억한다.

귀중한 인연의 시작

사이판 진출은 세아상역에 제2의 창업이었다. 귀중한 인연도 많이 만났다. 내가 충방에서 영업부 과장으로 근무할 때 신입사원으로 들어온 K라는 직원이 있었다. 천성이 착하고 매사에 긍정 마인드였던 그는 나를 많이 따랐다. 나는 사직하기 전에 그를 미국 LA 지사로 추천했고, K는 충남방적 LA 지사로 발령을 받았다. 세아상역을 창업한 후 바이어 상담을 위해 시애틀, 샌프란시스코, LA 등지로 출장을 가면 언제나 LA에서 K를 만났다.

그는 내가 LA에 도착해 호텔에 투숙하면 꼭 아침에 컵라면과 계란 1개, 나무젓가락을 들고 내 방으로 찾아왔다. 나는 K부부를 함께 리바이스 스토어로 데리고 가서 청바지와 상의를 사주기도 했는데, 그는 나를 계속 "과장님"이라고 불렀다. 사장이라는 호칭이 어색했던 모양이다. 그때마다 아내에게 "사장님이라고 불러야지" 하는 핀잔을 들었다.

수년 후 어느 날, K가 충방을 사직하고 LA에 있다는 소식을 들었다. 부인은 여행사에서 근무하고 늦둥이 남자아이가 1명 있다고 했다. 나는 그를 사이판으로 불렀다. 위너스 운영을 그에게 맡기고 싶었다. K는 아내와 함께 아이를 안고 사이판 공항에 도착했다. 새로운 곳에서 우리의 인연이 다시 시작되었다. 그의 가족을 위해 태평양 푸른 바다가 한눈에 펼쳐지는 아파트를 임대했다. 사이판에서 가장 좋은 위치에 있는 아파트였다.

내가 사이판에 체류하고 있던 어느 날, 낯선 이가 사무실 문을 열고 들어와 나를 찾았다. 그는 도리구찌 모자(앞쪽에만 짧은 챙이 있는 평평한 모자)를 썼고 한 손에는 채권가방(가죽으로 된 옛날 서류가방)을 들고 있었다. 어떻게 오셨느냐고 물었더니 서울에 있는 어느 바잉 에이전트 사장으로부터 나를 소개받았다고 했다. 사이판에 오는 길에 인사를 나누려고 들렀다는 것이다. 그는 성낙준 사장으로 그날 이후 내 인생에서 잊을 수 없는 귀중한 인연 중 한 분이다. 성낙준 사장은 1948년생으로 항상 웃는 얼굴에 성품이 좋은 분이었다. 성 사장의 선친께서는 한일건설과 대성모방을 운영하셨으나 사업에 실패하셨고, 성 사장은 고등학교 때 미국으로 유학 갔다가 선친의 사업실패 후 한국으로 돌아와 연세대학교를 졸업했다고 들었다. 성 사장과의 인연이 시작된 곳 역시 사이판이다.

그리고 경영을 하면서 첫 M&A를 성사시킨 곳 역시 사이판이다. 초창기에 진출한 한국계 의류 공장들은 서울에 있는 의류 무역 회사들과 합자 투자한 경우가 많았다. 방진도 그중 하나인데 아식스 운동화 라이선스로 유명한 원창물산과 합자해 사이판에 진출했다. 방진은 C사장께서 운영하셨는데 연로하셨다. 나는 사이판에 출장을 가면 항상 연세가 있으신 선배 사장님들을 찾아뵙고 인사를 드렸다. '우노모다'라는 공장의 P사장님은 일본 의류 회사와 함께 사이판에 진출하셨는데 인품이 좋으셨다. 나는 초창기부터 사이판에서 공장을 운영하고 계신 선배 사장님들을 찾아뵙고 공장관리와 운영에 대해 이것저것 여쭙고 조언을 구했다.

그러던 어느 날 방진이 사이판에서 철수한다는 소식을 들었다. 그때 세아는 사이판 오더가 나날이 증가해 생산 공장이 더 필요했다. 나는 C사장님을 찾아뵙고 의논한 끝에 방진을 인수하기로 결정했다. 공장과 차량 등 모든 것을 인수하는 조건이었다. 내 인생 최초의 M&A였다.

당시 C사장님과 함께 방진을 경영했던 분은 민호식 이사였다. 그분 역시 성낙준 사장과 동갑인 1948년생이었다. 나는 방진을 인수한 후 민호식 이사에게 운영을 맡겼다. 민호식 이사는 그때부터 2023년 4월 아이티에서 법인장 근무를 마지막으로 은퇴할 때까지 나와 함께 했다.

세아의 해외 진출은 중국에서 첫발을 떼고 사이판에서 도약 준비를 마쳤다. 나는 글로벌 무대에서 본격적으로 판을 바꿀 기회를 찾기 시작했다.

- 7 -

외환위기라는
양날의 칼

1997년 7월, 바트화 폭락으로 촉발된 태국의 외환위기는 말레이시아, 인도네시아, 필리핀 등 주변국으로 확산되며 동남아시아 전체의 경제위기로 확산했다. 이로 인해 투기세력의 환투기 공격이 대만과 홍콩 등으로 확대되었고, 우리나라 외환시장도 더 이상 버티기 어려운 상황으로 내몰렸다. 태국과 인도네시아는 국제통화기금(IMF)에 긴급 자금 지원을 요청했다.

우리나라도 국가 부도 직전에 내몰리자 결국 1997년 11월 21일 IMF에 구제금융을 신청했다. IMF 관리체제로 돌아선 1998년, 국내 경제는 혹독한 시련을 맞았다. 금융기관에 대한 강도 높은 구조조정의 여파로 도산하는 기업이 속출했다. 이때 상장 폐지된 기업만 35개 사에 이르렀으며 '신의 직장'이라 불리던 금융 회사들마저 문을 닫았다. 살아남은 기업들도 비상경영 체제로 전환해 대규모 구조조정에 나서야 했다.

세아상역에도 어두운 그림자가 드리웠다. 나는 수시로 간부회의를 열어 대응책을 논의하는 한편 회사 내외의 불안을 잠재우기 위해 애를 썼다. 두려움은 나와 임원들이 떠안아야 할 몫이지 직원들에게까지 닿아서는 안 된다고 생각했다.

외환위기는 세아에게 양날의 칼이었다. 세아는 달러를 벌어들이는 수출 회사였으나 원화 환율의 평가절하로 원자재 구입(신용장 개설)을 위해 부동산 담보를 달러화로 환산한 가치는 반 토막이 났다. 그러니 오더 수행을 위한 원자재 구입이 어려워졌다. 외환위기 이전에 1달러당 860원이었던 환율이 1997년 12월 24일 2,000원을 돌파해 사상 처음으로 외환거래가 정지되는 사태까지 발생했다. 결국 기업들은 주식시장을 통한 자금조달도, 금융기관을 통한 차입도 그리고 해외로부터의 차관 도입도 사실상 불가능해졌다. 기존 차입금에 대한 원금상환은 고사하고 이자조차 납입하기 어려울 정도로 현금이 부족했다.

세아 역시 원자재 수입이 원활하지 않아 공장 가동에 차질을 빚었다. 외국 은행은 물론 국내 은행들까지 신용장 개설 업무를 꺼리는 바람에 수출용 원자재나 시설재 도입이 제대로 진행되지 못한 것이다. 외환위기 이전에는 같은 비용으로 원자재 100개를 구입할 수 있었다면 이제는 50개도 들여오기 힘든 상황에 놓였다. 그런데 원자재 수입량이 줄어들면 당장 생산에 차질이 생기니 고객사와의 약속을 못 지킬 수도 있다. 이러한 위기를 극복하려면 담보가치가 급락한 신용장 문제를 신속하게 해결해야 했다. 나는 거래은행들을 찾아가 협조를 요청했다.

"외화가 부족한 지금 상황에서 수출은 한 기업만의 문제가 아니라 국가 차원의 문제입니다. 지금은 우리 같은 수출 기업들이 부지런히 달러를 벌어와야 합니다. 그러니 담보가치가 평가절하되기 전 수준으로 신용장 한도를 조정해주십시오."

은행들은 내 말에 동의했고, 함께 방법을 찾아보자고 했다. 온 국민이 장롱 속 자녀 돌 반지까지 들고나와 '금 모으기 운동'을 하던 시기였다. 그런 절박한 상황에 국가 경제를 다시 일으키기 위해서는 어떻게 하든 수출을 늘려야 했다. 또 바이어들에게 납품기일이 남아 있더라도 조기에 선적할 수 있도록 양해를 구했다. 담보가치 하락으로 원자재 구매를 위한 금융 한도가 부족해진 만큼 하루라도 빨리 선적을 완료하고 대금을 받아 그 돈으로 다시 원자재를 확보해 수출하려는 것이다. 다시 말해 비즈니스 사이클을 단축해서 수출을 극대화하는 구상이었다.

물론 좋은 소식도 있었다. 가파르게 치솟은 환율 때문에 뜻하지 않게 환차익을 거둔 것이었다. 수출대금을 달러로 수금하는 세아상역에는 원화가 평가절하된 만큼의 추가이익이 발생했다. 역설적으로 국가 경제가 혼란에 빠진 위기 속에서 반사이익을 거둔 셈이었다.

외환위기의 그림자가 드리워지기 직전인 1996년은 세아상역이 창립 10주년을 맞이한 해였다. 1996년 수출액은 2,362만 달러로 수출 전문 중견기업으로 성장해 있었다. 1997년 IMF 당시 세아상역은 한창 글로벌 사업전략을 추진하던 중이었다. 앞서 말했듯이 1995년에는 사이판에 대규모 공장을 독자적으로 건설했고, 1996년 1월에는 미국 뉴욕에 현지 사무소를 열었다. 미국 수출의 전초기지이자 중미 진출의 교두보 역할을 하는 오피스다. 새로운 투자계획을 검토하며 중미에 집중하던 중요한 시기에 외환위기를 맞게 된 것이다.

엄청난 위기감과 공포감이 몰려왔다. 더욱이 사이판 공장 건설에 회사의 자금을 총동원하다시피 했으므로 외환위기 상황이 어떻게 전개되는가에 따라서 회사의 명운이 갈릴 수 있었다. 그야말로 하루하루가 살얼음판 같았고 밤잠을 이루지 못할 정도였다. 1997년 하반기에 세아상역은 비상경영 체제로 전환했다. 불요불

급한 비용지출은 최대한 억제하고 원가절감, 생산성 향상, 납기준수에 전 임직원이 전념했다. 그 결과 외환위기 상황에서 1998년 세아상역의 수출액은 전년 대비 58% 신장한 5,800만 달러에 달했다. 이러한 호조가 계속 이어져 1999년 수출액은 다시 전년 대비 56% 신장한 9,511만 달러였다.

IMF 관리체제 기간에 세아상역이 비약적으로 성장한 것은 비단 수출증대에 초점을 맞춘 전략 때문만은 아니었다. 전략의 방향을 설정한 이후 최선의 결과를 만들어내기 위해 한 사람도 빠짐없이 모두가 남다른 노력을 기울였기에 가능했다.

- 8 -
중미 투자의
달고 쓴 첫 경험

1998년 나는 중미의 과테말라를 방문했다. 과테말라는 인구가 1,000만 명 정도인데 치안이 매우 불안했다. 한국 식당의 출입구는 모두 철문으로 되어 있었고 소총을 든 경비원이 앞을 지키고 있었다.

중미 6개국, 즉 엘살바도르, 온두라스, 과테말라, 니카라과, 코스타리카, 도미니카공화국은 미국과 'CAFTA-DR(도미니카-중미 자유무역협정)'이라는 무관세 협정을 맺었다. 미국을 포함한 7개국 내에서 생산된 원사로 원단과 의류를 생산, 수출하면 관세를 부과하지 않는 협정이다. 면 상의는 17%, 화섬 상의는 34%의 관세가 면제되는데, 수출입 회사에게는 대단한 혜택이다. 그러나 중미 6개국은 원사, 원단의 생산 체제가 갖춰지지 않았고, 미국에서 생산한 것은 고가였기 때문에 CAFTA-DR의 혜택은 그림의 떡이었다.

내가 과테말라와 온두라스, 엘살바도르를 처음 방문한 것은 1991년이었는데, 그때도 선발 한국 회사들은 이미 그곳에서 공장을 가동 중이거나 신규 공장을 설립하고 있었다. 당시 세아는 자금이 부족해 중미 투자는 언감생심이었다. 그러나 1998년에 방문할 때는 상황이 달랐다. 황다오구에서 세아황도복장공사를 운영해보았고, 사이판에서 가장 좋은 공장으로 정평이 난 위너스도 잘되고 있었기 때문이다.

그렇다면 한 번도 경험하지 못한 중미에 어떻게 접근해야 할까? 과테말라에 이미 진출했지만 무역 회사가 없는 순수 임가공 공장들과 계약을 맺고 생산하는 전략을 택했다. 그렇게 생산 가능성을 먼저 확인해보고 싶었다.

나는 사이판 위너스의 공장장으로 근무하던 문춘석 공장장과 본사 정동하 과장을 한 팀으로 하여 1998년에 과테말라로 발령을 냈다. 정동하 과장은 외국어대학교에서 스페인어를 전공해 스페인어와 영어를 유창하게 했다. 수도인 과테말라시티에 사무실 겸 숙소로 사용할 주택 한 채를 임대하고, 차량도 구입해 현지인 기사를 채용했다.

과테말라시티는 해발 1,500m에 위치해 1년 내내 우리나라 초가을 날씨다. 건기와 우기가 있는데 우기에는 아침저녁으로 약간 서늘한 정도다. 그래도 현지인들은 우기에 꼭 겨울옷을 입었다. 예전에는 커피로 유명한 안티구아가 수도였는데, 지진 이후 현재의 과테말라시티로 이전했다. 안티구아는 옛 모습이 그대로 보존된 고도(古都)이자 관광명소여서 스페인어를 공부하는 학생들이 여전히 많이 찾는다.

나는 바이어들을 설득해 과테말라에서 생산할 오더를 수주하기 시작했다. 그렇게 영업에 공들인 결과 1년 동안 1,000만 달러 수출을 달성했다. 당시 세아는 새로 부지를 구입하고 공장을 지을 시간이 없었기 때문에, 1999년 사설 공단 내의 공장 건물을 임대하고 기계설비를 발주했다. 법인명은 '세아인터내셔널(Sae-A International S.A.)'이라고 등록했다.

과테말라 최고의 의류 수출 전성기를 이끌다

해외 공장의 경우 법인장의 역할이 대단히 중요하다. 법인장의 능력에 따라 공장의 모든 것이 결정되기 때문이다. 나는 한 분을 염두에 두고 온두라스를 방문했다. 그는 대구에 본사가 있는 J섬유의 온두라스 공장 법인장으로 근무하고 있는 이천일 법인장이었다. 우리는 한국 식당에서 처음으로 상견례를 하고 오찬을 했다. 나는 그를 만나기 전에 그가 J섬유 회장의 사위와 함께 근무하면서 많이 힘들어한다는 이야기를 들었다.

나는 세아상역에 대해 소개하고 과테말라 세아인터내셔널 법인장을 맡아달라고 했다. 긴 시간 설득한 끝에 결국 승낙을 받았다. 이천일 법인장은 외국어대학교 영어과를 졸업하고 바잉 에이전트에서 근무했다. 그러다 가죽의류를 제조, 수출하는 사업을 시작했는데 실패하고 말았다. 그 때문에 경제적으로 계속 힘든 상황이었고, 여전히 남은 빚을 매달 상환하고 있었다. 나는 공장 업무에 전념할 수 있도록 빚을 모두 정리해주었다.

과테말라 세아인터내셔널의 한국인 직원들은 남녀 각각 주택을 임대하여 기숙사로 사용했다. 나는 출장을 가면 비어 있는 남자 기숙사 방을 사용했다. 토요일 저녁에 가끔 기숙사에서 삼겹살 파티를 했는데, 직원들은 모두 즐거워했다.

세아상역은 과테말라에 진출한 이듬해인 2000년 11월 30일 무역의 날에 대망의 '일억불 수출의 탑'을 수상했다. 2003년은 '이억불', 2005년은 '삼억불 수출의 탑'을 연이어 수상했다. 그렇게 성장에 가속도가 붙자 영업과 생산 그리고 수출을 위한 전쟁이 본격적으로 시작되었다.

세아는 과테말라에 연이어 세아인터내셔널 2공장을 설립했고, 세아텍스피아 1공장과 2공장, 과테말라 위너스를 설립했다. 그리고 자동 프린트 공장인 글로비아를 설립하고 센텍사, 텍스피아 3공장도 차례로 설립했다. 그렇게 해서 과테말라 세아인터내셔널은 세아상역에서 매우 중요한 자회사로 자리 잡아가기 시작했다. 세아인터내셔널의 규모가 커지자 한국에서 거래했던 임가공 공장들까지도 우리 오더를 수행하기 위해 과테말라로 진출했다.

몇 년 후, 세아상역은 과테말라에서 FOB(Free On Board, 본선인도가격) 기준 연간 2억 6,000만 달러를 수출하게 되었다. 커피 등 농산물을 포함한 과테말라 전체 수출 총액 중 무려 11%에 해당하는 금액이었고, 섬유류 수출에서는 전체의 23%를 차지하는 기염을 토했다. 과테말라 제조업체 중 가장 많은 일자리를 창출한 것도 세아였다.

처음 진출할 당시 과테말라도 사이판과 비슷한 상황이었다. 기존의 한국계 공장들은 경쟁력이 떨어졌다며 철수하려는 분위기였다. 그러나 후발주자인 세아가 들어오고 나서 분위기가 반전되었다. 여러 바이어들이 함께 들어왔고 과테말라 생산을 선호하기 시작했다. 바이어들은 세아뿐 아니라 과테말라의 다른 공장들과도 거래를 확대해갔다. 결국 세아가 진출한 후 과테말라는 최고의 의류 수출 전성기를 맞았다.

하지만 과테말라의 경제 발전에 발목을 잡는 것이 있었다. 불안한 치안과 노조의 불법행동, 매끄럽지 못한 행정처리 등이었다. 한번은 과테말라 세아인터내셔널 1공장이 납부한 부가세가 수백만 달러가 넘는데 국세청이 환급을 해주지 않는다는 보고를 받았다. 세아뿐만 아니라 다른 회사들도 부가세 환급을 못 받고 있다는 것이다. 나는 곧장 과테말라로 날아갔다. 가기 전에 국세청장의 취미가 무엇인지 파악했다. 그는 축구를 좋아해서 국세청 직원들로 축구팀을 구성해 퇴근 후에 시합을 한다고 했다.

나는 먼저 음료수와 선물을 들고 축구장으로 가서 국세청장과 인사를 나누고 경기를 관람했다. 그 후로 가끔 저녁식사도 함께했다. 과테말라에 출장을 갈 때마다 국세청장을 만나 친분을 쌓았고 축구경기를 관람하며 응원했다. 그러다 어느 식사 자리에서 부가세 환급 이야기를 꺼냈다. 그는 파악해보겠다고 했다. 한국으로 귀국한 후 며칠 만에 부가세를 환급받았다는 보고를 접했다.

그리고 당시 과테말라는 조직폭력배가 활개를 쳤다. 한번은 세아인터내셔널의 남성 근로자 한 명이 퇴근버스 안에서 총을 맞고 사망한 사건이 발생했다. 용의자는 복면도 쓰지 않고 유유히 버스에서 내려 사라졌다. 경찰이 수사했지만 범인을 검거했다는 이야기는 끝내 듣지 못했다. 그뿐 아니다. 1공장에서 조폭들이 급여일마다 직원들의 돈을 걷어간다는 보고를 받았다. 있을 수 없는 일이었다. 법인장에게 지시하여 경찰에 수사를 의뢰하도록 했다. 이후 사복 경찰이 근로자로 가장해 회사 내부에 상주했고, 2주마다 돌아오는 급여일에는 정복 경찰들이 공장 외부에 배치되었다. 그후로 조폭들이 급여를 갈취하는 행위는 없어졌다.

고작 7명의 노조원 횡포 때문에

얼마 후 세아인터내셔널 1공장에 노조가 설립되었다. 나는 노조를 반대하지 않는다. 회사는 근로자들에게 안전한 작업환경을 제공해주고 정당한 대우를 해야 한다. 그러나 그렇지 못한 회사가 있다면 정당한 노조활동을 통해 시정할 수 있기 때문이다. 그런데 1공장의 노조는 내가 생각하는 정상적인 노조가 아니었다. 그들은 우선 과테말라의 잘못된 노동법을 악용했다. 1공장 노조는 노사분규라는 명목으로 법원에 해고금지를 신청했다. 그렇게 되면 회사는 노조원은 물론이고 비노조원도 단 1명도 해고할 수 없다. 노조는 태업은 물론 회사에서 하는 일에 사사건건 방해하고 생산성을 떨어뜨렸다.

노조위원장은 27세로 이름이 세사르라고 했다. 한번은 노조원들이 법인장과 임원 등 한국인 직원들을 사무실에 감금하는 사건이 벌어지기도 했다. 그러나 과테말라 상위노조와 NGO들은 오히려 회사가 노조를 탄압한다고 모함했다. 세사르는 협상 파트너인 L상무에게 거액의 금전을 노골적으로 요구했다. 나는 보고를 받고 노조위원장을 더 이상 방치하면 안 되겠다고 판단했다.

나는 과테말라로 출장을 가서 검찰총장을 만났다. 여성 총장이었는데, 그녀는 나를 만날 때 남성 검사 2명을 대동했다. 나는 노조의 일방적인 횡포와 노조위원장의 금전 요구에 대해 설명하고 도움을 요청했다. 검찰총장은 금전을 요구하는 행위를 녹화해오면 노조위원장을 체포할 수 있다고 했다.

L상무가 회의실에 카메라를 설치하고 노조위원장 세사르와 면담을 했다. 세사르는 4만 8,000달러를 주면 자신은 회사를 괴롭히지 않고 퇴사하겠다고 말했다. L상무가 그 많은 돈을 어디에 사용할 목적인지 물었다. 세사르는 결혼비용으로 사용할 것이고, 자동차와 주택도 구입하고 싶다고 했다. 나는 그 녹화영상을 검찰에 제출하려고 했다. 그러나 사내 미국 변호사인 M변호사가 반대했다. 과테말라 검찰이 세사르를 구속 수사하면 미국 노조와 NGO들이 우리를 공격할 것이라고 했다. 결국 녹화영상은 제출하지 않았다 (나는 지금도 가지고 있다).

세아인터내셔널 1공장은 노조의 방해로 정상적으로 가동되지 못했고 시간이 갈수록 적자가 쌓여갔다. 결국 공장 폐쇄 결정을 내렸다. 급여와 퇴직금을 모두 지급하고 보니 노조원은 단 7명뿐이었다. 근로자 1,000명이 넘는 공장이 노조원 7명의 횡포 때문에 폐쇄된 것이다.

- 9 -

법인장
납치사건

어느 날 밤 잠자리에 들 무렵에 전화 한 통을 받았다. 다급하고 놀
란 목소리였다.

"과테말라 이천일 법인장이 납치되었습니다."

나는 깜짝 놀랐다.

"무슨 말입니까?"

"저도 방금 과테말라 법인으로부터 전화를 받아서 자세한 내
용은 아직 파악을 못 했습니다."

"속히 본사 유관자들에게 연락해서 회사로 모이도록 하십시오."

나는 급히 점퍼만 걸치고 택시를 불러 세아빌딩으로 갔다. 연
락을 받은 임원들이 속속 도착하고 있었다.

과테말라 이규익 부장을 전화로 연결해서 자초지종을 들었다.

"이천일 법인장께서는 항상 아침 7시 전에 출근하시는데 오늘은 늦도록 출근을 하시지 않아 댁에 연락했습니다. 그랬더니 사모님께서 언제나처럼 새벽예배 참석을 위해 5시에 집을 나섰다고 하셨습니다. 교회에 확인해보니 오늘은 새벽예배에 불참하셨다고 했습니다."

조급하게 내가 물었다.

"이규익 부장, 납치라는 확실한 증거가 있습니까?"

이규익 부장이 가라앉은 목소리로 대답했다.

"네, 이천일 법인장의 행방을 수소문하던 중 납치범에게서 전화가 걸려 왔습니다. 납치 사실을 알리면서 법인장을 살리고 싶으면 현금 200만 달러를 준비하라고 했습니다."

순간 정적이 흘렀다. 침울한 분위기를 깨고 내가 다시 물었다.

"현금을 언제까지 준비하라는 등 다른 말은 없었습니까?"

"납치범은 경찰에 신고하면 살해하겠다고 했습니다. 다시 전화하겠다고 해서 기다리고 있습니다."

"날이 밝는 대로 은행에서 200만 달러를 송금하겠습니다. 돈이 도착할 때까지 납치범에게 2~3일만 시간을 달라고 하십시오. 경찰에는 절대로 신고하지 마십시오. 납치범에게서 연락이 오면 즉시 보고해주십시오."

자정 무렵 대치동 신사옥에 본사 임원들이 모두 모였다. 우리는 대책회의를 했다. 난감했다. 별다른 수가 있을 리 없었다. 나는 과테말라 이천일 법인장 부인에게 전화해 위로를 했다. 부인은 의외로 의연했다. 부부는 독실한 기독교인이었다. 이천일 법인장 부인은 교회 목사님에게 납치 사실을 알리고 기도를 부탁했다. 시카고에 있는 아들 부부와 한국에 있는 딸과 목사 사위에게도 기도를 부탁했다고 하면서 나에게도 남편을 위해 기도해달라고 했다. 이천일 법인장을 위해 과테말라와 미국, 한국에서 모두 기도를 했다.

가슴에 박힌 총알은 지금도

그러던 중 새벽 3시에 이규익 부장으로부터 다시 전화가 왔다.

"이천일 법인장이 탈출을 해서 병원에 계시다는 연락을 방금 받았습니다."

이규익 부장의 목소리는 들떠 있었다. 마치 개선장군의 목소리 같았다. 누가 먼저라고 할 것 없이 우리는 모두 환호성을 질렀다.

이천일 법인장은 목에 총상을 입었는데 총알이 몸 안에 있어 과테말라에서 수술이 불가하여 가족이 있는 미국 시카고 병원에서 수술을 하기로 했다. 나는 시카고로 가서 이천일 법인장을 만났다.

그러나 시카고 종합병원에서도 수술이 어렵다고 했다. 총알이 목을 타고 견갑골을 통해 심장 가까운 곳에서 멈췄는데 혈관이 많이 모여 있는 곳이어서 대단히 위험한 수술이라고 했다. 의사는 3개월 후에도 총알 위치가 변함이 없으면 수술을 하지 않는 것이 좋겠다고 권했다. 3개월 후 사진 촬영을 했는데 다행히 총알 위치는 그대로였다. 하나님의 은총이었다. 이천일 법인장의 가슴에는 지금도 총알이 있다. 그는 병원에서 발행해준 증명서를 아직도 여권과 함께 보관하고 있다.

이천일 법인장의 납치사건은 지금도 생생하다. 그는 독실한 기독교인으로 과테말라 사랑의 교회 장로였다. 그날도 새벽예배에 참석하기 위해 5시에 아파트를 나섰다. 법인장 사택인 아파트는 과테말라 시티에서 치안이 가장 좋은 지역에 위치했다. 전용기사가 있지만 매일 새벽에 나오라고 할 수 없어서 이천일 법인장이 직접 운전을 하고 다녔다.

그날도 새벽에 아파트 주차장을 빠져나와 교회로 가는 도중에 빨간 신호등에 걸려 멈췄다. 갑자기 뒤차가 가볍게 충돌을 했다. 백미러로 뒤를 보니 승용차에 운전자 한 사람만 타고 있었다. 이천일 법인장이 문을 열고 내린 후 뒤로 돌아가 범퍼를 살펴보는 순간 어디선가 두 사람이 달려들어 순식간에 이천일 법인장을 승용차에

밀어 넣었다. 차는 쏜살같이 달리기 시작했다. 범인들은 검은 두건을 이천일 법인장의 머리에 씌웠다. 그리고 손을 결박하고 머리를 들지 못하게 밑으로 눌렀다.

한참을 달린 후에 승용차가 멈췄다. 2명이 이천일 법인장을 부축해서 건물 안으로 끌고 갔다. 그리고 두 발목을 묶고 대충 결박한 손도 다시 단단히 묶었다. 한마디 대화도 없었다. 정적만이 흘렀다. 이천일 법인장은 정신이 아득해지며 가슴이 두근거렸다.

'아! 나는 납치되었구나. 납치는 순간적이구나. 손쓸 겨를도 없이 당하는구나. 나는 살 수 있을까?'

범인들이 이천일 법인장을 바닥에 팽개친 후 문을 닫고 밖에서 잠그는 소리가 들렸다. 시간이 얼마나 흘렀을까? 이 법인장은 손발이 묶인 채 두건을 벗기 위해 고개를 흔들며 몸부림을 쳤다. 두건이 벗겨졌다. 주위를 둘러보니 나무판자로 둘러쳐진 방이었다. 방안에는 아무것도 없었다. 정적과 공포만 숨을 죽인 채 있었다. 정적과 공포는 바로 이천일 법인장 자신이었다.

두건을 벗으니 오히려 더 강한 공포가 밀려왔다. 손발은 전깃줄로 묶여 있었다. 납치범들은 외출했는지 밖에서는 아무런 소리도 들리지 않았다. 도로로부터 멀리 떨어졌는지 자동차 소리도 들리지 않았다. 고요했다. 판자가 어설퍼 보여 몸으로 세게 부딪히면 부서질 것 같았다. 범인들이 없을 때 탈출을 해야 하겠다고 생각했다.

손을 묶은 전깃줄을 이빨로 풀기 시작했다. 쉽지 않았다. 너무 단단히 묶여 있었다. 코일 때문에 입술과 혓바닥이 갈라졌다. 붉은 피가 침과 함께 전깃줄을 적셨다. 살아야 한다는 생각에 겹겹이 묶인 전깃줄을 이빨로 풀고 또 풀었다. 몸부림 끝에 간신히 손목의 결박을 풀었다. 손이 자유로워지자 다리 결박은 쉽게 풀렸다.

밖은 아직도 정적만 흘렀다. 이천일 법인장은 판자를 향해 온몸을 던졌다. 판자에서 몸이 튕겨 나왔다. 판자는 생각보다 단단했다. 다시 한번 몸을 던졌으나 판자는 요동도 하지 않았다. 갑자기 방문이 열렸다. 과테말라 원주민 인디오 여자였다. 여자와 눈이 마주친 순간 여자가 방문을 닫으며 스페인어로 소리를 질렀다.

이 법인장은 어떻게 해야 할지 몰랐다. 머릿속이 하얗게 변했다. 발이 떨어지지 않았다. 공포가 엄습했다. 순간 방문이 열리며 인디오 남자가 나타났다. 손에는 권총이 들려 있었다. 이 법인장이 몸을 비틀며 뒤로 물러서는 순간 귓전을 때리는 총소리와 함께 이물질이 목을 때렸다. 그리고 암흑이었다. 그는 정신을 잃었다.

필사의 탈출

아득히 먼 곳에서 고통이 서서히 찾아오고 있었다. 목과 가슴이 뜨거웠다. 분명 천국은 아니었다. 꿈도 아니었다. 나는 죽지 않았구나. 정신 차려야겠다고 생각했으나 몸이 말을 듣지 않았다. 혼미한 아픔이었다. 서서히 정신이 들었다. 판자가 둘러쳐진 방에 그는 혼자 누워 있었다. 총알은 목을 통해 몸 안 어디에 박혔는지 아니면 운 좋게 관통했는지 알 수 없었다. 드레스 셔츠는 붉은 피로 범벅이 되었고 신사복 상의와 구두는 사라졌다. 손을 짚고 일어서는 순간 아픔이 밀려왔지만 간신히 그리고 서서히 일어섰다. 피를 많이 흘렸기 때문인지 현기증이 밀려와 어지러웠다. 방문은 반쯤 열려 있었다. 지옥 깊은 곳인지 아무 소리도 들리지 않았다. 방문을 열고 복도를 통해 마당으로 나갔다. 아무도 없었다. 그가 죽은 줄 알고 팽개쳐놓은 것이리라.

철제 대문을 밀었다. 밖에서 잠겨 있어 열리지 않았다. 납치범들은 그가 총을 맞고 죽은 것으로 알고 외출한 것 같았다. 아침 햇살에 눈이 부셔 현기증이 다시 올라왔다. 온 힘을 다해 담을 넘었다. 밖은 골목이었다. 아무도 없이 정적만 흐르고 있었다. 목에서 흘러내리는 피가 점점 더 앞가슴으로 퍼져 나갔다. 핏방울이 바지 위로 떨어졌다. 몸은 말을 듣지 않는데 "살인자들이 돌아오기 전에 속히 골목을 벗어나라"는 소리가 머릿속에서 급히 울리고 있었다.

맨발로 비틀비틀 골목을 벗어나니 많은 차가 오고 가는 큰길이었다. 두 손을 흔들었다. 드레스 셔츠가 붉은 피로 범벅이 되고 구두도 신지 않은 동양인을 차들은 지나쳤다. 한참 동안 손을 흔들었다. 승합차 한 대가 멈추고 차 문을 열어주었다. 나이가 지긋한 인디오 할아버지였다. 병원으로 데려다달라고 했다. 인자한 인디오 할아버지는 이천일 법인장을 종합병원으로 데려다주었다. 이 법인장은 병원 침대에 누워서 이규익 부장에게 전화해 탈출 사실부터 알렸다. 그는 살아난 것이다.

이규익 부장이 이천일 법인장과 통화한 다음 납치범들이 이규익 부장에게 전화를 했다.

"200만 달러가 준비되었는가?"

"준비되었다. 그는 안전한가?"

이 부장은 이천일 법인장의 안부를 물었다.

"그는 잘 있다. 현금 200만 달러를 받으면 즉시 안전하게 돌려보내겠다. 그러나 경찰에 알리면 그는 살아서 돌아가지 못할 것이다."

과테말라 법인에서는 경찰에 신고했다. 다시 납치범에게서 전화가 왔다. 200만 달러를 가방에 넣어 접선할 장소를 알려왔다. 영화 같은 일이 현실 세계에서 일어나고 있었다.

사복경찰은 이규익 부장 대신에 종이뭉치가 들은 가방을 들고 약속장소에 서 있었다. 약속 시간이 지나도 납치범은 나타나지 않았다. 경찰인 것을 눈치챘는지 아니면 이천일 법인장의 탈출을 알았기 때문인지는 알 수 없었다.

나는 과테말라로 출장을 떠났다. 과테말라시티에 도착해서 대통령 비서실장과 함께 검찰총장을 만났다. 납치 사실을 설명하고 납치범 검거를 요청했다. 세아상역은 과테말라의 중요한 투자기업이었다. 검찰총장은 최선을 다해 수사하고 기필코 범인들을 검거하겠다고 약속했다. 과테말라에 투자한 외국 법인의 법인장이 납치되어 총알을 맞은 것은 과테말라 정부로서도 매우 중요한 사건이었다. 어떻게 하든 범인들을 검거하지 않으면 안 되었다.

검찰총장은 범죄 수사 때문에 자신도 과테말라 갱단의 협박을 받아 가족을 캐나다로 피신시켰다고 했다. 한번은 자택으로 퇴근하다 갱들로부터 총알 세례를 받았다고 했다. 과테말라는 그처럼 위험했다. 이천일 법인장은 납치 후 감금되었던 주택을 다행히 기억해냈다. 그러나 검찰은 범인을 찾을 수 없었다. 며칠 후 이천일 법인장의 승용차는 길거리에 버려진 채로 발견되었다. 검찰은 수사를 본격적으로 시작했다. 나는 한국으로 돌아왔다.

회사에서는 포드 SUV 방탄차를 미국에서 수입해서 이천일 법인장의 승용차로 배정했다. 관리 임원의 승용차도 SUV 방탄차로 교체했다. 운전석에 권총을 상시 비치했다. 이 법인장에게 경호원과 경호 차량도 배치해 납치 또는 보복에 대비했다. 그리고 시간은 흘렀다.

회사는 계속해서 성장하고 있었다. 하루하루가 정신없이 바빴다. 그렇게 몇 달이 지나면 회사는 또다시 저만큼 성장하고 있었다. 세아상역은 그 와중에도 과테말라에 공장을 계속 설립했다. 세아인터내셔널 2공장, 텍스피아 1공장, 2공장을 연이어 설립했다. 세아 오더만 생산하는 협력 공장들도 계속 증가했다.

그러던 어느 날 과테말라 검찰총장에게서 수사를 종결했다는 연락이 왔다. 나는 다시 과테말라로 가서 검찰총장을 만났다. 범인은 여자 1명, 남자 11명으로 총 12명이었다. 주범은 19세 남자로 세아인터내셔널 1공장 업무과에서 근무하다 퇴사한 직원이었다. 확인해보니 근태가 좋지 않아 권고사직을 시킨 직원이었다. 그는 이천일 법인장을 회사 오너인 나로 착각하여 납치를 모의했다고 한다.

범인을 추적하고 검거하는 과정에서 총격전이 벌어져 3명은 사살했고, 7명은 체포를 했으나 나머지 2명은 캐나다로 도주했다. 이천일 법인장 납치사건은 그렇게 종결이 되었다. 나는 검찰총장에게 진심으로 감사를 표했다.

10

내가 타코를
먹지 않는 이유

미국과 캐나다, 멕시코 3개국은 NAFTA, 즉 북미자유무역협정을 맺은 국가들이다. 아시아에서 원단을 가져와 멕시코에서 의류를 제조하여 미국이나 캐나다로 수출을 하면 관세가 없었다. 나는 공장 설립 후보지를 물색하기 위해 멕시코시티를 수차례 방문했다. 또 멕시코시티에서 버스로 약 2시간 소요되는 푸에블라 시티도 방문했다. 멕시코시티는 치안이 좋지 않았다. 푸에블라 시티를 투자 지역으로 내정하고 수차례 방문했는데, 어느 날 지진이 발생했다. 유서 깊은 건물들에 금이 가는 등 도시가 혼란에 휩싸였다.

나는 멕시코시티에서 프로펠러 비행기로 1시간 30분이 소요되는 빅토리아 시티를 방문했다. 아담한 소도시로 인구도 적당했다. 또 대만계 방적 공장이 가동 중이었다. 나는 최만철 차장과 함께 빅토리아 시티가 속한 주정부 투자청을 방문해 면담했다. 투자청에서 빅토리아 시티 투자부의 호세를 소개해주었다. 호세는 성격이 좋았고 투자 유치에 적극적이었다. 호세의 소개로 우선 사무실과 숙소로 사용할 2층 주택 한 채를 임대했다. 탐스러운 붉은 덩굴장미가 담장을 타고 아름답게 피어 있었다. 정원은 작지만 잘 가꾸어져 있었다. 우리는 호텔에서 나와 2층 주택으로 옮겼다. 주방과 거실이 있는 1층은 사무실로, 2층은 침실로 사용했다. 팩스와 복사기 등을 구입해서 사무실을 꾸몄다.

빅토리아 시티에서 시범 공장을 먼저 운영해보기로 했다. 전체 5개 라인 규모로 근로자는 약 350명 정도를 예상했다. 우선 작은 규모로 시범 공장을 운영한 후 문제가 없으면 대규모 부지를 매입하고 수천 명 규모의 공장을 신축하기로 했다. 호세에게 우리의 계획을 설명하고 적당한 규모의 임대건물을 소개해달라고 부탁했다.

그러던 중 사이판에 진출했던 대만계 회사 UIC가 멕시코 유카탄반도 메리다에 공장을 신축했다는 소식을 들었다. 우리는 렌트카를 이용해 메리다를 방문하기로 했다. 유카탄반도 메리다까지는 쉬지 않고 운전해도 왕복 3일이 소요될 만큼 멀었다. 최 차장과 나는 교대로 운전을 했다. 한 사람이 운전하면 다른 한 사람은 눈을 붙였다. 식사시간만 제외하고 폭우가 쏟아져도 쉬지 않고 운전했다. 중간중간 멕시코의 부패한 교통경찰들이 과속이라는 명목으로 수차례 금전을 갈취해갔다.

어렵게 메리다에 도착해 대만계 공장을 찾아갔으나 가동 초기라 특별히 중요한 정보를 얻을 수 없었다. 사이판에서 만나 내가 알고 있는 오너 제임스 리도 없었다. 공장과 근로자들에 대한 일반적인 설명만 들은 후 우리는 다시 빅토리아 시티로 돌아왔다. 무박 3일이었다.

시범 공장으로 사용이 가능한 공장 건물을 호세의 소개로 찾았다. 가서 둘러보니 신축 건물이라 깨끗했다. 회계법인과 법무법인을 지정하여 계약하고 법인설립에 착수했다. 그러는 동안 최만철 차장과 나는 거의 20일 동안 한국 음식을 먹지 못했다. 국경선 넘어 미국 국경도시에 한국 가게가 있다는 소식을 듣고 우리는 출발했다. 몬테레이를 지나 국경까지는 4시간이 소요되었다. 그러나 도착해보니 그 한국 가게는 다른 도시로 이미 이전하고 없었다. 실망한 우리는 빅토리아 시티로 다시 돌아왔다.

나는 멕시코 슈퍼마켓에서 밀가루와 호박, 멕시코 고추와 파 그리고 기꼬만 간장 1병을 샀다. 밀가루 반죽을 해서 맥주병으로 밀고 호박을 채 썰어 넣어 칼국수를 만들었다. 기꼬만 간장에 지독히 매운 멕시코 고추와 파를 다져 넣어 양념장도 만들었다. 호세도 초청해서 셋이 함께 칼국수를 먹었다. 칼국수를 먹으니 힘이 났다. 그렇게 25일 동안 빅토리아 시티에 체류하다 한국으로 돌아왔다.

더디고 고생스러웠던 시범 공장

그로부터 6개월 후 시범 공장은 신입 근로자를 350명 정도 채용해 가동을 시작했다. 건너편에 미국계 봉제 공장이 있었는데 약 750명의 근로자가 일했다. 본사는 뉴욕 맨해튼에 있었다.

우리의 시범 공장은 건물이 비좁아 한국인 직원 식당을 만들지 못했다. 30분 거리에 있는 직원 숙소에서 조리한 음식을 공장으로 배달했다. 한국인 여직원들이 교대로 음식을 만들었으나 한국인 남자 공장장의 요리 솜씨가 일품이었다. 빅토리아 시티의 겨울은 매섭게 추웠다. 공장 건물은 난방시설이 되어 있지 않아서 겨울에는 추위에 떨면서 식사를 했다.

시범 공장의 오더 수주를 돕기 위해 프린트 설비를 설치한 덕분에 프린트 오더도 수주했다. 그러나 멕시코 근로자들을 프린트 기능공으로 양성하는 것이 생각처럼 쉽지 않았다. 기능공 양성이 안 되니 이미 수주한 많은 오더의 납기를 지킬 수가 없었다. 문제가 심각했다. 다각도로 방안을 찾아보니 한국에서 프린트 기능공

20명을 빅토리아 시티 공장으로 데리고 와서 한 달 동안 작업하면 납기준수가 가능했다.

서울 본사에서 프린트 기능공 20명을 어렵게 모집해 빅토리아 시티 공장으로 보냈다. 말이 20명이지 1명씩 설득하고 조건을 통일해 멕시코까지 오게 하는 것은 쉽지 않았다. 공장에서는 20명을 수용할 주택을 수소문하고 계약했다. 예상과 달리 20명이 잔업까지 해서 납기를 겨우 맞출 수 있었다. 물론 프린트 오더로 인해 손실이 컸다. 한국인 프린트 기능공 몇 명은 그 후로도 일정 기간 잔류하면서 멕시코 근로자들에게 프린트 기능을 전수했다.

빅토리아 시티는 매년 5월이 되면 약 일주일 동안 하얀 나비의 왕국으로 변한다. 꽃밭은 물론이고 건물 지붕과 마당, 아스팔트 위까지 온통 하얀 나비로 뒤덮인다. 이유를 물어도 아는 사람이 없었다. 일주일이 지나면 나비들은 흔적도 없이 사라진다. 참으로 불가사의한 일이었다.

빅토리아 시티에서 공장을 운영할 때 가장 큰 문제는 높은 결근율이었다. 평상시에도 타국에 비해 2배 이상 결근율이 높았지만, 급여일 다음 날은 더 많은 근로자가 결근했다. 멕시코인 특유의 낙천적인 성격 탓도 있었다.

그러던 어느 날 건너편 미국계 봉제 공장이 야반도주를 했다.

근로자들이 아침에 출근해보니 공장이 텅 비어 있었다. 밤사이에 제품과 기계를 모두 컨테이너에 나누어 싣고 떠났다. 근로자들은 퇴직금과 급여를 받지 못했다. 하지만 덕분에 우리 공장은 양질의 기능공들을 흡수할 수 있었다. 시범 공장 설립 후 약 3년이 되었을 때 공장은 겨우 손익분기점에 도달했다. 숙련공이 없는 신규 공장들은 일반적으로 1년 6개월이면 손익분기점에 도달하는데 시범 공장은 2배의 기간이 소요되었다.

얼마 후 멕시코 지방선거 결과 주지사가 교체되었다. 주정부에서 스테이트 텍스 6%를 납부하라는 연락이 왔다. 호세를 만나서 이전 주정부가 세금 면제를 약속했는데 무슨 일이냐고 따져 물었다. 호세는 신임 주정부가 전임 주정부의 결정을 인정하지 않기 때문이라고 했다. 우리는 철수를 결정했다. 신임 주정부가 울고 싶은 아이의 뺨을 때린 것이다. 모든 근로자에게 급여와 해고보상비, 퇴직금 등을 지급했다. 멕시코는 법인을 폐쇄하면 신문 지면에 폐쇄 사실을 공고하고 채무상환에 문제가 없도록 해야 한다. 우리는 현지법에 따랐다. 기계는 과테말라로 보내서 신규 설립 공장에서 사용하도록 했다.

3년 만에 멕시코 생산을 청산한 이후로 나는 타코를 먹지 않는다. 빅토리아 시티로 3년 동안 출장을 다니면서 물리도록 많이 먹었기 때문이다. 멕시코에서의 경험은 새로웠다.

바람이 없을 때는
바람개비를 들고 뛰어라

니카라과, 인도네시아를 거쳐
코스타리카에 방적 공장을 짓고
개성공단, 엘살바도르에 진출하기까지
아시아와 중미 지역에 공격적인 투자를 이어갔다.
우여곡절도 많고 시행착오도 많았지만
영화 '바람과 함께 사라지다'의 대사처럼
어떻든 내일은 또다시 새로운
내일의 태양이 떠오를 것이라는 생각으로
나는 신발끈을 다시 고쳐 매고
이들과 끝까지 완주할 것을 결심했다.

11

몸바쵸 정상에
두 번 오른 이유

과테말라시티에서 니카라과 수도 마나구아는 항공편으로 50분 정도 소요된다. 나는 니카라과 도착 후 호텔에 여장을 풀고 투자청인 프로니카를 방문했다. 2002년 당시 니카라과는 민주주의를 신봉하는 엔리케 볼라뇨스 대통령이 집권하고 있었다. 그는 미국에서 대학을 졸업했다. 니카라과에는 이미 한국과 대만계 회사들이 진출해 있었고, 정부 소유 메르세데스 공단에서 임대 건물 공장을 가동하고 있었다. 메르세데스 공단은 오래된 공단이라 공장 건물도 작고 낡았다. 세아상역은 이번에도 늦게 진출했다.

나는 공단 부지를 구입해 공장을 직접 신축할 계획을 세웠다. 니카라과를 수차례 왕복하면서 공단 부지를 찾았다. 마나구아에서 자동차로 2시간 30분이 소요되는 항구도시 레옹까지 방문했다. 마나구아에서 이동시간 1시간 이내에 있는 지역을 선정하기로 했다. 띠뻬따빠 지역이 좋았다. 약 17만 평의 도로변 토지를 구입하고 공장설계를 의뢰했다.

차경철 부장은 H건설에서 건축현장 소장으로 근무하다 세아상역에 입사했다. 세아상역이 해외에서 공장을 계속 신축하다 보니 감리를 맡을 기술자가 필요했기 때문이다. 차경철 부장이 공단 조성과 건축현장의 감리를 맡았다. 근로자 3,000명이 우선 근무할 수 있는 공장 2개 동과 현지인 식당 그리고 사무실 빌딩과 한국인 식당, 세관, 파출소 등을 신축하기로 했다.

기공식에 볼라뇨스 대통령이 참석해서 격려해주었다. 나는 대통령궁에서 볼라뇨스 대통령과 몇 차례 만나서 세아상역의 투자에 대해 의논했다. 3~4개월에 한 번씩 건설현장을 방문해 공사 진행 상태를 살피고 격려했다.

2004년 5월 공장 준공식에는 니카라과 볼라뇨스 대통령과 상공부 장관, 외교부 장관, 프로니카(니카라과 투자청) 청장, 온두라스 주재 한국대사와 참사가 참석했다. 특히 나와 아내가 출석하는 서울 화평교회 안만수 담임목사님과 사모님께서도 오셨다. 볼라뇨스 대통령은 축사를 했고 안만수 목사님은 기도를 해주셨다.

과테말라 이천일 법인장이 그 공단 이름을 '세니카(SENIKA)'로

지었다. 세아와 니카라과, 코리아의 합성어였다. 첫 공장 2개 동은
'세아테크노텍스'라는 이름으로 등록했다. 나는 세니카 공단에 공
장 9개 동을 건립하여 근로자들 1만 4,000명이 근무할 수 있도록
계획을 세웠다. 준공식이 끝난 후 볼라뇨스 대통령과 장관들이
공장 내부 작업현장을 둘러보았다. 니카라과에서 가장 훌륭한 공
장이었다. 모두가 고무되었다. 그날 오후 대통령은 나를 대통령궁
으로 초대해서 장관들과 오찬을 함께 하며 투자에 대한 감사를 표
했다.

세상에서 가장 맛있는 오이

니카라과에 관해 재미있는 기억이 있다. 공장 건설 중에 어느 날
저녁식사 자리에서 차경철 부장이 나에게 제안을 했다. 과테말라
이천일 법인장도 마침 마나구아를 방문했을 때였다. 마나구아 인
근에 몸바쵸 산이 있다. 해발 1,350m라고 했다. 니카라과가 영국
식민지였을 때 산 정상까지 나선형 도로를 만들었다. 경사가 심해
특수제작한 트럭만 산을 오를 수 있다. 정상은 1,350m지만 일반인
은 1,250m까지만 오를 수 있다. 정상에는 표범과 원숭이들이 살기
때문에 안내인 없이는 들어갈 수 없기 때문이다. 일반인들이 정상

까지 오르는 데 약 2시간 30분이 소요된다. 그러나 센텍사에서 근무하는 변우태 차장이 1시간 8분에 정상까지 오른 것이 최고의 기록이라고 했다. 차경철 부장이 소주 한잔을 마시고 나서 말했다.

"회장님, 저와 내기 한번 하시지요."

"무슨 내기를 합니까?"

"회장님께서 몸바쵸 정상까지 1시간 30분 내에 오르시면 제가 100달러를 드리겠습니다."

"1시간 30분을 초과하면 어떻게 합니까?"

"그러면 회장님이 저에게 200달러를 주셔야지요."

차경철 부장은 돈을 벌어보겠다는 심산이었다.

"좋소. 합시다. 언제 할까요?"

"마침 내일이 휴일이니 바로 하시지요. 아침에 해가 뜨면 더워서 못 올라가니 새벽 4시에 출발하시지요."

니카라과는 한낮 기온이 섭씨 40도를 오르내린다. 날씨가 더워서 산행을 하려면 새벽에 출발해야 한다. 다음 날 우리는 새벽 4시에 기숙사를 출발해 몸바쵸 산으로 향했다. 나는 직원들의 운동화를 빌려 신었지만 긴 바지 차림이었다. 나와 문춘석 공장장, 이병재 이사, 변우태 차장 4명이 등산을 하기로 했다. 차경철 부장과 이천일 법인장은 심판을 보기로 했다.

몸바쵸 산 입구까지 차가 올라갔다. 내려서 보니 산 입구에 해발 250m 표지판이 있었다. 우리는 1,000m를 올라야 했다. 나는 1시간 30분 이내에 1,250m 정상을 밟아야 한다.

4명이 일렬로 서서 출발했다. 처음은 약한 경사로 평지처럼 보였다. 나는 앞을 향해 달렸다. 3명과 약 100m 차이를 두고 산을 올랐다. 산은 점점 가팔랐고 땀이 비 오듯 했다. 시간이 지나면서 다리가 풀리기 시작했다. 다리가 풀려서 앞으로 내딛기 힘들면 뒤로 걸었다. 그러나 나는 한순간도 쉬지 않았다. 저만치 한 모퉁이가 보이면 거기까지 가서 쉬기로 했다. 그러나 그 모퉁이에 도착하면 다음 모퉁이에서 쉬자고 스스로를 달래며 다시 올랐다. 온몸이 땀에 젖었다. 뒤돌아보니 아무도 보이지 않았다. 죽을힘을 다해 한참을 오르니 주택 같은 건물의 지붕이 보였다. 차경철 부장과 이천일 법인장이 기다리고 있었다. 내가 물었다.

"여기가 정상입니까?"

차경철 부장이 웃으면서 말했다.

"회장님, 이제 절반 정도 오셨는데 그만하시지요."

이천일 법인장이 급하게 숨을 몰아쉬는 나를 보고 만류했다.

"안색이 좋지 않으십니다. 젊은 사람들에게 맡기시고 이제 그만하시는 것이 좋겠습니다."

나는 멈추지 않았다. 물 한 병만 받아 들고 그대로 산을 올랐다. 다시 한참을 오르니 해발 1,000m 표시가 나왔다. 나는 어렵게 정상에 올라 해발 1,250m 표지판을 보았다.

오르는 동안 단 한 번도 쉬지 않았다. 정상에는 기념품 판매소가 있었는데, 나는 가게 주인에게 시계를 가리키면서 시간을 적고 사인을 요청했다. 나는 58분 만에 정상에 올랐다. 변우태 차장의 1시간 8분 기록을 깬 것이다.

기념품 판매소 밖으로 나오니 앉을 수 있는 바위가 있었다. 온몸에 땀이 물처럼 흘러내렸다. 산 정상에서 부는 바람이 시원했다. 한참을 기다리니 변우태 차장이 올라왔다. 그는 1시간 10분 만에 정상을 밟았다. 이병재 이사는 1시간 30분이 지난 후 올라왔다. 문춘석 공장장은 도중에 포기했다.

바위에 앉아 있는 동안 몸바쵸 정상 밀림에서 원숭이 울음소리가 들려왔다. 앉아서 땀을 닦으며 누군가가 기숙사에서 가져온 오이를 함께 나누어 먹었다. 내가 지금까지 먹었던 오이 중에서 가장 맛있었다.

나는 그 후로 몇 개월 뒤에도 니카라과를 방문했고 몸바쵸 산에 다시 올랐다. 이번에는 한국에서 가져간 운동화와 반바지 차림으로 마음먹고 직원 4명과 몸바쵸 산을 올랐다. 나는 4분을 단축한 54분에 정상을 밟았다. 54분은 물론 58분 기록도 지금까지 아무도 깨지 못했다고 들었다. 물론 다른 회사 임직원들도 마찬가지였다.

내가 몸바쵸에 두 번째 오른 것은 나의 한계 58분에 다시 도전하고
싶었기 때문이었다.

대통령 한 사람 바뀌었을 뿐인데

볼라뇨스 대통령 시절, 니카라과 공무원들은 부패했다. 니카라과
정부 공단과 사설 공단까지 관여하는 공단장 역시 부패했다. 나
는 실망했다. 니카라과는 미국 정부로부터 매년 원단 1억㎡까지
TPL(Tariff Preference Level, 관세특혜수준) 혜택을 받고 있었다. TPL은
CAFTA 역내에서 제조하지 않은 원단, 즉 값이 저렴한 아시아산
원단을 니카라과로 수입해서 의류를 생산하여 미국으로 수출해도
무관세 혜택을 받는다. 1억㎡ TPL 수량은 니카라과 정부에서 매
년 각 공장으로 배정한다. 물론 전년도 실적을 근거로 한다. 그러
나 배정 실권은 공단장이 가지고 있었다. 공단장의 실권은 금권이
었다. 그는 부패한 공무원이었다.

　나는 니카라과 제1의 외국인 투자가였다. 볼라뇨스 대통령과
상공부 장관을 가끔 만났다. 상공부 장관은 운하가 표시된 니카라
과 지도를 방에 붙여놓았다. 운하를 만들면 니카라과를 파나마처
럼 부유한 나라로 만들 수 있다고 나에게 설명했다. 그는 항상 올

백머리를 했다. 머리를 단정하게 빗어 넘기고 포마드 기름을 발랐다. 어떤 때는 뒤로 빗어 넘긴 머리를 고무줄로 묶었다. 꽁지머리였다. 우리는 그를 꽁지머리 상공부 장관으로 부르기도 했다. 그는 해외 출장을 자주 다녔다. 운하를 만들기 위해서였지만 참여하겠다는 국가는 없는 것 같았다.

당시 니카라과는 대통령 선거를 앞두고 있었다. 야당은 산디니스타당으로 다니엘 오르테가가 후보였다. 오르테가는 오래전에 대통령을 단임했다. 니카라과 대통령은 5년 단임제지만 5년을 건너뛰면 다시 선거에 나올 수 있다.

니카라과에 투자한 모든 회사가 오르테가의 대통령 당선을 원치 않았다. 민주주의를 신봉하는 여당 후보가 당선되기를 원했다. 나 역시 마찬가지였다. 오르테가는 대통령에 처음 당선되었을 때 외국인이 가지고 있던 토지를 빼앗아 일반인들에게 분배했다. 그는 사회주의를 신봉했다. 오르테가의 두 번째 대선 도전에서 여당은 분열되었지만 야당인 산디니스타당은 하나로 뭉쳤다. 나는 선거 결과를 우려했다. 만약 오르테가가 다시 대통령이 되면 우리는 니카라과에서 철수해야 할지도 모른다는 생각이 들었다. 다른 회사들은 모두 임대건물을 사용했지만 세아상역은 17만 평의 땅과 공장 건물이 자가였으므로 철수한다면 큰 손해를 감수해야 했다.

여당 후보인 호세가 대만에 가는 길에 한국을 방문했다. 니카라과에 투자한 다른 회사 경영자들처럼 나도 호세를 만났다. 그리고 승리를 기원했다. 하지만 선거 결과 오르테가가 새로운 대통령이 되었다. 나는 실망했다.

오르테가 대통령이 취임한 이후 내각이 발표되었다. 니카라과 투자 회사와 가장 중요한 관계인 공단장도 교체되었다. 신임 공단장은 발또다노 장군으로 불렸다. 공단장은 투자청을 총괄하고 니카라과의 모든 공단을 총괄하는 중요한 자리다. 발또다노는 니카라과 내전에서 반군인 산디니스타 장군이었다. 오르테가 대통령은 민간인 신분의 산디니스트 저항가였다. 발또다노 장군은 내전 중에 산디니스타 반군을 이끌고 마사야 시에 있는 형무소를 공격하여 혁명세력들을 해방시켰다. 지금도 마사야에 가면 발또다노 장군의 전적비를 볼 수 있다.

나는 오르테가 대통령이 당선된 후에 니카라과를 방문했다. 신임 공단장인 발또다노 장군을 만나기 위해서였다. 나는 권민철 부장과 함께 공단장 사무실에서 발또다노 장군을 만났다. 이제 그는 장군이 아닌 민간인이었다. 단아한 모습이었고 눈은 빛났으며 정중하고 예의가 있었다.

나는 발또다노 공단장에게 세아의 니카라과 투자에 대해 설명했다. 타 회사들은 토지와 건물에 투자하지 않아 언제든 니카라과를 떠나도 손해가 없지만 세아는 그렇지 않음을 설명했다. 또 세아의 공장 건물들이 타 공장에 비해 얼마나 차별화되어 있는지 설명하고 방문을 요청했다. 발또다노 공단장은 내 말의 뜻을 이해했다. 나는 TPL 수량이 더 많이 필요함을 강조했다. 전년도 수출실적에 비례한 공정한 배정을 요구했다. 마지막으로 한국으로 초청하고 싶다고 했다. 공단장은 합리적이고 성실했으며 신뢰감이 있었다. 나는 그가 마음에 들었다. 볼라뇨스 대통령 때의 공단장과는 차원이 다른 사람이었다.

오르테가 대통령은 우리의 우려를 불식시켰다. 신임 공무원들은 모두 청렴하고 정직했다. 대통령 한 사람이 바뀌었을 뿐인데 모든 것이 변했다. 비관적인 예상은 기분 좋게 빗나갔다. 니카라과의 치안은 원래도 좋았지만 더욱 좋아졌다. 공장을 운영하기가 너무나 편해졌다. 정부에 부탁한 일은 모두 일사천리로 처리되었고, 공무원들의 금전 요구 관행도 사라졌다. 니카라과가 변했다. 무관세 수출을 위한 TPL 수량도 공정하게 그리고 충분히 배정받았다.

발또다노 공단장은 내 초청을 오르테가 대통령에게 보고한 후 부인과 함께 한국을 방문했다. 나는 공단장 부부를 집으로 초대하고 식사를 정성껏 대접했다. 포항제철과 현대자동차를 방문하도록 배려했다. 이후 발또다노 공단장은 부인과 함께 한국을 가끔 방문했다. 그는 한국을 좋아했다. 물론 나도 니카라과를 방문하면 항상 발또다노 공단장 집으로 초대받았다. 그의 방에는 산디니스타 반군 시절 군복을 입고 오르테가 대통령, 쿠바 카스트로와 함께 찍은 사진이 걸려 있다.

세니카 공단 건너편에 한국 기업이 만든 사설 공단이 들어섰다. 그들은 임대를 목적으로 공장 건물을 신축했으나 세아상역은 사회주의를 신봉하는 오르테가 대통령이 우려되어 공장 건물을 신축하지 않았다. 대신 그 공단에 건물 2개 동을 임대해 세아아이스 1, 2공장을 설립했다. 니카라과의 생산성과 경쟁력이 좋아졌기 때문이다.

한밤중의 면담

이후 세아상역은 니카라과에서 가장 큰 투자기업으로 자리를 잡았다. 오르테가 대통령은 니카라과에 운하를 만드는 대역사에 관심이 있었다. 운하부를 만들고 장관을 임명했으며, 운하부 장관은 운하 유치를 위해 러시아와 일본을 방문했다. 두 나라 모두 관심을 표명하지 않았다. 마지막으로 중국을 방문했을 때 중국 정부가 관심을 보이고 통신사업을 하는 젊은 기업가를 소개해주었다. 오르테가 대통령은 중국의 젊은 기업가 왕진이라는 사람에게 운하개발권을 주었다. 두 사람 사이의 계약 내용은 운하부 장관도 잘 모른다고 나에게 이야기했다. 나는 운하부 장관을 몇 차례 만나서 저녁 식사를 함께 했다. 운하부 장관은 나와 친분이 있는 프로니카, 즉 니카라과 투자청의 부청장 알프레도의 백부였다.

중국 철도청장도 니카라과를 방문했지만 니카라과 운하개발은 시작도 하지 못하고 사라졌다. 그 이유는 알 수가 없었다. 중국인 젊은 사업가 왕진에 의한 니카라과 운하개발이 지금은 잊혀졌지만 미국 언론 매체에 몇 차례 등장했다.

어느 날, 발또다노 공단장에게서 연락이 왔다. 대통령에게 내 이야기를 했더니 나를 만나고 싶어 한다는 것이다. 나는 니카라과 수도 마나구아로 출발했다. 오르테가 대통령은 당선 후 전임 대통령이 거주했던 대통령궁에 들어가지 않았다. 자신이 거주하던 주택을 확장해서 집무실과 관저로 사용하고 있었다. 오르테가 대통령은 주간보다 야간에 근무하는 것으로 소문이 났다. 나는 밤 10시 면담으로 연락을 받았다. 발또다노 공단장과 김기명 사장, 권민철 부장이 동행했다. 당시 한국에서 세월호 사고가 발생한 직후였다. 오르테가 대통령의 접견실은 냉방이 잘되어 있어 한기가 들었다. 대통령은 고동색 긴소매 점퍼를 입고 우리를 맞았다. 대화 중에 오르테가 대통령이 물었다.

"세월호 사고가 왜 발생했습니까?"

뜻밖의 질문에 사실 그대로 답변했다.

"일본에서 구입한 중고 여객선을 개조하여 운행했는데 컨테이너들을 잘못 실어서 문제가 발생했습니다."

"한국은 조선 강국인데 왜 일본에서 중고 여객선을 구입했습니까?"

"한국이 조선 강국인 것은 맞습니다. 그러나 한국 조선사들은 여객선보다 컨테이너선과 유조선 등을 더 많이 건조합니다."

면담은 1시간을 예상했는데 1시간 30분이 소요되어 11시 30분을 지나고 있었다. 나는 한국에서 준비한 칠보 화병을 선물로 전달했고 대통령은 나에게 니카라과산 시가 한 상자를 주었다. 대기하고 있던 사진사를 불러서 기념촬영을 했다. 방송국에서도 나와 영상을 촬영하고 있었다. 아마도 오르테가 대통령이 투자를 유치하기 위해 노력하는 모습이 TV 뉴스에 방영될 것이리라.

자정이 30분 남았는데 옆방에서 이탈리아 대사가 대기하고 있었다. 대통령은 나에게 이탈리아 대사를 소개해주었다. 여성 대사였다. 오르테가 대통령이 밤에 일한다는 것이 사실인 것 같았다.

표류하는 니카라과에서

미국의 니카라과 특혜 법안으로 만들어진 TPL 기한이 1년밖에 남지 않았다. 나는 김기명 사장, 론 가우드 고문과 함께 워싱턴 DC에 있는 미국 무역대표부(USTR)를 방문해 평소 교분이 있던 섬유 부문 책임자 게일 스트리클러를 만나 연장 가능성을 문의했다. 그녀는 불가능하다고 단언했다.

당시 니카라과 정부는 TPL 연장을 위해 발또다노 공단장을 주축으로 워싱턴을 방문해 변호사들을 고용해 로비를 하고 있었다. 게일은 그 내용을 알고 있었다. 비용만 낭비하는 것이니 공단장에게 연락하여 중단시키라고 했다. 또 공단장이 자신을 만나기를 원하면 언제든 만나서 상황을 설명해주겠다고 했다. 공단장은 게일이 TPL 연장을 반대하고 있다고 나에게 말했는데 게일을 만나보니 사실은 그렇지 않았다.

나는 워싱턴에서 발또다노 공단장과 게일 스트리클러가 만나도록 주선했다. 공단장은 게일을 만난 이후 TPL 연장을 위한 로비를 중단했다. 결국 게일이 주장했던 것처럼 TPL은 종료되었다. 발또다노 공단장은 게일을 신뢰하기 시작했다. 나는 발또다노 공단장과 더욱 가까워졌다.

베네수엘라 차베스 대통령은 오르테가 대통령이 당선된 이후 약 5억 달러어치 오일을 매년 원조했다. 때문에 차베스 대통령이 니카라과를 방문하면 오르테가 대통령이 공항까지 마중을 나갔다. 그리고 차베스 대통령을 자신이 직접 운전하는 자동차 옆자리에 태웠다. 발또다노 공단장도 내가 니카라과를 방문하면 호텔로 찾아와서 자신이 운전하는 승용차 옆자리에 나를 태우고 저녁식사를 하러 갔다.

오르테가 대통령은 다수당으로 국회를 장악했다. 법을 수정해 대통령 단임제를 연임제로 바꾸었다. 야당은 분열하고 무너져 존재감이 없어졌다. 나는 오르테가 대통령을 대통령궁에서 다시 만났다. 수력발전소 건설에 대해 제안하기 위해서였다. 물론 늦은 시간이었다.

오르테가 대통령의 4연임 선거에서는 영부인 로사리오 무리요 여사가 러닝메이트가 되어 부통령에 당선되었다. 선거 과정에서 야당의 대통령 후보들이 구속되었다. 최근에는 가톨릭을 탄압하고 신부를 구속하는 등의 이유로 미국과 사이가 좋지 않다. 미국 정부는 제재 리스트를 만들어 오르테가 대통령의 가족과 측근들을 그 대상에 포함시켰다. 그런 이유로 외국 기업들의 니카라과 투자도 중단되었다.

무리요 부통령은 내각을 장악했다. 부통령은 발또다노 공단장을 해임했다. 그는 야인으로 돌아갔다. 내가 잘 알고 있는 알프레도가 후임 공단장으로 선임되었다. 그는 착하고 성실한 사람이다. 공단장으로 손색이 없다. 하지만 니카라과는 표류하고 있다. 도대체 어디로 흘러가고 있는 것일까?

12

거대한 물줄기를
바꾸는 법

2004년, 전 세계적으로 운영되던 미국 의류 쿼터가 2005년 1월 1일부터 폐지되는 법안이 발효되었다. 오더만 수주하면 의류를 무한정으로 수출할 수 있게 된 것이다. 모든 의류 수출 회사들이 어느 국가에 투자해 공장을 가동하는 것이 가장 좋을지 검토했다. 세아상역도 예외는 아니었다. 나는 2004년 5월 황오영 전무와 함께 태국 방콕을 거쳐 방글라데시를 방문했고, 인도네시아 그리고 베트남을 차례로 방문하여 투자 타당성 조사를 했다.

첫 번째 방문국은 인구 1억 명이 넘는 방글라데시로, 수도 다카와 치타공에 있는 공장들을 방문했다. 한국계 공장과 현지인이 운영하는 공장들은 저임의 노동력으로 운영되고 있었다. 운영이 잘되는 공장도 있었고 어렵게 버티는 공장도 있었다.

두 번째로 인도네시아를 방문했다. 인도네시아는 인구가 2억 7,000만 명이 넘어 세계에서 4번째로 인구가 많은 인구 대국이다. 수도 자카르타 공항에서 물리아 호텔로 직행했다. 몇 년 전 메리어트 호텔과 리츠칼튼 호텔에서 각각 폭탄 테러가 발생한 이후부터 현지 기업이 운영하는 물리아 호텔을 선호한다고 했다. 자카르타 인근에 정부가 운영하는 카벤 공단과 버카시 지역에 있는 한국계 공장들을 둘러보았다. 인도네시아 역시 저임의 노동력은 풍부했으나 쿼터가 부족하여 공장 가동과 운영이 어려웠다. 쿼터 때문에 어려운 스타일들을 작업하고 있었다. 공장 환경도 취약했다. 한국 회사인 A사와 합자한 공장을 운영하고 있던 K사장은 공장을 매각하고 싶어 했다. 다른 공장 사장들 역시 세아상역이 인도네시아에 진출해주기를 바라고 있었다.

마지막으로 베트남 호치민을 방문했다. 베트남은 미국과 수교 이후 많은 기업이 투자를 위해 몰려들었다. 특히 의류 제조 공장에 대한 투자가 주를 이루었으나 쿼터가 관건이었다. 우리는 한국계 공장과 베트남계 공장들을 방문했다. 근로자들의 기능이 좋아 대부분 어려운 스타일들을 작업하고 있었다. 하지만 베트남은 2005년이 아닌 2007년까지 쿼터 체제가 운영될 수도 있다고 했다.

한국으로 돌아와서 어느 국가에 투자할 것인지 의논했다. 베트남 인력이 기능 면에서는 좋았지만 2년간 쿼터가 계속된다면 귀중한 시간을 낭비하는 셈이다. 성장과 발전을 도모할 수 있는 2년이라는 기간은 업계의 후발주자인 세아상역에게는 황금 같은 시간이었다. 베트남은 마음만 먹으면 2년 후에도 언제든지 투자가 가능했다. 우리는 토의 끝에 인도네시아를 선택했다.

인도네시아에서 토지를 구입하고 공장 건물을 신축하기에는 시간이 없었다. 기존 공장을 매입해서 건물 리모델링과 기계 자동화 등에 우선 투자하고, 봉제 임가공 위주로 운영을 하는 공장에 같은 목적으로 자금 지원을 하는 것이 최선이라고 판단했다.

나는 영업부에 지시해 2005년 1월 1일 이후 미국에 도착할 수 있는 오더를 최대한 많이 수주하도록 했다. 인도네시아 공장들이 가격 경쟁력이 있어도 2005년 1월 1일 이전에 미국 항구에 도착하는 오더는 쿼터 부족으로 수주가 불가능했기 때문이다.

K사장은 내가 인도네시아를 처음 방문했을 때 우리 일행을 안내해주신 분이다. 나는 며칠 동안 그의 안내를 받으면서 그가 자신이 운영하는 공장을 매각하고 싶어 하는 것을 내심 눈치챌 수 있었다. 나는 인도네시아로 가서 K사장을 만나 공장 매입을 위한 상담을 시작했다.

K사장이 A사와 함께 소유한 공장은 버카시 지역에 소재했다.

버카시는 수도 자카르타에서 자동차로 40분 거리다. 그 임가공 공장은 그동안 오더 부족으로 꽤 힘들었다. 매입가격과 조건이 어느 정도 합의되었다. 이제 한국 A사를 설득하는 일만 남았다.

나는 한국으로 돌아와 A사 사옥을 방문하여 대표이사를 만났다. A사 역시 인도네시아 공장 운영에 피로감이 있었다. 2004년 7월 세아상역은 A사와 K사장의 버카시 공장을 정식으로 인수했다. 세아 영업부는 버카시 공장 인수 전에 바이어들에게 공장 인수와 봉제 임가공 협력 공장 지원에 대한 계획을 설명하고 오더 지원을 요청했다. 세아상역은 2005년 1월 1일 이후 미국 세관 통관을 납기로 오더를 최대한 많이 수주했다. 나는 직원들과 함께 인도네시아에 체류하면서 협력 공장들을 물색했고 자금 지원의 내용과 금액을 의논했다.

원부자재는 9월부터 공장에 입고되었다. 세아와 신규로 거래하는 모든 공장들은 자동화 기계 도입과 건물 리모델링은 물론 생산 때문에 정신없이 바빴다. 생산된 제품들이 공장 창고에 가득 쌓였다. 2005년 1월 1일 이후에 통관하려면 인도네시아에서 2004년 12월 초에 출발하면 되었다. 각 공장의 창고만으로는 제품들을 적재하기에 많이 부족해서 외부 창고를 임대해 보관했다.

폭발적인 성장으로 해마다 기록경신

세아상역은 2005년 인도네시아에서 FOB 7,000만 달러의 수출실적을 달성했다. 한 국가에 진출한 지 1년 만에 7,000만 달러를 수출한 것은 기록적인 성과였다. 바이어들이 세아상역을 믿고 인도네시아 생산을 결정한 덕분에 가능했다. 세아상역과 반대로 베트남에 조기 진출한 회사들은 쿼터 때문에 오더 부족으로 2년 동안 어려운 시기를 보내야 했다. 우리는 인도네시아 정부가 운영하는 카벤 공단의 토지와 건물을 구입해 '위너스'라는 이름으로 공장 2개 동을 건립했다.

그리고 대규모 공장을 건립할 토지 구입도 서둘렀다. 인도네시아는 지역별로 최저임금이 상이했다. 가장 높은 곳은 자카르타였고 자카르타에서 멀어질수록 최저임금이 낮았다. 우리는 자카르타에서 2시간 떨어져 있는 푸르와카르타를 선택했다. 토지는 대로변 논과 밭이었다. 성토를 하고 공장 건물과 사무실, 한국인 직원 기숙사를 차례로 건설하여 '아인스'라는 이름으로 공장을 가동했다(위너스'와 '아인스'는 사이판 공장과 같은 이름인데, 인도네시아 공장은 PT 위너스, PT 아인스로 구분해 부른다). 신입 근로자 중에 숙련공은 거의 없었다. 노동청과 함께 직업훈련소를 만들고 신입 근로자들을 채용하여 실기훈련을 시켰다.

오더는 증가했다. 주변 토지를 추가 구입해 계속 공장 건물을 신축했다. 구입할 때마다 토지가격은 급등해 있었다. 차경철 본부장이 인도네시아에 상주하면서 공사를 감리했다. 근로자가 1만 명이 넘었고, 공단 주변에 상가와 주택들이 들어섰다. 아인스 주변은 급속도로 발전하기 시작했다. 세아 공단에서 자동차로 20분 거리의 도로 초입 사거리에 백화점과 유사한 4층짜리 상가 건물이 있었다. 세아상역이 진출하기 전에는 장사가 안돼 문을 닫으려고 했다. 그러나 세아 공장 근로자가 1만 명이 넘자 그 상가에 손님들이 붐비기 시작했다. 10년이 지난 지금도 그 상가는 건재하다. 세아상역이 인도네시아에 진출한 이후 많은 바이어들이 인도네시아 생산을 시작했다. 때문에 많은 한국 회사들이 세아를 따라 인도네시아에 투자했다.

세아상역은 인도네시아 진출 2년 후 2006년 11월 30일 무역의 날 '오억불 수출의 탑'을 수상했고, 2007년 11월 30일에는 1년 만에 1억 달러가 증가한 '육억불 수출의 탑'을 다시 수상했다.

주한 인도네시아 대사관은 여의도 MBC 인근에 있었다. 세아가 인도네시아에 처음 진출했을 때 교수 출신 또박이라는 대사가 주재했다. 그 후 땀멘 대사가 한국에 부임하여 5년 동안 근무했다. 그는 성품이 조용하고 인자한 신사였다. 나는 땀멘 대사를 몇 차례 만나 교분을 쌓았다. 땀멘 대사는 5년간의 공직을 마치고 인도네시아로 귀국한 후 정년퇴직했다. 나는 인도네시아 출장 때 땀멘 대사를 다시 만나 세아상역 인도네시아 고문을 맡아달라고 했고 그는 흔쾌히 승낙했다. 땀멘 고문에게 일정 연봉과 기사가 딸린 승용차를 제공했으며 자카르타 시내에 있는 세아상역 사무실에 방도 마련했다.

세아상역은 인도네시아에서 사용하는 원단을 중국, 한국 등지에서 수입하는 한편 인도네시아 현지의 원단 공장에서도 생산했다. 그러나 인도네시아에서 생산된 원단은 품질문제가 수시로 발생했다. 문제가 개선되지 않아서 나는 인도네시아에 원단 공장, 즉 편직 공장과 염색 가공 및 프린트 공장을 속히 설립하기로 결심했다.

이성길 사장과 이석순 전무를 영입했다. 이성길 사장은 H섬유에서 대표이사를 역임했고, 이석순 전무는 온두라스 S사 염색 공장과 과테말라 염색 공장 Y물산에서 근무했다. 이석순 전무는 과테말라에서 공장장으로 근무할 때 외근 중 갱들로부터 총격을 받았다. 세 발의 총탄을 맞은 흉터가 몸에 남아 있다. 두 사람은 인도네시아에 체류하면서 공단 후보지를 물색했다. 원단 공장은 아인스 공장에서 멀리 떨어지지 않아야 했다. 또 염색 용수로 사용할 물이 풍부하고 인근에 고압선이 지나는 곳이어야 했다.

이성길 사장은 수개월을 수소문한 끝에 아인스가 소재한 푸르와카르타에서 좋은 후보지를 찾았다. 나는 곧바로 인도네시아로 갔다. 공단 후보지는 아인스에서 자동차로 30분 거리에 있었다. 면적은 18만 평이었고, 거북이 등처럼 생긴 배산임수의 형태였다. 약 1km 떨어진 곳에 자카르타 인근에서 가장 큰 식수원인 댐이 있어 염색 용수는 거기에서 끌어올 수 있었다. 수질 테스트를 해보니 정수하지 않아도 염색 용수로 적합했다. 또 공단 용지를 감싸 안고 주변에 개천이 흐르고 있었다. 토지 주인은 360명 정도였다. 이성길 사장은 지주들을 설득하며 토지 매입 작업을 시작했다. 매입 작업에만 수개월이 소요되었다.

　　우리는 원단 회사 법인명을 '윈텍스'로 등록했다. 토지 매입이 끝난 후 공단과 공장, 폐수처리장 설계작업을 시작했다. 인도네시아는 우기와 건기가 있다. 우기에는 하루에 한 번 이상 비가 오지만 건기에는 비가 전혀 내리지 않는다. 18만 평 성토 작업은 건기에 시작했다. 그러나 이상기후 탓인지 건기인데도 하루에 한 번씩 비가 내렸다. 비가 오면 진흙 때문에 공사를 할 수 없어 예정보다 공기가 지연되었다.

　　건축은 3층 사무실 건물 1개 동, 3층 기숙사 3개 동, 원사 창고와 이어진 공장 건물, 석탄 저장고와 보일러동, 집수장, 조제동, 폐수처리장으로 구분해 공사를 했다. 원사 창고를 포함한 공장 건물은 폭 120m, 길이 500m로 4개 동을 구상하고 우선 1개 동을 신축했다. 폐수처리장은 2개의 염색 공장에서 나오는 폐수를 완벽하게 처리할 수 있는 용량으로 설계했다. 폐수처리장에서 나오는 물은 물고기가 살 수 있을 정도로 깨끗하다. 윈텍스 공장이 가동을 시작했을 때 인도네시아 부통령과 판사 등 수십 명의 법조인이 폐수처리장을 보기 위해 방문했다. 윈텍스가 모범적인 폐수처리장을 운영하고 있었기 때문이다.

직원의 절도로 수출면허가 정지되다

윈텍스 1공장은 하루에 9만kg의 원단을 생산할 수 있는 규모였다. 초기 투자비는 1억 달러 정도로, 초기 원사 확보 비용 등을 포함하지 않은 금액이었다. 윈텍스 가동 후 한국 미쓰비시 상사를 통해 일본 유니클로와 비즈니스를 하게 되었다. 미쓰비시 상사는 유니클로를 위해 완제품 수입을 위한 신용장 오픈과 물류 부문을 책임지며 유니클로에서 일정 비율의 수수료를 받고 있었다. 비즈니스를 시작하기 전에 나는 황오영 부회장과 백종순 일본 담당 상무, 미쓰비시 본사 섬유사업 담당 본부장과 함께 일본 도쿄에 있는 유니클로 본사를 방문하여 야나이 타다시 회장을 만났다. 그는 작은 키에 몸매가 나와 비슷했다. 불필요한 살이 없었다.

유니클로는 의류 대부분을 중국에서 생산했으나 리스크 분산을 위해 베트남과 인도네시아에서 생산 거점을 찾고 있었다. 면담 후 야나이 타다시 회장은 배석했던 임원들과 함께 우리를 엘리베이터까지 배웅했다. 그는 엘리베이터 문이 닫힐 때까지 임원들과 함께 서서 90도로 인사를 했다. 일본인 특유의 인사였다.

세아상역은 유니클로의 요청으로 유니클로 전용 봉제 공장 2개 동을 아인스 공단 내에 신축했다. 2개 동의 근로자들은 약 3,000명에 달했으며 공장 이름은 '스타피아'로 등록했다. 유니클로는 인도네시아 윈텍스에서 원단을 생산해 스타피아에서 완제품을 생산했다.

어느 날 일본 미쓰비시 상사의 유니클로 책임자 가게야마 씨가 나를 찾아왔다. 유니클로가 중국에서 폴라플리스 원단을 생산하고 있는데 인도네시아 윈텍스로 옮기고 싶어 한다는 것이다. 윈텍스가 폴라플리스 원단 공장을 설립하면 미쓰비시 상사가 투자금을 대출해주겠다고 했다. 이자율을 물었더니 터무니없이 높아서 정중히 거절했다.

세아상역은 유니클로를 위해 폴라플리스 편직, 기모, 염색 가공 공장을 설립하기로 결정했다. 그러나 조건이 있었다. 유니클로에서 폴라플리스 오더에 대한 보장을 서면으로 하도록 했다. 유니클로 야나이 타다시 회장, 미쓰비시 상사 섬유사업 담당 본부장, 세아상역 황오영 부회장, 윈텍스 이성길 사장이 공동으로 서명했다. 그 후 윈텍스는 2공장을 신축하고 폴라플리스를 생산하기 시작했다. 그러나 신설 공장이 유니클로가 요구하는 품질 수준을 맞추는 것은 매우 어려웠다. 많은 시행착오 끝에 품질은 서서히 안정되었다.

윈텍스는 세관 보세구역으로 지정되어 세관원들이 상주하고 있다. 한번은 윈텍스 사무실 업무팀의 현지인 직원이 원단을 트럭에 싣고 나가다 세관원들에게 적발되는 절도사고가 발생했다. 그 직원은 이미 한 차례 트럭으로 원단을 절도해 인도네시아 내수 시장에 판매한 직후였다. 인도네시아 세관은 내사하여 그 사실을 알고 있었다. 우리는 등잔 밑이 어두웠다.

그 직원은 곧바로 경찰에 구속되었다. 인도네시아 세관은 수출 목적으로 무관세 통관된 원사로 만든 원단이 내수 시장에 판매되었다는 이유로 윈텍스의 수출면허를 정지시켰다. 그러면 이전처럼 영세율이 아닌 10% 부가세를 납부하는 형태로 출고해야 했다. 또한 윈텍스에 상주하는 세관원들이 원단을 출고할 때마다 100% 전수검사를 해야 해서 1일 출고량이 매우 적어졌다. 때문에 윈텍스와 거래하는 회사들은 완제품의 납기를 못 지킨다고 아우성이었다.

직원의 절도로 인해 윈텍스도 피해를 입었으므로 세관의 이러한 조치는 부당했다. 푸르와카르타 세관장을 찾아가 항변했지만 중앙 세관에서 내린 결정이므로 권한 밖의 일이라고 했다. 나는 땀멘 고문을 통해 인도네시아 부통령 경제고문을 소개받았다. 부통령 경제고문으로부터 중앙 세관장을 소개받았다. 중앙 세관장과 약속을 하고 세관 회의실에서 그를 만났다. 세관장은 국장들과 함께 자리했다. 나는 현지인 직원 관리를 잘못했지만 윈텍스도 피해자이므로 선처를 해달라고 부탁했다. 결국 수출면허 정지는 해제되었지만 세관으로부터 최하위 등급을 받았다. 최하위 등급을 받은 회사는 세관에 보고서 제출뿐만 아니라 원단출고 시 전수검사를 받는다. 그러나 일정 기간은 그런 불편을 감수해야 했다. 직원 관리를 잘못한 책임이었다. 약 1년 뒤 윈텍스는 한 등급이 올랐고 현재는 정상으로 회복되었다.

두 번의 화재 사고

어느 날 일요일 오후에 핸드폰이 울렸다. 받아보니 인도네시아 아인스 공장에서 화재가 발생했다는 것이다. 핸드폰으로 보내온 동영상을 보니 창고동과 인접한 공장까지 불길이 활활 타오르고 있었다. 나는 곧바로 자카르타행 항공권을 예매하고 인천공항으로 달려갔다.

자카르타까지의 비행시간은 6시간이 소요된다. 자카르타 공항에 밤 8시에 도착하여 아인스 공장에 도착하니 10시였다. 2층 창고동이 전소했고, 2층 건물 공장 1개 동은 75%가 소실되었다. 불길은 그때까지도 살아남아 타고 있었다. H빔이 엿가락처럼 휘어 있었다.

화마가 할퀴고 간 현장은 처참했다. 인근 공장 '인도 라마'에서 보낸 소방차도 와 있었다. 고마웠다. 그나마 인명피해가 전혀 없었고 다른 2층 공장 건물과 워싱 공장으로 불이 옮겨붙지 않아서 다행이었다. 사무실동과 기숙사동은 멀리 떨어져 있어 피해를 입지 않았다. 원단 공장이나 창고에 불이 나면 진압을 해도 불씨가 오랫동안 남는다. 밤 12시까지 지켜보았던 화재 현장을 다음 날 아침에 다시 가서 보니 그때까지도 연기가 피어오르고 있었다. 아인스 공장 4개 중에서 1, 2공장과 창고동이 모두 소실되었다.

아인스는 삼성화재보험에 가입했고 삼성화재보험은 재보험에 가입했다. 그러나 문제는 1, 2공장에서 작업하던 제품의 납기와 창고에 쌓여 있던 많은 원단을 다시 생산하는 일이었다. 원단을 다시 생산해도 납기를 지킬 수 없었다. 우리는 보험 신청과 동시에 공장

재건축을 서둘렀다. 소실된 원단은 윈텍스에서 신속하게 재작업했고 완제품은 외주 협력업체들을 통해 생산했지만 바이어에게 연장받은 납기도 지키지 못했다. 결국 많은 비용을 들여 항공기로 실어보냈다. 당시의 아인스 법인장은 S전무였다.

그런데 정확히 1년 후 또다시 버카시 공장에서 누전으로 화재가 발생하여 사무실과 기숙사, 공장과 창고동 등이 전소되어 잿더미로 변했다. 화재는 2층 사무실 전기 콘센트에서 시작된 것으로 판명되었다. 너무 화가 나고 한심했다. 버카시 공장도 S전무가 책임지고 있었다. 나는 그에게 책임을 물어 사직 처리했다. 그는 이전에 사이판 위너스 법인장으로도 근무했었다.

인도네시아 조코 위도도('조코위'라는 별명으로 자주 불린다) 대통령이 국빈으로 대한민국을 두 번 방문했다. 세아상역은 섬유 부문에서 인도네시아에 가장 많은 투자를 한 외국 기업이다. 아울러 인도네시아 섬유 부문에서 가장 많은 수출을 하는 회사다. 그런 이유로 조코위 대통령은 두 번 모두 나를 소공동 롯데호텔로 초대했다.

인도네시아는 회교 국가지만 가장 유연한 회교 국가다. 인도네시아 국민들은 온순한 편이다. 다만 빈부격차가 심하고 발전속도가 느리며 공무원의 부정부패가 심하다. 부정부패는 국가발전을 심각하게 저해한다. 어느 나라든 공무원의 부정부패를 뿌리 뽑기 전에는 발전이 요원할 것이다. 또 수도 자카르타의 교통체증은 가히 살인적이다. 도로가 부족하기 때문이다.

칼리만탄으로 수도 이전이 결정되어 공사에 들어갔지만 자카르타는 계속 경제수도로 남을 것이다. 우리나라 경부고속도로가 산업의 대동맥이었듯이 자카르타도 그러한 인프라가 절실하다. 그러나 내가 보기에는 건설이 요원하다. 세아상역은 현재 인도네시아에서만 연간 6억 5,000만 달러 이상의 의류를 수출하고 있으며 인도네시아 소재 의류 수출 기업으로는 가장 큰 기업이다.

13

리스크가 아무리 커도
될 일은 된다

세아상역은 중미 과테말라와 니카라과에서 공격적인 투자를 했다. 그러나 정작 미국 원사가격이 높아 중미의 장점인 CAFTA 무관세 혜택을 누릴 수 없었다. 나는 오래전부터 국내 방적 회사 오너 사장님들에게 중미투자를 권유했었다. 국내 방적 회사들의 원사가격이 배일(bale) 당 600달러 전후일 때 미국 원사는 1,000달러 전후로 터무니없이 높았기 때문이다. 그러나 국내 방적 회사들은 진출하지 않았다.

방적은 장치산업이다. 투자비용도 적지 않지만 경험이 없는 회사가 뛰어들기에는 리스크가 크다. 나는 오랜 기간 고심했던 중미 방적 공장 투자 건을 임원회의에서 논의 후 실행에 옮기기로 결정했다. 국내 모 방적 공장에서 다년간 공장장으로 근무했던 L공장장을 채용해 TF팀을 만들었다. 팀은 과테말라, 온두라스, 니카라과, 코스타리카 등 4개국을 방문하여 방적 공장 설립을 위한 타당성 조사를 했다.

온도와 습도는 방적 공장 후보지 선정에서 매우 중요하다. 온도와 습도, 수온을 고려했을 때 가장 유망한 국가는 코스타리카였다. 정부 관리들이 청렴했고 교육 수준이 높았으며 치안도 좋았다. 전력도 수력발전이었다. 그러나 코스타리카는 나머지 3개국에 비해 인건비가 높았고 원사를 가장 많이 사용하는 과테말라까지 운임도 원가에 부담이 되었다. 많은 논의 끝에 단점보다는 장점이 많은 코스타리카에 투자하는 것으로 결정했다. 이제는 신속하게 진행하는 일만 남았다.

우리는 코스타리카 내 투자 지역을 해발 1,400m인 카르타고로 결정했다. 카르타고는 수도 산호세에서 자동차로 1시간 정도 떨어진 코스타리카 제2의 도시였다. 코스타리카 투자청과 카르타고 시청을 통해 공장 부지를 소개받고 3만 평이 넘는 토지를 구입했다. 법인명은 세아스피닝으로 등록했다. L공장장이 카르타고에 상주하며 코스타리카 설계 회사와 정보를 교환했다. 물론 설계 회사는 한 번도 방적 공장을 설계한 경험이 없었으므로 한국을 방문하여 방적 공장들을 견학하게 했다.

우려했던 시행착오는 설계에서부터 나타났다. L공장장은 공장 건물 양 끝의 수평 편차가 거의 나지 않도록 완벽을 요구했다. 설계 회사는 그대로 설계에 반영했다. 그러자 공사비용은 파격적으로 높아질 수밖에 없었다. 그런 탓에 세아상역 본사에서 파견한 건축담당 본부장과 L공장장은 갈등의 골이 깊어졌다. 나는 그대로 두어서는 안 되겠다고 판단했다. 설계와 견적을 현실화하고 갈등을 해소하기 위해 본사 유광호 부사장을 코스타리카 법인장으로 발령을 냈다.

유 부사장은 설계를 변경하도록 요구했다. 그러나 설계 회사는 정상적인 비즈니스 개념을 가진 회사가 아니었다. 설계 회사는 이미 완성된 설계를 변경할 수 없다고 했다. 갈등이 심화되어 소송전으로 번졌다. 결국 코스타리카 건축협회를 통해 설계 회사를 바꾸면서 설계도 일부 변경했고 손해배상금 지급으로 수습했지만 우리는 비용과 시간을 낭비했다. 다행인 것은 설계 및 건축공법 변경으로 미화 600~800만 달러를 절감했다는 것이었다.

L공장장은 한국에 입국해서 방적 기술자들과 여성 기능공들을 선발했다. 대한민국에서 방적은 오래된 산업이지만 힘든 업종으로 분류되어 젊은 기술자와 기능공이 없었다. 당시는 한국의 방

적 공장들이 너도나도 베트남으로 이전하고 있었다. L공장장은 최근에 문을 닫은 방적 공장에서 근무하던 직원들 위주로 선발했다. 연령대가 대부분 예순 이상이었다. 30명을 초과하는 인력선발을 끝냈다.

카르타고 직원들은 공장 건설과 함께 한국인 직원들 숙소를 알아보고 있었다. 공장 주변에는 30명 이상을 수용할 임대 주택이 없었다. 마침 공장에서 얼마 떨어지지 않은 곳에서 주택단지를 개발해 신축 주택을 판매하고 있었다. 임대는 아니었다. 세아스피닝에서는 방이 3개씩 있는 주택 10채를 모두 구매했다.

설계 회사가 바뀐 탓에 설계가 늦어졌고 건축은 당연히 지연되었다. 스위스와 일본에서 제작한 리터(Rieter)와 무라타(Murata) 기계들이 들어 있는 40피트 컨테이너 150대가 방적 공장 잔여부지에 쌓이기 시작했다. 설상가상으로 한국에서 선적하여 창고에 보관 중이던 전선이 모두 사라졌다. 도난당한 것이다. L공장장은 결국 사직을 했고 T산업에서 재직했던 한상순 전무가 세아스피닝 법인장으로 근무를 시작했다. 한 전무는 기술자는 아니지만 공장 전체를 책임지는 법인장으로서 손색이 없었다. 한 전무는 현재 부사장으로 근무하고 있는데 세아스피닝을 안정시키는 데 큰 역할을 했다.

모든 위대한 일의 시작은

우여곡절 끝에 공장 건물이 완공되었고 기계가 설치되었다. 미리 채용한 현지인 직원들은 기계 설치 초창기부터 교육을 받으며 기계 가동 상황을 경험했다. 한국에서 채용한 20명이 넘는 여성 기능공들은 방적의 모든 공정에서 근무하며 중요한 역할을 했다. 또 자신이 습득한 기능들을 현지인 근로자들에게 전수하는 일도 했다. 그런데 그런 중요한 역할을 하는 여성 기능공들이 코스타리카 공장에서 적응을 못 하고 있다는 소식이 들려왔다. 나는 곧바로 코스타리카로 출장을 떠났다.

도착하자마자 남녀를 불문하고 모든 한국인 직원들과 일대일로 면담을 했다. 대부분이 해외 근무가 처음이었다. 많은 직원이 손주를 둔 할아버지, 할머니였다. 비행기를 처음 타보았다는 분도 있었다. 나는 불만과 불편사항들을 노트에 모두 기록했다. 모두가 주택생활과 관련된 일상적이고 사소한 것들이었다. 예를 들면 수건 크기가 작다, 제습기를 비치해달라, 출입문 밑으로 벌레가 들어오지 못하게 해달라, 담요가 너무 얇다, 휴일 차량 배차를 원활하게 해달라, 멜라민 그릇을 사기그릇으로 교체해달라, 방 커튼을 두꺼운 것으로 교체해달라 등등이었다. 남이 보기에는 사소한 것들이지만 각자에게는 매우 중요한 것들이었다.

나는 다음 날부터 직원들의 요구사항을 하나도 빠짐없이 신속하게 해결하라고 지시했다. 그 이후로는 불만사항이 단 한 건도 없었다. 시간이 지나면서 오히려 어떤 직원들은 코스타리카에서 더 오래 근무하기를 원했다. 그러나 코스타리카 현지 근로자들의 기술과 기능이 좋아지면서 한국인 직원들은 차례차례 고국으로 돌아가야 했다.

2015년 5월 세아스피닝 1공장 준공식을 거행했다. 루이스 기예르모 솔리스 코스타리카 대통령을 비롯해 웰메르 라모스 곤잘레스 상공경제부 장관 등 정부 인사들이 참석했고, 미국 바이어들과 셰릴 밀스도 참석했다. 미국 대사관, 한국 대사관에서도 참석했다. 특히 코스타리카 대통령과 전 힐러리 클린턴 미국 국무장관 비서실장 셰릴 밀스는 축사를 했다.

세아스피닝은 채 1년이 되지 않아 안정을 찾기 시작했다. 방적공장 설립과 가동에 대한 경험이 없어서 시행착오를 많이 겪었지만 투자는 성공했다. 연간 생산량이 800만kg에 달하는 세아스피닝 가동 첫해는 원사 재고가 200만kg을 초과했다. 인도네시아 원단공장 윈텍스에서 재고소진을 위한 도움을 주기 위해 100만kg을 수입해서 사용하기도 했다. 가동 2~3년 차부터 생산되는 원사는 세아상역에서 모두 사용해도 부족했다. 할 수 없이 2공장 설립을 추진했다. 2공장은 기존 부지에 신축했다. 2019년 하반기에 시작하여 2021년 상반기에 완공되었다. 2공장은 1공장의 경험을 토대로 별다른 시행착오 없이 순조롭게 진행되었다. 그러나 베트남에서 생산한 공조 닥트를 실은 컨테이너 운반 화물선이 엘살바도르 근해에서 풍랑을 만나 해당 컨테이너들이 해상에서 유실되었다. 그 사고로 화물선이 엘살바도르 정부에 억류되어 2공장 공조설비 공사가 한없이 늦어졌다.

2공장 준공식 때는 새로 당선된 로드리고 차베스 코스타리카 대통령이 참석해 리본 커팅을 함께 하고 축사도 했다. 나는 준공식 후 세아스피닝 회의실에서 차베스 대통령과 환담을 했다. 그 자리에서 코스타리카의 교통 시스템 개선을 건의했다. 2015년 1공장 준공식 때는 산호세 공항에서 카르타고까지 1시간이 채 안 걸렸는데 지금은 2시간이나 소요된다는 점, 도로 옆에 있는 협궤 철도를 표준궤도로 바꾸어 출퇴근 승객과 화물을 실어 나르는 등 교통 시스템을 변화시켜야 한다는 점을 제안했다. 글로벌세아 그룹이 2022년 12월 말에 쌍용건설을 인수할 것이므로 코스타리카에서 인프라 공사를 하고 싶다고 했다. 대통령은 흥미로운 표정으로 내 말에 귀를 기울였다.

세아스피닝은 3공장 신축 공사도 진행 중인데 최근 건축이 끝나 가동을 시작했다. 3공장까지 완공되면 방적설비 전체 규모는 10만 6,000추로 연간 생산능력은 2,400만kg이 된다. 또 글로벌세아는 2022년 12월 29일 쌍용건설 지분 89.95%와 경영권을 인수했다. 나는 한상순 부사장에게 연락해 코스타리카 대통령 면담을 신청하도록 지시했다. 목적은 코스타리카 교통 시스템을 포함한 인프라 사업 관련 프레젠테이션이라고 했다. 대통령 면담은 1월 11일 오후 4시부터 5시까지로 확정되었다. 참석자는 코스타리카 대통령과 국토부 장관, 투자청장이라고 통보받았다. 쌍용건설에서는 철도와 도로건설 책임자인 상무 1명과 이사 1명을 코스타리카로 미리 보냈다. 대통령 면담 전에 기존 철도와 도로들을 둘러보기 위함이었다.

먼저 깃발을 꽂는 자

1월 11일 오후 4시, 우리는 마주 앉았다. 먼저 글로벌세아가 쌍용건설의 호텔, 병원, 빌딩, 공항, 철도, 지하철, 터널, 교량을 포함 각종 플랜트 공사 실적에 대해 프레젠테이션했다. 코스타리카 정부는 국토부 장관이 개발 예정인 12개 프로젝트에 대해 설명했다. 그중에서도 가장 시급한 4개의 프로젝트를 별도로 설명했다. 그것은 철도, 도로, 정부종합청사 건설, 항구 개발이었다.

　코스타리카 정부는 종합청사가 없어서 각 부처가 별도의 건물을 임대해 사용했다. 연간 임대료만 2,350만 달러라고 했다. 수도인 산호세 중심 지역에 정부가 1만 4,500평의 토지를 보유하고 있으므로 거기에 종합청사를 건설할 계획이라고 했다. 규모는 4억 5,000만 달러 프로젝트였다. 자금은 중미개발은행(CABEI)에서 조달할 계획이었다. 나는 대통령에게 쌍용건설은 세계 각국에서 토목건축 및 플랜트 공사를 하고 있으므로 코스타리카 개발에 적극 참여하겠다는 의지를 보이고 면담을 끝냈다. 나는 정부종합청사 신축공사와 항만건설에 관심이 있었다.

　나는 코스타리카에 쌍용건설 지사를 개설하고 적극적인 영업을 하도록 지시했다. 내가 코스타리카 로드리고 차베스 대통령을 만난 지 이틀 후 대통령은 기자회견을 했다. 내용은 정부종합청사 신축에 관한 것이었다. 투자 규모는 4억 5,000만 달러이고 중미개발은행이 정부 소유 부지 위에 17만 5,000㎡ 건물을 신축한다. 정부는 매년 2,350만 달러의 임대료를 중미개발은행에 지불하고 중미개발은행은 20년 후 코스타리카 정부에 정부종합청사 건물의 소유권을 무상으로 양도한다는 내용이었다.

　차베스 대통령은 글로벌세아에만 단독으로 정보를 준 것이 부담스러워 곧바로 기자회견을 한 것 같았다. 코스타리카 정부는 정부종합청사 설계를 이미 공모했었다. 중미개발은행 총회가 2월 28일부터 3월 3일까지 코스타리카 산호세에서 진행된다는 연락을 받았다. 글로벌세아 김기명 사장이 중미개발은행에서 근무하는 L국장에게 중미개발은행 총재와 나의 면담을 주선해달라고 부탁했다. 나는 2년 전에 L국장의 주선으로 여의도 메리어트 호텔에서 중미개발은행 총재와 오찬을 했었다. 그때 총재는 글로벌세아가 중미에 투자할 때 중미개발은행도 참여하고 싶다고 했다.

3월 3일 오전 7시 30분으로 약속시간을 정했다는 연락을 받았다. 나는 3월 1일 아이티 포르토프랭스에서 앙리 총리를 면담하고 마이애미를 거쳐 2일 저녁 늦게 코스타리카 수도 산호세에 도착했다. 김기명 사장, 론 가우드 고문, 권민철 이사, 막내딸 김세라 전무가 동행했다. 다음 날 아침 7시 30분, 우리가 체류하고 있는 인터콘티넨탈 호텔에서 중미개발은행 총재 일행을 만났다. 우리는 쌍용건설의 실적이 담긴 홍보 책자를 5명의 일행에게 전달하면서 쌍용건설의 해외실적과 기술력에 대해 상세히 설명했다. 책자에 실려 있는 싱가포르의 마리나베이 샌즈 호텔을 쌍용건설이 시공했다는 것을 보고 모두가 놀랐다.

총재는 중미개발은행에서 중미 각국에 인프라 투자를 위해 대출하는 실적을 우리에게 설명했다. 우리가 코스타리카 산호세에 쌍용건설 지사를 설립하겠다고 했더니 중미개발은행 본부가 있는 온두라스 테구시갈파에 지사를 먼저 설립하면 좋겠다고 했다. 테구시갈파에 쌍용건설 지사를 설립하면 중미개발은행의 중미 각국을 위한 투자 관련 프로젝트 규모를 공유할 수 있을 것이라고 했다. 중미개발은행 총재와의 만남은 대단히 유익했다. 생각보다 면담이 길어져서 우리는 아침식사를 건너뛰고 다음 미팅 장소인 코스타리카 국토부로 이동했다.

국토부 장관은 구면이었으므로 서로 편안했다. 국토부 장관은 코스타리카 정부가 계획하고 있는 여러 프로젝트에 대해 설명했다. 국토부 장관은 대서양과 태평양 항구들을 둘러보면 안내를 하겠다고 제안했다. 나는 국토부 장관에게 4월 18일 10시에 국토부에서 다시 만나 좀 더 구체적인 설명을 듣고 대서양과 태평양 항구들을 방문하기로 약속했다. 물론 내가 가진 제1의 관심은 정부종합청사 프로젝트를 쌍용건설이 우선 수행하는 것이었다.

14

세상에서 가장 가난한 나라 아이티와의 인연

처음으로 과테말라, 온두라스, 엘살바도르를 방문한 것은 1991년이었다. 중미에 먼저 진출한 의류 제조 및 수출 회사들을 방문해 어떻게 공장을 관리하는지 보고 싶었다. 언젠가는 세아상역도 중미에 진출할 것이라는 소망도 있었다. 과테말라에서는 과테말라시티, 온두라스에서는 산페드로술라, 엘살바도르에서는 산살바도르를 방문했다. 중미 3개국을 둘러본 후 나는 마이애미를 거쳐 예정에도 없었던 아이티공화국으로 가는 항공기에 탑승했다. 미국에서 만났던 누군가가 나에게 한국 기업이 아직 진출하지 않은 아이티공화국도 둘러보라고 했기 때문이다.

아이티 수도 포르토프랭스 공항에 내린 나는 짐을 찾은 후 택시를 타고 홀리데이인 호텔로 향했다. 아이티는 더운 나라였다. 택시에 에어컨이 없어 창문을 열었다. 택시가 신호등 사거리에 멈춘 순간 어디서 나타났는지 아이들이 차창에 달려들어 돈을 달라고 손을 벌렸다.

포르토프랭스 시내는 단층과 2층 건물들로 이루어져 있었다. 벽 시멘트는 대부분 떨어져 나갔고 건물들은 그을린 것처럼 검은색이었다. 흰옷을 입은 사내가 시내 한복판에 숯을 산더미처럼 쌓아놓고 팔고 있었다. 아이티는 너무나 가난했다.

홀리데이인 호텔 지붕은 야자나무 잎으로 덮여 있었다. 체크인 후 방문을 열고 들어가니 모기가 먼저 반겼다. 나는 프런트 데스크 직원이 적어준 한국대사관으로 전화를 했다. 자신을 젬마라고 소개하는 한국인 아주머니가 전화를 받았다. 대사 또는 영사를 찾았더니 영사는 없고 대사와 참사는 외출했다고 했다. 나는 용건을 말하고 호텔 방번호와 내 이름을 남겼다. 포르토프랭스의 붉은 석양은 아름다웠다. 예정에도 없던 아이티를 방문한 나 자신이 신기하고 또 처량했다.

한참 후 전화벨이 울려 받아보니 송 참사라는 분이 호텔 로비에 도착해 있었다. 송 참사는 50대 후반으로 보였는데 중키에 호리호리한 몸매, 선한 눈매를 가지고 있었다. 나는 송 참사의 승용차를 타고 대사관으로 갔다. 대사관은 산 중턱에 있었다. 대사관저는 대사관 내에 함께 있었다. 이면주 대사가 나를 반갑게 맞았다. 키가 크고 몸매가 보기 좋은 분이었다. 저녁식사를 위해 대사관저 식당으로 갔더니 통화했던 젬마 아주머니가 반겨주었다.

포르토프랭스에 거주하는 한국인은 총 5명이라고 했다. 이 대사와 송 참사 부부, 뉴욕에서 왔다는 젬마 아주머니, 아이티 신발 공장에서 근무하는 정명관 공장장이 그분들이다. 이 대사는 나에게 아이티 정부에서 운영하는 공단이 있으니 내일 송 참사와 함께 방문해보라고 했다.

다음 날 송 참사와 함께 소나피 정부 공단을 방문했다. 공장 1개 동 면적이 900평 정도였다. 주로 아랍계 사람들이 의류 공장을 운영하고 있었고, 제품은 모두 미국으로 수출했다. 정명관 공장장은 아이티에서 가장 큰 회사가 운영하는 신발 공장의 책임자로 근무하고 있었다. 그는 경상도 사나이인데 한국 K상사 부산 신발 공장에서 근무하다 아이티로 왔다고 했다.

이면주 대사는 내가 아이티에 투자하기를 원했다. 아이티에 투자한 한국 회사가 한 곳도 없었기 때문이다. 아이티는 크레올어를 사용하는데 불어에서 파생된 언어다. 나는 방문 3일째 되는 날 이 대사가 소개한 아이티 변호사의 도움을 받아 소나피 공단의 900평 공장을 임대로 계약했다. 가지고 있던 2,000달러를 적지만 임시 계약금으로 지불했다. 한 달 내에 포르토프랭스를 방문해 정식 계약을 한다는 조건이었다.

다음 날 이 대사와 송 참사는 포르토프랭스 해변으로 나를 안내했다. 해변은 자연 그대로였다. 나는 수영을 했고 젬마 아주머니가 만들어준 도시락을 먹었다. 출장에서 가질 수 없는 뜻밖의 꿈같은 시간이었다. 이 대사는 오후에 아이티인이 운영하는 갤러리로 나를 안내했다. 나는 지갑에 있던 돈을 모두 털어 700달러를 주고 유화 1점을 구입했다. 밀림 속 개천에 서 있는 홍학을 그린 20호 정도의 그림이었다. 그 그림은 현재 세아빌딩에 걸려 있다. 나는 아이티 노동법 책 1권을 들고 마이애미를 거쳐 한국으로 돌아왔다. 귀국 후 아이티 노동법을 한글로 번역했다. 번역은 불문학 박사인 둘째 처남에게 부탁했다.

포르토프랭스로 출발할 준비를 하던 어느 날 아이티 변호사가 팩스를 보내왔다. 다시 연락할 때까지 포르토프랭스 방문을 미루라는 내용이었다. 이유는 없었다. 다음 날 신문에 아이티에서 쿠데타가 발생해 해방신학을 전공한 아리스티드 대통령이 실각했다는 기사가 게재되었다. 변호사가 아이티 방문을 미루라는 이유가 그것이었다. 나는 포르토프랭스로 갈 수 없었다.

6개월 후 정명관 씨가 회사로 나를 찾아왔다. 반갑게 그를 맞아 아이티 사정을 전해 들었다. 쿠데타가 발생하기 전에 송 참사는 대사관을 그만두고 타이어 판매점을 오픈했다. 장사가 너무 잘되었다. 송 참사의 사위는 뉴욕 한국 영사관에서 영사로 근무하고 있었다. 송 참사는 딸 내외에게 아이티로 와서 자신을 도와달라고 연락했다. 사위는 영사관을 사직하고 아이티로 왔다.

며칠 후 포르토프랭스에서 송 참사가 부인을 옆에 태우고 직접 운전하던 승용차가 신호등 사거리에 정지해 있었다. 그때 오토바이를 탄 괴한이 다가오더니 송 참사 부부를 권총으로 살해하고 도주했다. 경쟁업체에서 살해를 사주했을 것으로 추측했지만 증거는 없었다.

쿠데타 이후 한국 대사관이 폐쇄되었고 이면주 대사는 캐나다 총영사로 발령을 받았다. 젬마 아주머니는 뉴욕으로 돌아갔다. 정명관 씨는 공장에서 근무하느라 아이티에서 빠져나올 기회를 놓쳤다. 항공기와 선박이 미국에 의해 이미 봉쇄되었기 때문이다. 아이티인 시위대가 죽창으로 사람을 살해하는 일도 있었다고 한다. 치안이 극도로 나빠지자 그는 회사의 도움으로 산 중턱 외딴 주택에서 한 달 반 동안 숨어 지냈고, 아이티 봉쇄가 풀린 후 겨우 탈출하여 귀국했다고 한다. 그 후로 나는 아이티를 잊었다.

18년간 시간이 멈춘 곳

빌 클린턴 전 미국 대통령이 설립한 클린턴 재단은 2009년 12월 워싱턴 DC에서 아이티 관련 세미나를 개최했다. 세아상역 뉴욕법인 정성혜 실장이 초청을 받고 참석했다. 기업들의 아이티 투자 유치를 위한 세미나였다. 내용을 보고받은 나는 18년 동안 까마득히 잊고 있었던 아이티를 생각해냈다.

얼마 후 12월 하순에 나는 포르토프랭스를 방문했다. 포르토프랭스는 1991년에 방문했을 때와 달라진 것이 전혀 없었다. 18년 간 시간이 정지된 것 같았다. 한 가지 다른 점은 유엔 다국적평화유지군이 주둔하고 있다는 것뿐이었다. 나는 몬태나 호텔에 여장을 풀었다. 그 호텔은 산 중턱에 있는 5층 건물로 경관이 좋아서인지 유엔군들이 많이 묵고 있었다.

2009년에 아이티는 르네 프레발 대통령이 재임 중이었고, 총리는 장 막스 벨리브였다. 프레발 대통령은 나를 대통령궁으로 초청했다. 대통령은 늦은 오후 대통령궁을 찾은 나를 반갑게 맞아주었다. 대통령은 인사하며 자신도 젊었을 때 봉제 공장에서 일했다고 말했다. 접견실에서 환담을 하고 함께 복도를 지나갈 때 대기하고 있던 TV 카메라맨이 촬영을 하기 시작했다. 프레발 대통령은 아이티 국민들에게 투자 유치를 위해 노력하는 모습을 보여주고 싶었던 것 같다.

다음 날 나는 소나피 공단을 둘러보았다. 18년 전에 내가 계약했던 900평짜리 공장이 어느 곳인지 짐작조차 어려웠다. 공장 건물은 더 낡고 비좁아 보였다. 한국의 W사가 입주한 공장을 방문해서 그곳 법인장으로부터 포르토프랭스 상황에 대해 들었다. 치안은 여전히 위험했고 데모는 수시로 일어난다. 어떤 날은 데모대의 총알이 공장으로 날아온 적도 있었다고 했다.

나는 투자할 생각이 없었다. 뉴욕을 거쳐 귀국했다.

클린턴 재단에서 2010년 1월 중순 뉴욕에서 진행하는 아이티 포럼에 나를 초청했다. 내가 왜 초청되었는지는 알 수 없었다. 1월 13일 미국으로 출국하기 위해 항공기 탑승을 기다리고 있는데 클린턴 재단으로부터 연락이 왔다. 아이티 포럼을 연기한다는 소식이었다. 뉴스를 보니 1월 12일 오후 4시 포르토프랭스에서 진도 7.0의 지진이 발생했다. 30만 명이 사망했고 도시는 폐허로 변했으며 100만 명의 이재민이 발생했다.

며칠이 지난 후 나는 포르토프랭스를 다시 찾았다. 항공기에서 내려다본 포르토프랭스는 처참했다. 안내인과 함께 시내를 둘러보았다. 대통령궁은 천장이 모두 내려앉았다. 다행히 르네 프레발 대통령 부부는 그 시간에 외부에 있어서 화를 면했다. 대성당

돔이 무너졌고 벽에는 돌들이 걸려 있었다. 내가 한 달 전에 체류했던 몬태나 호텔도 전체가 무너져 300명이 압사했다. 대부분이 유엔군이었다. 둘러보니 호텔은 흔적도 없고 돌무더기만 산처럼 쌓여 있었다.

점심때가 되었으나 식사할 만한 식당이 없었다. 시내에는 호텔이 없어 1시간가량 떨어진 해변가 허름한 호텔에 방이 예약되어 있었다. 방값이 터무니없이 비쌌는데, 그나마 유엔군에 부탁해 양보를 받았다고 했다. 나는 3일 동안 포르토프랭스에 체류한 후 미국 뉴욕으로 돌아갔다. 투자는 더더욱 생각할 수 없었다.

2010년 3월 26일 천안함 사태가 발생했다. 그해 5월로 기억된다. 주한 미국 대사관에서 연락이 왔다. 힐러리 클린턴 국무장관이 방한해서 하루 체류하는데 국무장관 비서실장이 세아상역 대표이사를 만나고 싶다는 것이다. 세아상역에는 미국인 론 가우드 고문이 근무하고 있었다. 김태형 대표이사와 론 가우드 고문이 미국 대사관을 방문해 국무장관 비서실장 셰릴 밀스를 만났다. 그녀는 미국 국무부와 파트너십으로 아이티 투자를 제안했다. 생각하지도 못한 제안이었다.

나는 보고를 받고 임원회의를 소집했다. 모든 임원이 아이티 투자를 반대했다. 나 역시 같은 생각이었다. 아이티는 투자를 할 수 있는 국가도, 상황도 아니었다. 우리는 투자를 하지 않기로 결정했다. 그렇게 4개월이 흘렀다. 나는 미 국무부의 아이티 투자제안을 완전히 잊지 못했다. 세아상역은 미국이 주요 시장이므로 미국 정부와 파트너십을 맺고 아이티에 투자하는 것은 상징성이 있었다.

나는 임원들을 설득하고 미 국무부에 연락했다. 2010년 9월 나와 김기명 사장, 론 가우드 고문은 미 국무부를 방문했다. 국무부 7층에 있는 벤자민 프랭클린 룸의 원탁 테이블에 국무장관 비서실장 셰릴 밀스, 미주개발은행 루이스 모레노 사장, IFC 부사장, 아이티 대통령 비서실장, 아이티 경제부 장관, 미 국무장관 고문 폴 쉐론 회장(전 리즈 크레이본 회장)과 우리 3명이 둘러앉았다. 주제는 아이티에 대한 투자였다.

회의 중간에 코발트색 정장을 입은 힐러리 클린턴 국무장관이 모습을 나타냈다. 그녀는 한 사람씩 악수하며 인사를 나누었다. 그녀는 악수하면서 나를 "체어맨 킴"이라고 불렀고 아이티 투자를 위해 국무부를 방문해주어서 고맙다고 했다. 그 이후 우리는 계속해서 국무부를 방문하고 투자에 대해 논의했다. 만나는 횟수가 늘어날수록 윤곽이 잡혀갔다.

모두가 등 돌린 아이티에서

IFC는 투자 지역 선정을 위한 타당성 조사를 했다. 지진 지역인 포르토프랭스는 제외했다. 북부 도시로 인구 100만 명인 카프아이시앵 인근 카라콜 지역을 선정했다. 지진대가 아니고 주변 산들이 바람을 막아 태풍으로부터도 안전하다고 했다. 미 국무부의 투자계획은 다음과 같다. 아이티 정부는 70만 평의 토지를 무상으로 기증하고, 미주개발은행은 그 토지를 산업 공단으로 조성한다. 미국 정부는 공단 내에 발전소를 만들고 도로와 항구를 확충하며 공단 인근에 주택 5,000채를 건설한다. 세아상역은 근로자 2만 명을 고용할 수 있는 기계설비를 투자하여 공장을 운영한다.

기본적인 투자조건을 확정한 후 힐러리 클린턴 국무장관, 장 막스 벨리브 아이티 총리, 미주개발은행 사장 루이스 모레노, IFC 부사장, 세아상역의 나까지, 5명이 맨해튼 바클레이 인터콘티넨탈 호텔에서 투자의향서(MOU)에 서명했다.

투자의향서에 서명한 후 나는 포르토프랭스에 도착해 30인승 프로펠러 항공기로 갈아타고 카프아이시앵을 방문했다. 공단을 조성할 지역을 둘러보기 위해서였다. 유엔군과 경찰차가 경호를 했다. 승용차로 카프아이시앵 공항을 빠져나오자 바닷가에 이어진 허름한 상가와 주택들이 즐비했다. 상가와 주택들 주변 곳곳에 쓰레기들이 넘쳐났다. 주민들이 쓰레기 더미와 함께 사는 것처럼 보였다. 심지어 바닷가에도 쓰레기가 넘치고 있었다. 가도 가도 끝없이 쓰레기가 넘쳤고, 그 쓰레기 더미를 개들이 앞발로 헤치고 있었다.

공항에서 30분쯤 달려가니 카라콜이 나왔다. 아이티 정부에서 공단으로 제공한 토지는 끝이 보이지 않는 콩밭이었다. 물론 작물을 경작하지 않는 버려진 땅도 많았다. 카프아이시앵 지역 유지들이 야외 탁자에 음료수를 준비하고 나를 환영하는 자리를 마련해 놓았다. 그즈음 세아상역은 2009년 11월 30일 무역의 날 '팔억불 수출의 탑'을 수상했고, 2011년 11월 30일 무역의 날에는 대망의 '십억불 수출의 탑'을 수상했다.

2011년 11월 11일 투자 파트너 대표들은 투자조인식 서명을 위해 포르토프랭스 직업훈련소 건물에 모두 모였다. 투자조인식에는 빌 클린턴 대통령도 참석했다. 나를 포함해 미국 정부 대표로 국무장관 비서실장 셰릴 밀스, 아이티 총리 장 막스 벨리브, 미주개발은행 사장 루이스 모레노까지 4명이 단상 위에서 서명했다. 빌 클린턴 대통령은 바로 내 옆자리에 앉아서 자신의 연설문 원고를 다듬고 있었다. 단상 아래에는 아이티 정부 요인들과 미국 대사관 직원들을 비롯해 관련자들 수십 명이 앉아 있었다. 클린턴 대통령은 자신의 차례가 되자 다음과 같은 이야기를 했다.

"포르토프랭스에 지진이 발생하기 전에는 많은 미국 기업들이 아이티에 투자하겠다고 약속했다. 그러나 지진이 발생해 포르토프랭스가 폐허로 변하자 모든 회사들이 돌아섰다. 투자하겠다는 회사가 단 하나도 없었다. 그러나 한국의 세아상역은 투자를 약속했다. 나는 약속을 지키지 않는 다른 기업들에게 세아상역의 투자를 모범적인 사례로 제시할 것이다."

15

18년을 돌고 돌아
세아학교를 열기까지

나는 투자조인식에서 미국 영화배우 숀 펜을 처음 만났다. 투자조인식 단상에 앉아 있을 때 맨 앞줄 중앙에 베이지색 코듀로이 재킷에 작업화를 신고 팔짱을 낀 채 우리를 쳐다보던 백인 남자가 있었다. 낯익은 얼굴인데 누구인지 생각이 안 났다. 투자조인식이 끝나고 빌 클린턴 대통령이 그를 나에게 소개했다. 그는 영화배우 숀 펜이었다.

숀 펜은 영화 '아이 엠 샘'에서 지적장애 아버지 연기로 오스카 남우주연상에 노미네이트되었다. 이후 오스카 남우주연상을 두 번 받았고, 한때 가수 마돈나와 결혼을 했었다. 숀 펜은 이재민 난민 캠프를 운영하고 있다고 자신을 소개했다. 나는 캠프를 방문해도 되는지 물었다. 숀 펜은 자기가 자주 가는 프라이드 치킨집이 있으니 가는 길에 요기를 하자고 했다. 우리가 탄 차는 숀 펜의 차를 따라갔다. 숀 펜의 차는 도로변 조그만 치킨집 앞에서 멈췄다.

우리는 길거리에서 낮은 나무상자를 가운데 놓고 서로 쪼그려 앉았다. 숀 펜은 겨자가루를 묻힌 프라이드치킨 두 접시와 코카콜라를 주문했다. 튀김은 식용유를 자주 바꾸지 않았는지 짙은 갈색이었다. 포장이 안 된 도로변이라 차들이 지나면서 흙먼지가 일었다. 우리는 개의치 않고 대충 요기를 하고 일어섰다.

숀 펜은 포르토프랭스에서 유일한 9홀 골프장 전체를 임대하여 이재민 텐트촌을 운영하고 있었다. 어른과 아이를 포함해 약 6만 명이 지낸다고 했다. 그는 조그만 트럭에 우리를 태우고 텐트촌을 보여주며 상황을 설명했다. 침상 20개가 놓인 야전병원에서는 백인 의사와 간호사가 환자들을 진찰하고 있었다. 시장도 있었는데 주로 물물교환 형식의 거래가 이루어진다고 했다. 학교도 있었다. 선생님과 학생들이 대형 텐트에서 수업을 하고 있었다.

이재민들의 텐트는 간격이 거의 없이 붙어 있어 답답했다. 6만 명은 적지 않은 인원이라 텐트촌 내에서 야간에는 강간사건도 발생한다고 했다. 최근에 자가발전 가로등을 기부받아 일정한 간격으로 설치한 후로 사고가 약간 감소했다. 숀 펜은 'J/P HRO'(J/P

Haitian Relief Organization)라는 이름의 NGO를 운영하고 있었다. 우리는 다음 날 저녁식사를 함께 하기로 약속하고 헤어졌다.

다음 날 저녁식사 장소는 지진대에서 벗어나 있던 단층 건물 식당이었다. 나와 김기명 사장, 론 가우드 고문과 숀 펜 4명이었다. 우리는 식사와 함께 보드카 1병을 주문했다. 숀 펜은 레몬을 넣은 맥주잔에 보드카를 가득 채웠다. 마실 때는 손바닥으로 맥주잔 위를 막고 작은 보드카 잔에 따라 마셨다.

나는 그에게 왜 아이티까지 와서 이렇게 힘들고 어려운 일을 하느냐고 물었다. 그에게 중학생 아들이 있는데 한번은 아이가 몹시 아파서 사경을 헤맸다고 한다. 그는 병실에서 아들을 돌보면서 간절히 기도했다. 하나님께서 아들을 살려주시면 평생 좋은 일만 하고 살겠다고 기도했다. 하나님께서는 기도에 응답하시고 아들을 살려주셨다. 그래서 그는 지진이 나자마자 아들을 데리고 포르토프랭스로 와서 이재민들을 돕고 있다고 했다.

6만 명이나 되는 이재민이 먹을 식량을 어떻게 조달하는지 물었다. 미국 정부와 미주개발은행 그리고 자신의 지인들에게 편지를 보내 도움을 받는다고 했다. 지인들은 대부분 영화배우와 가수들일 것으로 짐작했다. 내가 무엇을 도와주면 좋겠는지 물었다. 그는 지금까지 캠프에서 치료가 어려운 응급환자가 발생하면 미국 대사관의 헬기를 이용했는데 앞으로는 그럴 수가 없으므로 앰뷸런스로 쓸 수 있는 트럭이 필요하다고 했다. 그리고 칫솔과 비누 등이 든 위생 키트도 필요하다고 했다.

나는 '아이 엠 샘'이라는 영화를 감명 깊게 봐서 지금도 기억하고 있다고 했다. 그는 나에게 영화를 좋아하느냐고 물었다. 나는 물론 좋아하며 영화 시나리오도 써본 적이 있다고 했다. 나는 할리우드에서 A급 배우의 개런티가 얼마인지 물었다. 그는 금융위기 전에는 영화 1편에 3,000만 달러였으나 현재는 2,000만 달러 정도라고 했다.

숀 펜은 내가 수익금을 아이티를 위해 사용하는 조건으로 영화를 제작하면 자신은 개런티를 1달러만 받고 출연하겠다고 했다. 잘 아는 시나리오 작가와 감독이 있는데 그들도 무상으로 참여시킬 수 있다고 했다. 그중 한 사람은 영화 '밀리언 달러 베이비'의 시나리오를 쓴 작가 폴 헤기스라고 했다. 클린트 이스트우드가 주연으로 출연하고 감독을 했던 그 영화는 여자 복서가 주인공인 슬픈 영화였다. 나 역시 '밀리언 달러 베이비'를 재미있게 관람했다. 숀 펜은 그들에게 나를 소개하겠다고 했다. 우리는 한 달 후 뉴욕 맨해튼 브로드웨이 1407빌딩 35층 세아 현지법인에서 오전에 만나기로 약속을 했다. 그는 한국도 방문해보고 싶다고 했다. 나는 기회가 되면 초청하겠다고 했다.

나는 담배를 피우지 않는다. 그러나 숀 펜은 헤비 스모커였다.

나와 숀 펜 그리고 론 가우드 고문은 함께 보드카를 2병이나 비웠다. 우리는 많이 취했다.

"뉴 데이 인 아이티"

아이티 북부 카라콜산업단지 기공식은 2011년 11월 28일 오전 11시로 정해졌다. 나는 뉴욕을 거쳐 포르토프랭스에서 1박 한 후 30인승 프로펠러 항공기에 탑승해 오전 10시에 카라콜에 도착했다. 빌 클린턴 대통령은 미주개발은행 루이스 모레노 사장, 주아이티 미국 대사 캔 마튼 일행과 함께 헬리콥터 편으로 10시 30분경에 행사장에 도착했다. 우리는 반갑게 악수를 했다. 대통령과 대사는 나에게 축하 인사를 했다.

천막을 친 행사장에는 단상이 있었고 그 아래에 250명 정도의 아이티 정부 인사들과 지역 유지들이 의자에 앉아 있었다. 단상에는 빌 클린턴 대통령과 캔 마튼 대사, 루이스 모레노 미주개발은행 사장, 마텔리 아이티 대통령과 내 좌석이 마련돼 있었다. 11시가 거의 다 되어 가는데 마텔리 대통령은 오지 않았다. 캔 마튼 대사가 클린턴 대통령에게 '마텔리 대통령이 1시간 후에 도착한다'는 연락을 방금 받았다고 전했다. 빌 클린턴 대통령은 단상 아래 앉아 있는 내빈들을 보며 말했다.

"나는 상관없지만 여기 있는 사람들이 1시간이나 더 기다려야 합니까?"

1시간을 기다린 끝에 헬리콥터 소리가 들렸다. 흙먼지가 피어올랐다. 마텔리 대통령은 12시가 다 되어 나타났다. 청바지에 체크무늬 남방만 입은 차림새였다. 카라콜산업단지 기공식은 그렇게 시작되었다.

론 가우드 고문이 카라콜산업단지 건설 초기에 한국인 법인장과 함께 공사현장을 찾았을 때 〈뉴욕타임스〉의 S라는 기자가 연락을 했다. 세아상역의 아이티 북부지방 투자에 대해 인터뷰를 하고 싶다는 것이었다. 론 가우드 고문은 인터뷰에 응했다. 질문이 많았는데 주로 아이티 투자 이유와 공장 운영 방향에 대한 것이었다. 인터뷰는 공사현장에서 순조롭게 진행되었다.

며칠 후 〈뉴욕타임스〉 인터넷판에 게재된 기사는 인터뷰 내용과는 전혀 다르게 각색되어 있었다. "250헥타르의 토지는 원래 농부들이 콩을 경작하고 있었으나 정부에서 적은 금액으로 환수했다. 이제 농부들은 한숨을 쉬면서 놀고 있다. 세아상역이 설립할 염색 공장에서 흘러나오는 폐수는 바다로 흘러 맹그로브 나무들을 모두 죽게 만들 것이다."

기자는 두 부류가 있다. 진실을 있는 그대로, 들은 그대로 보도하는 기자와 자신이 추구하는 목적을 위해 내용을 각색하는 기자다. 〈뉴욕타임스〉의 S기자는 후자에 속했다. 그 기사로 인해 선의를 가지고 시작한 아이티 투자는 시작부터 상처를 입었다.

세아상역의 첫 번째 아이티 공장 준공식은 2012년 10월 21일 거행되었다. 우리는 그날을 "뉴 데이 인 아이티(A new day in Haiti)"라고 불렀다. 힐러리 클린턴 국무장관 전용기 착륙을 위해 카프아이시앵 공항은 활주로 연장공사를 가까스로 끝낸 뒤였다. 많은 내외 귀빈이 참석해 축하해주었다. 빌 클린턴 전 미국 대통령과 힐러리 클린턴 국무장관, 미국 노동부 장관, 미국 상원과 하원의원들, 국무장관 비서실장 셰릴 밀스, 미주개발은행 루이스 모레노 사장, 버진그룹 리처드 브랜슨 회장, 숀 펜과 벤 스틸러 등 할리우드의 배우들, DKNY를 론칭한 디자이너 도나 카란, 세아상역의 미국 거래회사 사장들 그리고 아이티 마텔리 대통령과 총리, 각 부서 장관 등 많은 분이 자가용 비행기와 전세기를 이용해 참석했다.

힐러리 클린턴 국무장관은 축사에서 미국 정부의 아이티 투자를 "무역을 통한 원조(Aid for trade)"라고 했다. 준공식이 끝나고 가동 중인 1공장 투어를 했다. 1공장에서 생산된 첫 번째 크루넥 티셔츠에 클린턴 부부가 사인을 했다. 그 티셔츠는 지금도 S&H 글로벌 사무실 벽에 액자로 걸려 있다. 공장 투어 중에 빌 클린턴 대통령과 힐러리 클린턴 국무장관, 미국 노동부 장관, 나와 세아상역 임원들은 아이티의 새로운 날을 기념하기 위해 공장 근로자들과 함께 기념촬영을 했다. 투어가 끝난 후 힐러리 클린턴 국무장관과 나는 쇼룸에서 아이티 투자 스테이크 홀더로서 카라콜산업단지를 향후 어떻게 발전시킬 것인가에 대해 논의를 했다. 또한 S&H 글로벌 회의실에서 힐러리 클린턴 국무장관과 마텔리 대통령의 회담도 진행했다. 빌 클린턴 대통령과 힐러리 클린턴 국무장관은 세아상역의 미국 거래처 사장들과 오찬을 하면서 S&H 글로벌에 대한 지원을 부탁했다.

세아학교를 열다

세아상역은 S&H 글로벌 준공식 날에 세아학교 초등학교 건물 기공식을 했다. 내가 학교를 설립하려는 이유는 다음과 같다.

　　나는 카라콜산업단지 건설 중에 현장을 자주 방문했다. 어느 날 차를 타고 공단 주변 마을을 지나는데 주민들이 도로를 점거하고 시위를 하고 있었다. 이유를 물었더니 정부에서 학교 설립을 약속했는데 지키지 않았기 때문이라고 했다. 나는 그길로 아이티 학교를 방문했다. 시설이 형편없었다. 건물이 낡아 어떤 곳은 무너진

채로 방치되어 있었다. 교무실에 기본적인 비품조차 구비되어 있지 않았다. 학교는 낡은 건물과 흙먼지뿐이었다.

1950년대 후반 내가 기억하는 대한민국을 생각했다. 현재의 아이티와 다르지 않았다. 무엇이 오늘의 대한민국을 만들었는가? 부모들의 교육열이었다. 부모들은 못 먹고 못살더라도 자식들을 교육시켰다. 연희전문 언더우드 박사도 생각났다. 나는 아이티 카라콜에 초등학교를 설립하기로 했다.

미 국무부는 카라콜 인근의 토지 두 곳을 개발해 각각 주택 750채씩, 총 1,500채를 건설하려는 계획을 가지고 있었다. 론 가우드 고문에게 미 국무부에서 USAID 아이티 책임자를 설득하도록 해 초등학교 부지 3,000평을 무상으로 세아상역이 확보하도록 했다. 학교 기공식에는 영국 버진그룹 리처드 브랜슨 회장, 숀 펜, 나와 아내인 세아재단 김수남 이사장 등이 참석하여 첫 삽을 떴다. 초등학교 건물공사 때는 코이카(KOICA)에서도 비용에 대해 일부 도움을 주었다.

나와 글로벌세아 김기명 사장은 미국 조지워싱턴대학교 총장의 소개로 세아학교 교장 후보자 중 한 사람인 잔 머빌 씨를 뉴저지 어느 식당에서 인터뷰했다. 그는 아이티에서 태어나 중학교 때 미국으로 이민을 가서 대학을 졸업한 후 미국 공립 초등학교에서 교사로 근무했다. 최근에는 학생 900명의 초등학교 교장으로 근무하다 정년퇴직을 했는데 성실해 보였다. 그는 크레올어와 영어를 모두 구사할 수 있고 경력으로도 더할 나위 없는 적임자였다. 우리는 잔 머빌을 개교 1년 전에 교장 선생님으로 채용했다. 그는 프랑스와 미국을 오가며 커리큘럼과 교재를 구입했고, 선생님들을 선발해 교육시켰다.

세아학교는 2013년 9월 학기부터 시작했다. 유치원 2년, 초등학교 6년 과정이었다. 한 학년은 50명씩 두 학급으로 구성했다. 모든 학습 기자재와 물품은 대부분 한국과 미국에서 조달했다. 노트북컴퓨터도 구입해 컴퓨터 교육실을 만들었다. 감사하게도 대한민국의 장금상선 정태순 회장께서 도서관에 책을 구비하도록 1억 원을 기부해주셨다. 세아상역 미국 거래처 콜스에서는 학생들 책가방을 보내주었다. 학생들에게 무상으로 점심식사를 제공하기 위해 주방과 식당 건물도 신축했다. 학교운영비는 세아재단에서 전액 부담하는 완전한 무상교육을 원칙으로 했다.

세아학교 운영 6개월 뒤인 2014년 3월 25일 개교식을 했다. 마텔리 대통령과 교육부 장관을 포함해 아이티 정부 각료들과 주아이티 미국 대사, 조지워싱턴대학교 간호대학 학장과 교수들이 참석했다. 마텔리 대통령과 참석자들은 학습을 참관하고 학교시설을 둘러보았다. 1991년 홀로 처음 방문했던 아이티에 나는 결국 다시 돌아왔다. 18년의 세월이 흐른 뒤에.

- 16 -

갱단과
유조차

조브넬 모이즈 아이티 대통령은 2021년 7월 7일 새벽에 사저에서 암살되었다. 대통령이 왜 관저가 아닌 사저에 체류했는지 이유는 알 수 없다. 포르토프랭스는 모이즈 대통령이 생존했을 때도 크고 작은 갱단이 많았고 치안이 매우 좋지 않았다. 아이티에서 유엔군이 철수한 뒤에는 더 심각해졌다. 갱단이 경찰서를 습격했고 납치와 강간이 횡행했다. 갱단의 무기가 경찰의 무기보다 화력이 더 좋다고 들었다. 아이티는 경찰은 있지만 군대가 없다. 그리고 경찰력이 무기력하므로 정상적인 치안을 기대할 수 없다.

아이티는 너무나 가난한 국가다. 정부가 돈이 없다. 세관이나 경찰 등 공무원들이 급여를 인상해달라고 파업을 한다. 세관 공무원들이 파업을 하면 출입국과 수출입이 정지된다. 벌써 수차례 겪은 일이다. 경찰도 파업을 한다. 경찰이 파업하면 치안은 어떻게 되겠는가? 2021년 6월에 한국인 선교사 부부가 납치되었고, 10월에는 미국인 16명과 캐나다인 1명을 포함 17명의 선교단이 갱단에 납치되었다. 그중에는 어린아이들도 있었다. 백악관과 FBI의 노력으로 장기간 시간이 흐른 뒤 모두 무사히 석방은 되었다. 2021년 초에는 5명의 사제와 2명의 수녀가 납치되기도 했다. 갱단들은 아리엘 앙리 총리(대통령 권한대행)와 경찰청장을 위협하기도 했다. 앙리 총리가 어느 행사에 참석하려다 갱단 때문에 포기했다는 소문도 있었다.

국가 유류 저장고를 장악한 갱단

갱단이 활개 치는 곳은 주로 수도 포르토프랭스와 그 인근이다. 그러나 이런 상태라면 세아상역이 투자한 북부지방도 향후 안전하지는 않을 것이다. 2021년에 갱단은 국가 유류 70%를 저장하고 있는 유류 저장고를 습격하여 장악했다. 때문에 국가 유류 공급이 중단되었다. 그러나 장기간 장악하지는 않았다.

갱단 연합체는 2022년 9월 또다시 국가 유류 저장고를 습격했다. 갱단은 마음만 먹으면 아이티 내에서 무엇이든 할 수 있다. 갱단이 국가 유류 저장고를 2개월 이상 장악했을 때 경찰이 저장고 탈환을 몇 차례 시도했으나 모두 실패했다. 국가 유류 공급은 갱단 연합체가 2개월 동안 지배하고 있었다. 벙커C유로 가동하는 발전회사는 전력생산이 중단되었다.

카라콜산업단지와 주변 마을의 전기는 공단 내에 있는 발전소 엔레카에서 공급한다. 엔레카는 미국 정부가 건설했고 마이애미에 있는 비영리법인이 운영하고 있다. 엔레카는 2021년 갱단들이 국가 유류 저장고를 습격했을 때 동일한 사고에 대비를 했어야 했다. 그러나 엔레카는 대비하지 않았다. 엔레카는 벙커C유가 없어서 전력생산을 2개월 동안 중단했다. 카라콜산업단지는 당연히 2개월 동안 가동이 중단되었다. S&H 글로벌에는 한국인과 제3국인 관리자가 모두 150명 정도 있다. 그들은 모두 공단 내에 건립된 기숙사 4개 동에서 체류한다. 기숙사에서도 전기로 작동하는 모든 것이 2개월 동안 중단되었다. 도미니카에서 국경을 넘는 식자재 조달도 쉽지 않다. 결국 최소 인원만 남기고 모두 도미니카 산티아고로 출국하여 호텔 생활을 했다.

갱단 연합체가 국가 유류 저장고에서 언제 철수할지 기약이 없었다. 각 공장에서 생산 중이거나 생산해야 할 오더들은 납기를 지킬 수 없었다. 납기지연 때문에 아이티 오더를 취소하는 바이어들이 나타나기 시작했다. 세아상역은 공장 가동 중단 때문에 발생하고 있는 손실 외에도 추가로 더 큰 손실이 발생하기 시작했다.

아이티로 아직 선적하지 않은 원부자재는 납기를 지키기 위해 모두 다른 국가로 보내졌다. S&H 글로벌은 아이티 공장의 가동이 시작되어도 작업할 오더가 없는 것이 더 걱정이었다. 이렇게 되면 바이어들은 앞으로 아이티 생산을 우려할 것이다. 오더가 없으면 공장은 가동할 수 없고 근로자들은 직장을 잃는다.

엔레카는 유류 조달 방법을 찾지 않았다. 비영리법인이어서 그런지 너무나 무책임했다. 이런 상황에서 아이티 정부는 없는 것이나 마찬가지였다. 무정부 국가인 것이다. 나는 도미니카에서 유류를 가져오는 방안을 찾고자 했다. 론 가우드 고문은 미 국무부의 아이티와 도미니카를 포함한 중미 책임자인 바버라에게 도움을 요청했다. 바버라는 주아이티 미국 대사관과 주도미니카 미국 대사관을 통해 아이티 총리와 도미니카 대통령, 미 국무부 3자 화상회의를 성사시키려고 노력하고 있었다. 3개국 회의 조율은 쉽게 성사되지 않았다. 일각이 여삼추 같았다.

일촉즉발의 유류 수송 작전

어느 날 바버라한테서 연락이 왔다. 아이티 총리와 도미니카 대통령이 참석한 화상회의에서 엔레카에 필요한 유류를 도미니카에서 수출하기로 결정되었다는 소식이었다. 나는 세아상역 유광호 사장과 론 가우드 고문을 도미니카로 급파했다. 도미니카 현지에서 유류 수출에 필요한 업무를 신속하게 진행하려는 목적이었다.

도미니카에서 유류를 수입하기 위해서는 아이티 총리가 발행한 유류 수출 요청서를 도미니카 상공부 장관에게 보내야 한다. 아이티에서는 3자 회의가 끝난 지 며칠이 지났는데도 유류 수출요청서를 보내지 않고 있었다. 우리는 총리 비서실을 통해 계속 독촉했고 며칠 후 요청서는 도미니카 상공부 장관에게 전달되었다. 도미니카 상공부에서는 유류 수출이 가능한 회사를 우리에게 소개했다. 엔레카는 자신들이 유류 유통 회사를 선택하려고 했다. 그러나 엔레카가 선택한 회사는 수출허가권이 없어 또 시간만 소비했다. 도대체 도움이 안 되었다.

도미니카 정부에서 소개한 유류 수출 회사와 벙커C유 도입을 논의하는 데 다시 2~3일이 소요되었다. 유조차가 10대 이상 필요했으나 우선 3대만 먼저 도착하면 발전기를 가동할 수 있었다. 우여곡절 끝에 마침내 유조차의 출발일이 정해졌다. 그런데 또다시 문제가 발생했다. 도미니카 내 국경도시에서 도미니카 사람과 아이티 사람 사이에 다툼이 발생한 것이다. 도미니카 정부는 아이티인을 추방했다. 이에 격분한 아이티 정부는 도미니카-아이티 국경을 폐쇄해버렸다. 어렵게 성사시킨 유류 수입이 무기한 연기되었다.

아이티, 도미니카 정부와 세관을 설득해서 이틀 후 국경이 개방되었다. 그러나 다른 문제가 또 발생했다. 도미니카 유조차 운전기사들이 안전을 이유로 아이티로 가지 않겠다는 것이다. 도미니카 유조차는 국경까지만 갈 테니 아이티 유조차로 유류를 옮겨서 가져가라는 것이다. 결국 아이티 유조차를 포르토프랭스에서 수배하여 국경에서 유류를 옮겨 싣는 해프닝이 발생했다.

유광호 사장과 론 가우드 고문은 도미니카 옛날 수도 산티아고에서 에어비앤비를 통해 구한 주택에서 7일째 머무르고 있었다. 유 사장은 도미니카 시간으로 저녁 무렵에 유류 건으로 서울 본사와 화상회의를 하고 있었다. 그런데 회의 도중에 유 사장이 갑자기 가슴을 안고 쓰러졌다. 우리는 옆방의 론 가우드 고문을 급히 불렀다. 도미니카 법인장 김영필 이사가 5분 만에 승용차를 가지고 왔다. 마침 주변 5분 이내 거리에 산티아고에서 가장 큰 병원이 있었다. 유 사장은 응급실에서 응급처치를 받았다. 고통이 너무 심해서 가장 강한 모르핀을 맞았다. CT 촬영 등 할 수 있는 검사는 모두 했다. 유 사장은 수도 산토도밍고에 있는 심장 전문병원으로 이송되었다.

나는 CT 촬영 등 모든 의료기록을 보내라고 했다. 그 자료를 지인들이 있는 분당 서울대병원과 서울성모병원에 보내 의사들에게 병명을 문의했다. 병명은 고혈압 환자에게 발생하는 대동맥 박리증이었다. 그것은 대동맥 내막이 파열되어 혈류가 중막으로 파급되고 대동맥벽이 내층과 외층으로 분리되는 매우 위험한 질환이었다. 한마디로 혈관이 파열되는 질환이다. 그러므로 골든타임을 놓치면 즉시 사망할 수도 있다. 유 사장은 산토도밍고 병원에 도착하여 스탠트 삽입 시술을 받았다. 만약 혼자 있다가 늦게 발견되었으면 사망했을 것이다. 유 사장은 중환자실에서 이틀을 보내고 일반 병실로 옮겼다.

그 와중에 유조차 2대는 아이티 경찰차의 호위를 받으며 엔레카에 무사히 도착했다. 며칠 뒤에 아이티 갱단 연합체에서는 마침내 유류 저장고를 개방하고 유류 이송을 허락했다. 갱단 연합체가 아이티 정부처럼 보였다. 또 다른 문제가 발생했다. 포르토프랭스에서 카프아이시앵으로 오는 길에 있는 다리가 무너졌다는 소식이었다. 다른 길로 돌아오려면 길이 험해서 유조차가 통과할 수 있을지 의문이라고 했다.

공장 가동을 위한 길은 멀고도 멀었다. 나는 한국 본사에서 노심초사로 기다린 끝에 포르토프랭스에서 출발한 유조차들이 속속 도착하고 있다는 보고를 받았다. 정확히 57일 만에 공장이 재가동되었다. 세계 어디에서도 있을 수 없는 일, 상상도 할 수 없는 일이 아이티에서는 빈번히 일어났다.

개성공단에는 없고
엘살바도르에는 있는 것

오랜 시간 회사를 경영하면서 비즈니스와 관계된 분들을 주로 많이 만났지만, 그렇지 않은 분들도 많이 만났다. 그러나 생각해보면 내가 일부러 만나지 않은 유형의 사람들도 있다. 나는 평생 정치권에 줄을 서는 것이나 줄을 대는 것을 경계했다. 그런 이유로 설혹 동문이나 가까운 지인이라도 정치에 입문하는 순간부터 나는 그를 잊고 멀리했다.

나는 기업가로 살아왔고 철저히 기업인으로 기억되고 싶다. 경건한 마음으로 사업에 임하고 잠시 휴식을 취하더라도 두려운 마음으로 그 시간을 보내곤 했다. 기업활동은 경쟁 그 자체다. 나는 악한 경쟁이 아닌 선한 경쟁을 하고 싶다. 악의적인 사고와 행

181

동이 아닌 선한 사고와 행동으로 경쟁에서 이기고 싶다.

기업이 정치와 엮이면 결탁하기 쉽고 그렇게 되면 선한 경쟁을 잃는다. 나는 선한 경쟁을 잃는 것이 두렵다. 아니, 그보다는 결탁이 더 두렵다. 사람 관계는 일정한 거리를 두어야 공존할 수 있다. 사는 방법과 목적이 다른 인연과 섞이고 결탁하면 인연은 악연이 될 수 있다. 나는 37년 동안 사업을 하면서 연대보증을 부탁하지도 않았고 반대로 그런 부탁을 들어주지도 않았다. 내가 잘못되었을 때 다른 사람에게 피해를 줄 수 있다는 것이 싫었고 다른 사람 때문에 내가 피해를 보는 것도 싫었기 때문이다.

아무리 좋은 인연도 일정한 거리를 유지해야 계속된다. 너무 가까워지면 단점은 보이지 않고 장점만 보인다. 혹은 반대로 장점보다 단점을 더 많이 보게 된다. 전자든 후자든 서로의 장단점을 함께 정확히 보지 못하게 되면 공존의 원칙이 무너진다. 공존하지 못하면 결국 인연이 끝나거나 악연이 된다.

500개의 냉면 그릇과 밝아진 옷차림

토지개발공사에서 시행하는 개성공단 2차 투자기업에 세아상역도 선정되었다. 선정 후 나는 몇 차례 개성공단을 방문했다. 세아상역은 불하받은 개성공단 내의 토지에 약 100억 원을 투입해 계열 회사 인디에프 공장을 건설하기로 결정했다.

개성공단의 인디에프 공장 기공식은 2008년 1월에 진행되었는데 날씨가 몹시 추웠다. 기공식을 마치고 오찬 장소인 '봉동식당'으로 이동했다. 식당은 공단 밖에 있었다. 한식이 놋쇠 반상에 담겨 나왔고 반찬이 무려 열세 가지였다. 음식 맛은 남한과 많이 달랐는데 아마도 장맛이 다르기 때문인 것 같았다. 봉동식당 종업원들은 한복을 입은 앳된 여성들로 20세 전후로 보였다. 음식을 나르는 예쁜 손들이 손목까지 모두 빨갛다. 연료가 부족하여 겨울 찬물에 손을 넣고 일을 했기 때문이리라. 붉은 손을 보니 측은했다. 중국에 진출한 첫해에 보았던 황다오구 여성 근로자들의 손이 떠올랐다.

공사는 1년 넘게 진행되었고 공장과 기숙사, 식당 건물까지 완공했다. 인디에프 공장이 완전히 가동된 후 우리는 준공식에 인디에프 임직원과 기자들, 애널리스트들을 초청했다. 손님들을 버스 2대에 태우고 출발했다. 군사분계선을 사이에 두고 남측에는 남측 출입국관리소 그리고 북측에는 북측 출입국관리소가 있다. 개성공단을 방문하려면 군사분계선을 넘기 전에 남측 출입국관리소의 로커에 핸드폰과 소지품(특히 민감한 내용이 담긴 서적이나 물건들)을 넣어두고 나서 출발해야 한다. 혹시라도 북한에서 민감하게 여길 만한 물품을 소지하면 안 되기 때문이다. 그날도 동일한 안내방송을 들으며 월경을 했다.

인디에프에서 파견한 법인장을 비롯해 남측 기술자와 직원들은 개성공단 인디에프 공장 내에 완공된 기숙사에서 거주하며 기술지도와 생산관리를 한다. 북한 근로자들의 노무관리는 북측의 직장장과 총무가 한다. 전체 근로자는 1,000명이 넘었다. 총무는 여성으로 당에서 배정했는데 남성 직장장보다 권한이 많았다. 오더 수행을 위한 원부자재는 물론 근로자들을 위한 식자재와 전력까지도 모두 남한에서 공급했다.

준공식이 끝난 후 500명이 일시에 식사할 수 있는 근로자 식당을 둘러보았다. 마침 점심시간이라 닭이 반 마리씩 담겨 있는 냉면 그릇 500개가 식탁에 올려져 근로자들을 기다리고 있었다. 닭다리가 1개씩 올려진 500개의 냉면 그릇은 장관이었다.

개성공단의 여성 근로자들은 1960~1970년대 우리나라 시골에서 농사를 짓던 아낙네들과 다름이 없었다. 얼굴에 크림도 바르지 않은 것 같았다. 남녀 모두가 마른 몸매였다. 인건비는 한 달에 70달러부터 시작해 7년 뒤에는 200달러까지 인상되었다. 북한 근로자들은 기능을 아주 빠르게 습득했다. 공장을 가동한 지 얼마 되지 않았음에도 어려운 스타일의 작업을 할 수 있었다.

정확하지는 않지만 급여 중 일부만 근로자들이 가져간다고 들었다. 나머지는 중앙정부의 몫이라고 했다. 그런 상황에서도 시일이 흐를수록 근로자들의 얼굴과 옷차림이 좋아졌다. 얼굴에 화장품을 발랐고 옷 색상도 밝아졌다. 시장경쟁에서 직업은 수입을 가져다준다. 수입은 그 정도에 따라 가정과 일상에 풍요로움을 준다.

준공식을 마치고 오후에 개성 시내를 거쳐 선죽교 관광에 나섰다. 준공식을 위해 평양에서 내려온 참사관은 내가 탄 버스에 동승했다. 참사관은 나를 "회장 선생"이라고 불렀다. 개성 시내는 사람들이 별로 보이지 않았다. 겨울이라 그런지 국방색이나 검정 색 같은 어두운 색상의 옷을 입은 사람들 몇 명이 무심한 얼굴로 길거리를 지나고 있었다. 승합차 한 대와 승용차 몇 대가 버스와 마주쳤다. 붓글씨체로 '남새(채소)가게'라고 쓰인 간판이 차창 밖으로 스쳐 지나갔다. 대부분의 간판은 획일적으로 흰 바탕에 검정 글씨였다. 대로와 연결된 골목 안을 보니 사람들이 대로로 나오지 못하도록 군인들이 통제하고 있었다. 우리 때문인 것 같았다. 선죽교는 생각보다 아주 작았다. 동승했던 참사관을 포함한 북측 사람들은 우리가 하는 이야기에 귀를 기울이고 있었다. 감시를 받는 느낌이었다.

일정을 마치고 남한으로 돌아올 때 북측 출입국관리소에서 의례적인 소지품 검사를 했다. 여성 애널리스트 한 분의 핸드백 바닥에 외국 주간지가 있었다. 북측 검사원이 주간지를 펼쳤더니 김일성, 김정일 부자를 폄하하는 만화가 실려 있었다. 심각한 문제가 발생한 것이다. 그 애널리스트는 북측 출입국관리소 사무실로 끌려갔다. 인디에프 대표가 급히 따라가 선처를 부탁했다. 정확한 금액은 기억나지 않지만 적지 않은 달러를 주고 1시간 후에 애널리스트를 데리고 나올 수 있었다.

개성공단에서 공장을 가동할 때 몇 가지 좋은 점이 있었다. 첫째, 물류 이동이 하루 만에 가능하므로 공장에서 원부자재 재고를 많이 가지고 있지 않아도 되었다. 3일분만 보유하고 있으면 충분했다. 둘째, 전날 생산한 제품을 다음 날 남측으로 바로 가지고 나올 수 있었다. 셋째, 생산성과 품질이 높고 인건비가 저렴하여 경쟁력이 좋았다. 인디에프는 개성공장 가동 전에는 중국, 베트남 등에서 제품을 생산했으나 개성공장 가동 후에는 전체 오더의 40%를 개성공장에서 수행했다. 덕분에 회사 전체의 수익성도 좋아졌고, 여러 가지로 편리한 점이 많았다.

그러나 개성공단은 2016년 초에 폐쇄되었다. 개성공단에 투자한 기업들은 큰 손실을 감수할 수밖에 없었다. 인디에프도 개성공장에서 생산하려던 오더들을 급히 국내 생산으로 돌려야 했다. 납기 때문에 중국이나 베트남에서 생산할 시간적인 여유가 없었다.

손실이 컸다. 개성공단에 진출한 모든 회사가 인디에프와 같은 형편이었다.

개성공단은 2000년 6·15 선언 이후 남북교류 협력사업의 하나로 2000년 8월 9일 남측 현대 아산과 북측 아태 민경련 간의 '개성공업지구건설 운영에 관한 합의서' 체결을 근간으로 운영되었다. 남측의 자본과 기술, 북측의 토지와 인력 결합이 운영방안으로 제시되었다. 개성공단이 계속 운영되었다면 북한은 여러 가지 형태로 더 많은 투자를 받아 경제 발전의 초석을 다졌을 것이고, 남한 기업 역시 경쟁력이 강화되었을 것이다.

어떻든 기업은 정치 앞에서 무기력하다. 세아상역은 경협보험에 가입하여 투자비 100억 중 70억은 보험금으로 회수했다. 그러나 보험에 가입하지 않은 영세한 중소기업들은 막대한 투자손실이 발생했다. 북측 근로자들은 직장도 잃고 기술을 배울 기회를 잃었다. 개성공단 폐쇄처럼 정치적인 이유로 중단되어 경제 개발이나 발전에 지장이 생기는 경우도 있지만, 반대로 정치가들이 발 벗고 나서서 투자를 유치하고 나라를 혁신하기 위해 혼신의 노력을 다하는 나라도 많았다. 그중에서 특히 최근에 만난 엘살바도르의 젊은 정치가 부켈레 대통령은 정말 인상적이었다.

혁신에 목숨 건 젊은 대통령과 장관들

2023년 8월 21일 늦은 밤, 뉴욕을 거쳐 중미 엘살바도르 수도 산살바도르 공항에 도착했다. 세아상역은 엘살바도르에 투자하지 않았다. 1년 전에 연락 사무소를 설치하여 직원 2명만 근무하고 있다. 엘살바도르 정부의 배려로 귀빈실에서 입국 수속을 밟고 숙소인 인터콘티넨탈 호텔에 도착하니 밤 11시가 넘었다. 산살바도르 방문 목적은 쌍용건설의 엘살바도르 진출을 위해 나이브 부켈레 대통령과 선약된 면담을 하기 위해서였다.

엘살바도르는 중미에서 면적이 가장 작지만 인구가 650만 명 정도로 인구밀도가 높다. 과거에 엘살바도르는 중미에서 살인사건이 가장 많이 일어나는 나라로 악명이 높았다. 갱단에 의해 하루 평균 105명이 살해되었을 정도다. 갱단 관련된 범죄자가 인구 100명당 1명이라고 하니 국민의 1%가 범죄자인 셈이다. 그러나 2019년 6월, 1981년생 젊은 대통령이 당선된 이후 상황이 바뀌었다. 그는 스스로 독재자라고 칭하는 혁신가 나이브 부켈레 대통령이다. 신임 대통령은 '범죄와의 전쟁'을 선포하고 먼저 거대한 교도소를 신축했다. 그 후 갱단과 연관된 범죄자 6만 5,000명을 체포해 중형을 받게 하고 수감했다. 국민 1%가 범죄자로 체포된 것이다.

과거에는 산살바도르 시내에서도 어두워지면 두려워 외출을 못 했으나 지금은 그렇지 않다. 살인사건은 하루 2건 정도로 줄어서 살인율이 세계에서 가장 낮은 캐나다 다음으로 안전한 국가가되었다. 때문에 82%의 국민이 부켈레 대통령을 지지한다. 국회에서도 여야 모두에게 환영받는 대통령이다. 2024년 선거에서 재선에 성공할 것이 명확하다.

젊은 혁신가 부켈레 대통령의 첫 번째 목표는 안전한 치안의확보였고 이미 달성했다. 그의 두 번째 목표는 두말할 것도 없이경제 발전이다. 바로 내가 부켈레 대통령을 면담한 이유다. 오후6시에 대통령궁 계단을 올라가니 멋진 제복을 입은 근위병들이 소총을 들고 눈동자도 움직이지 않은 채 서 있었다. 마치 영국 버킹엄궁 근위병 같았다. 대통령 집무실에서 부켈레 대통령을 만났다. 캐주얼한 옷차림이었다. 검은색 니트 크루넥에 청바지와 운동화차림으로 날렵한 몸매를 가지고 있었다. 나 역시 캐주얼한 옷차림이기는 마찬가지였다.

니카라과 법인장인 권민철 이사가 유창한 스페인어로 대형 모니터를 이용해 쌍용건설의 40년에 걸친 각종 프로젝트 완공 사진을 보여주면서 설명했다. 한국은 물론 싱가포르, 말레이시아, 태국, 인도네시아, 파키스탄, 두바이, 사우디아라비아, 아프리카 적도기니 등에서 시행한 랜드마크 프로젝트들이었다. 부켈레 대통령의 관심은 대단했다. 면담은 1시간을 예상했으나 훨씬 길어졌다.

　면담이 끝날 무렵 부켈레 대통령이 예정에 없던 미팅을 주선했다. 다음 날 아침 7시에 국토부 장관, 9시 30분에 에너지전력부 사장을 면담해달라는 요청이었다. 예정에 없던 미팅이었지만 다행히 다음 날 뉴욕으로 출발하는 항공편이 오후 2시 30분 출발이라 시간은 가능했다. 산살바도르의 시내 교통체증이 끔찍했지만 경찰차가 앞뒤에서 길을 열어주었기 때문에 걱정 없었다. 나는 쌍용건설 홍보 책자에 서명해 대통령에게 전달한 후 함께 책자를 들고 사진 촬영을 했다.

　다음 날 새벽 5시에 일어나 조찬을 생략하고 국토부에서 장관을 만났다. 국토부 장관도 대단히 젊었다. 30대로 보였다. 고맙게도 부켈레 대통령 영부인 비서실장이 동석했다. 그는 국가 인프라 사업 중 우선순위가 높은 프로젝트들을 설명했다. 시내의 모노레일, 지하철, 항구, 공항 등의 프로젝트였다. 나는 국제개발은행을 통한 자금조달계획도 덧붙였다. 한국의 대외경제협력기금인 EDCF 론도 이미 신청했다고 한다.

　에너지전력부 사장은 국토부 미팅이 길어져 10시에 만났다. 에너지전력부 사장 역시 40대로 젊었다. 엘살바도르는 젊은 대통령과 젊은 장관들이 국가를 혁신하기 위해 헌신적으로 노력하고 있었다. 모두가 한결같이 진지한 자세로 면담에 임하는 모습이 대단히 인상 깊었다. 나는 에너지전력부 사장에게 쌍용건설 홍보 책자를 먼저 전달했다. 그는 빌딩보다 플랜트, 에너지 공사 실적에 관심을 보였다.

에너지전력부 사장은 두 가지 프로젝트를 설명했다. 첫 번째는 345MW 수력발전소 건설이었는데 환경영향평가와 타당성 조사를 이미 완료했고 미국 기업이 참여 의사를 밝혔으나 아직 확정하지는 않았다고 했다. 두 번째는 정유 공장 건설이었다. 중미 어느 국가에도 정상적인 정유 공장이 없어 100% 수입에 의존한다고 했다. 만약 글로벌세아가 엘살바도르에 정유 공장을 건설하면 엘살바도르는 수입을 금지하고 자국에서 생산한 오일을 100% 사용하도록 법제화할 수 있다고 했다.

정유 공장 건설은 대규모 프로젝트다. 쌍용건설은 경남 울산에서 에쓰-오일 정유 공장과 거대한 규모의 오일탱크 야드를 건설한 실적이 있다. 그 내용을 설명했더니 그는 쌍용건설의 수력발전소와 정유 공장 건설 실적을 이미 알고 있었다. 때문에 쌍용건설의 기술력을 신뢰한다고 했다. 문제는 두 프로젝트에 대한 투자자금 조성이었다. 글로벌세아 그룹은 미주개발은행과 파트너십으로 아이티 카라콜산업단지 프로젝트를 수행한 경험이 있었다. 그리고 니카라과 투마린 수력발전소 건설 건으로 미주개발은행 에너지 책임자와 만나서 논의한 적도 있었다. 그러나 긍정적인 결론을 도출하려는 와중에 니카라과 정부 측 문제로 아쉽게 중단되었다.

또한 중미개발은행은 코스타리카 정부종합청사 신축 건으로 수차례 미팅을 했다. 월드뱅크 산하 IFC와 협업한 경험도 있다. 쌍용건설은 글로벌세아가 지분의 90%를 보유하고 있으나 나머지 10%는 두바이투자청이 가지고 있다. 두바이투자청은 국부펀드로 미화 500억 달러를 운용하고 있으므로 정유 공장 건설에 지분참여를 요청할 수도 있다.

나는 이와 같은 자금조성 방법과 투자 가능성에 대해 에너지전력부 사장에게 설명했다. 서울에 도착한 후 수력발전소와 정유 공장 건설을 위한 타당성 조사를 즉시 의뢰하겠다고 했다. 모든 것이 긍정적인 결과가 나오면 엘살바도르 정부와 글로벌세아 그룹이 파트너십으로 두 프로젝트를 함께 진행하기로 했다. 그러나 탄소 제로 ESG 경영이 전 세계의 화두이므로 정유 공장 건설은 심사숙고해야 할 것이다.

불안한 치안과 높은 범죄율로 악명 높았던 엘살바도르는 젊은 혁신가들에 의해 다시 한번 환골탈태할 예정이다. 어떤 모습으로 경제 발전을 이뤄낼지 기대된다. 영화 '바람과 함께 사라지다'의 대사처럼 어떻든 내일은 또다시 새로운 내일의 태양이 떠오를 것이다. 글로벌세아 그룹도 이들과 끝까지 완주하길 바라며 나는 신발

끈을 다시 고쳐 맬 것이다. 그러나 인생은 무거운 짐을 지고 먼 길을 가는 것과 같다고 하니 결코 서두르지는 말자.

사람과 사업이 모여
풍요의 숲이 되는 기적

나산, STX 플랜트, 태림페이퍼와 태림포장,
쌍용건설, 발맥스기술에 이르기까지
이종 업종 진출은 1등 기업의 숙명이다.
M&A를 추진할 때는 몸과 마음이 긴장으로 굳고,
막연한 불안감에 고통스러운 불면의 밤을 보내야 했다.
수면 중에도 절반은 의식이 깨어 있어 진행 중인 M&A에 골몰했다.
최고경영자로서 직원들 앞에서는 의연해 보이려 하지만
혼자 있는 시간에 찾아오는 두려움은 피할 도리가 없다.
그러나 그 역시 성장과 발전을 위해 피할 수 없는 도전이었다.

- 18 -

사람마다 다른
그릇과 자리

나산은 1982년에 설립되었다. 1983년에 론칭한 여성복 브랜드 '조이너스'는 1994년에 1,000억 원의 매출을 달성했다. 국내에서 단일 브랜드로는 최초다. 그 외에 꼼빠니아, 예츠, 메이폴, 트루젠 등의 브랜드를 론칭하며 성장을 거듭했다. 그 후 종합건설과 유통, 금융업으로 진출했으나 IMF 직후인 1998년 1월 14일 최종 부도가 나 법정관리에 들어갔다. 세아상역은 법정관리 중이던 나산을 1,500억 원을 투입하여 2006년 11월 23일에 인수했다. 나산은 빌딩과 물류창고 등 좋은 부동산도 소유하고 있었다. 당시 매출액은 약 2,000억 원이었다.

나는 나산을 인수하는 도중에 대표이사 인선에 착수했다. 천

사람과 사업이 모여 풍요의 숲이 되는 기적

거 받은 후보자들은 모두 국내 내수 브랜드 유통 회사와 백화점 임원 경력자들이었다. 나는 나산 내에 각 브랜드사업부 임원들이 있으므로 신임 대표이사는 내수 유통을 모르더라도 경영관리에 신뢰성이 있는 인사를 선정해야 한다고 생각했다.

나는 김기명 사장을 염두에 두고 있었다. 그는 프렐이라는 바잉 에이전트 지점장으로 오랫동안 근무했다. 프렐은 월마트를 전담하는 바잉 에이전트였다. 프렐이 한국 사무실을 폐쇄할 때 당시 지점장이었던 김 사장은 마지막까지 남아서 인적, 물적 자산을 정리하는 성실함을 보였다. 그 이후 김 사장은 세 분의 오너 회장이 계시는 C물산에서 3년째 대표이사로 근무하고 있었다.

나와 김 사장은 도곡동 타워팰리스 부근 찻집에서 마주 앉았다. 나는 김 사장에게 나산 대표이사를 맡아달라고 했다. 나와 김기명 사장의 인연은 그렇게 시작되었다. 나산 인수 후 회사명을 인디에프(In The F)로 변경했다. 나산은 도곡동 한티역 인근 자체 사옥을 사용하고 있었는데 회장실, 접견실, 비서실 등이 너무 넓었다. 인테리어를 바꾸고 불필요한 면적을 줄이는 리모델링 공사를 해 분위기를 쇄신했다. 나와 김 사장은 부서별로 회식을 하면서 임직원들과 가까워지려고 노력했다.

인디에프의 법정관리 기간은 8년 6개월이 넘었다. 법원에서 지정한 관리인 체제이므로 1건당 3,000만 원이 넘는 지출은 모두 법원의 허가를 받아야 했다. 세아상역과 인디에프 직원들은 서로 달랐다. 창업 이래 매년 단 한 번도 적자를 내지 않고 매출이 성장했던 세아상역 임직원들은 패기가 있었고 발랄했다. 그러나 부도이후 장기간 법정관리 체제에 있던 당시 인디에프 임직원들은 패배의식에 젖어 있었다.

일반적으로 회사를 인수하면 재경을 비롯해 중요한 부서의 책임자들은 모회사 또는 계열 회사에서 파견한다. 그러나 나는 인디에프에 김기명 사장 외에는 세아상역에서 아무도 보내지 않았다. 신임 대표이사와 함께 인디에프 임직원들이 스스로 성장과 발전을 모색하기를 원했기 때문이다. 그러나 이것이 잘못된 판단이었음을 훗날 알게 되었다.

8년 이상 법정관리를 받은 회사는 그 시간 동안 모든 것이 정체된다. 8년 전과 달라진 것이 아무것도 없다. 이것은 경쟁사보다 8년 이상 뒤처져 있음을 의미한다. 인디에프를 쇄신하기 위해 각 부서에 전문가를 보내서 그들이 김기명 사장을 보좌하도록 만들어야 했으나 나는 그 점을 간과했다. 결국 인수 후 인적, 물적 쇄신을 하지 못한 상태로 시간이 흘렀고, 경쟁사와의 간격은 더 많이 벌어졌다. 가장 큰 문제는 직원들의 의욕과 열정이 고사한 것이었다.

인디에프가 양질의 부동산을 몇 개 소유하고 있었던 것은 많은 도움이 되었다. 2008년에 인디에프는 도곡동 한티역 인근의 사옥을 팔기 위해 외국계 부동산 회사와 매매계약을 맺었다. 계약금이나 중도금 없이 2개월 후에 일시불로 지불하는 조건이었다. 그러나 외국계 부동산 회사에서는 2개월이 지났는데도 매매대금을 지불하지 않았다. 나는 9월 초 미국 출장 중에 보고를 받고 추석 연휴 전인 12일 금요일까지 매매대금이 입금되지 않으면 계약을 파기하라고 지시했다. 매매대금은 9월 12일에 일시불로 전액 입금되었다. 그리고 3일 후 리먼브라더스 사태가 발생했다.

리먼 사태는 미국 투자은행 리먼브라더스가 2008년 9월 15일 뉴욕 남부법원에 파산보호를 신청하면서 글로벌 금융위기의 시발점이 된 사건이다. 당시 부채 규모는 6,130억 달러로 서브프라임 모기지 부실과 파생상품 손실에서 비롯되었다. 이는 미국 역사상 최대 규모의 파산으로 기록되면서 전 세계 금융시장을 공포로 몰아넣었다.

2006년 11월 580억 원에 인수한 인디에프 빌딩은 2008년 9월 12일 1,000억 원 일시불로 매각되었다. 매각대금이 입금된 타이밍이 참으로 절묘했다. 계약금이나 중도금이 없이 전액 일시불 조건이었기에 3일만 늦었으면 리먼 사태로 매매계약은 물거품이 되었을 것이다.

오너와 전문 경영인의 차이

나산 인수는 기존 OEM 위주의 사업에서 본격적인 ODM 진출을 염두에 둔 것이었다. 비슷한 섬유, 의류 업종으로 보이겠지만 사실상 의류 제조 및 수출과 내수 브랜드 유통업은 전혀 다른 이종 사업이다. 비즈니스 성격도 완전히 다르다. 수출은 오너가 아닌 전문 경영인이라도 능력이 있으면 얼마든지 성장시킬 수 있다. 그러나 브랜드 유통업은 오너가 임직원과 함께 직접 운영해야 성공 가능성이 높다.

의류 제조와 수출은 영업 이익율이 낮지만 재고가 없는 비즈니스다. 그러나 브랜드 유통업은 영업 이익율은 높을 수 있어도 모든 재고를 직접 책임져야 한다. 판매 적중율이 높지 않은 제품들은 박스째 창고에 쌓아둘 수밖에 없고 투자금 회수가 불가능하다. 그러므로 오너가 중심이 되어 소재, 디자인, 수량 등의 선택과 마케팅까지 모든 부문에서 중지를 모아 결정해야 성공 가능성이 높다.

인디에프는 도곡동 사옥을 1,000억 원에 매각하고 용인 보정동 사옥으로 이전했다. 보정동 사옥도 대로변에 있고 대지면적이 1,400평인 5층 건물이다. 100억 원 정도 투자해 수개월에 걸쳐 내외부 인테리어 공사를 마치고 이전했다. 보정동 신사옥에서 강남구 삼성역까지는 차량으로 최장 40분 정도 소요된다. 디자이너들은 백화점을 자주 방문하기 때문에 보정동 사옥에서 삼성역에 접한 세아빌딩까지 승합차를 수시로 운행했다.

하루는 인디에프 사업부장들이 정색하고 김기명 사장과 나에게 보고를 했다. 경력 디자이너들을 채용하기가 어렵다는 것이다. 인디에프가 서울 강남과 떨어져 있어 합격해도 대부분 출근하지 않는다고 했다. 참으로 난감했다. 리모델링과 인테리어에 100억 원이나 투자했는데 다시 서울로 이전해야 한다니 답답했다.

나는 세아빌딩 인근에 매입할 빌딩이 있는지 찾아보도록 했다. 몇 개월 후 삼성동 사거리 인근 메디슨 빌딩 옆 건물이 매물로 나왔다는 연락을 받았다. 소유주는 D그룹 계열 회사로 670억 원을 원했다. 위치는 삼성역에서 도보 1분 거리의 이면도로였다. 토지면적은 640평이고 건평은 4,300평이었다. 하지만 가격 협상이 안 되어 구입을 포기하고 주변 다른 빌딩들을 찾도록 했다.

그런데 3개월 후 D그룹 계열 회사에서 연락이 왔다. 2~3일 이내에 일시불로 빌딩값을 지불한다면 420억 원에 매각하겠다고 했다. 처음 가격 대비 62%로 떨어진 것이다. 우리는 자기 자금에 금융권 대출을 일부 더해 3일 만에 420억 원을 일시불로 지급하고 등기이전을 완료했다.

빌딩을 저렴하게 매각한 이유를 나중에 알게 되었다. 빌딩 소유주는 D그룹 계열 회사로 광고 회사였다. 그런데 모기업인 D그룹이 수일 내에 은행관리나 법정관리로 들어갈 수밖에 없는 상황이었다. 그런 상황이 발생하기 전에 저렴하게라도 빌딩을 매각하고 자신들은 다른 임대건물을 구해 매각대금으로 홀로서기를 하겠다고 결정했다. 며칠 내에 일시불로 매각하려면 그 빌딩을 원하는 구매자가 있어야 하는데, 알고 있는 회사가 세아상역 외에는 없었으므로 그들은 파격적인 제안을 했다.

우리는 건물의 등기이전과 인테리어를 마치고 인디에프를 맞을 준비를 했다. 인디에프는 용인 보정동에서 삼성동 건물로 이전했다. 빌딩 이름은 인디에프 빌딩으로 등록했다. 김기명 사장은 인디에프 대표이사로 3년간 재직한 후 사직했다. 그는 3개월 동안 휴식을 취한 후 세아상역 미국 현지법인 총괄 사장을 맡아 임지인 뉴욕으로 떠났다. 그 이후로 몇 명이 인디에프 대표이사 자리를 거쳐 갔지만 누구도 괄목할 만한 실적을 거두지 못했다.

인디에프는 수입 브랜드 모르간, 캐주얼 브랜드 메이폴, 여성복 브랜드 예츠, 예스비를 정리했다. 유러피언 캐주얼 브랜드 테이트는 인디에프를 인수하기 전에 세아상역이 런칭했다. 인디에프는 테이트를 자사 브랜드로 흡수해서 운영했다. 보르보네제는 이탈리아에서 100년 전에 탄생한 핸드백 브랜드다. 2010년 인디에프는 보르보네제를 런칭했다. 보통 하나의 브랜드가 안정되기까지는 최소 2~3년이 걸린다. 그때까지는 계속해서 자금을 투자해야 한다.

인디에프가 보르보네제에 자금을 계속해서 투자하고 있을 때 이탈리아 본사의 신임 사장이 기존 3%였던 수수료를 10%로 인상하겠다는 통보를 했다. 인디에프에서는 그를 설득했으나 요지부동이었다. 결국 수수료 인상안을 들어줄 수 없어 인디에프에서는 보르보네제를 포기했다.

인디에프 경영을 책임지고 있던 손수근 사장이 자신과 함께 근무하고 있던 P전무를 후임 대표이사로 추천하고 한때 인디에프를 떠났다. 손 사장이 대표이사로 근무할 때 골프 브랜드 톨비스트를 론칭했고, P전무는 상무 시절 편집숍 바인드를 론칭했다. 바인드는 직영점 체제로 운영되었다. 1호점은 대형 스토어로 코엑스에 오픈했다. P전무는 또한 모스바니라는 주얼리, 액세서리 편집 브랜드를 편집숍 바인드 스토어 내에 론칭했다. 손 사장은 개인적인 일로 사직했고 P전무는 인디에프에서 부사장 대표이사로 선임되어 수년간 경영을 책임졌다. P전무는 인성이 착하고 좋은 사람이다.

사람은 저마다 그릇이 있다. 참모형이 있고 리더형이 있다. 참모형 인재는 소소한 실무는 알아도 큰 그림이나 미래를 보는 눈은 부족하다. 그러므로 실질적인 성과로 이어질 전략이 부재하며, 계획을 세워도 뚝심 있게 밀고 나가질 못한다. 이미 오래전에 론칭한 조이너스, 꼼빠니아, 톨비스트, 바인드, 모스바니를 소유한 인디에프를 참모형 리더가 이끄는 것은 옳지 않았다. 주어진 상황이 어려울수록 문제를 타개하며 차고 나가는 창의적인 전략과 과감한 실행력이 필요한데 참모형 리더는 그런 부분이 기대에 못 미친다.

참모형 인재는 주어진 업무는 탁월하게 처리하지만 숲을 보지 못하고, 현재와 연동하여 미래를 확고하게 설계하지 못하는 사람이다. 반면에 리더형 인재는 숲은 물론 그 주변까지 살피며 현재와 연동하여 미래를 설계하는 추진력과 보스 기질이 있는 사람이다. P대표는 인디에프의 기존 브랜드인 조이너스, 꼼빠니아 등을 접고 존스, 제이코, 컴젠 등 신규 브랜드를 론칭하는 결정을 내렸다. 인디에프라는 회사를 없애고 새로운 회사를 창립하려는 것이나 다름없었다.

손 사장은 다시 돌아왔다. 손 사장은 기존 브랜드들을 다시 존속시켰으나 이미 타격을 받은 뒤였다. 그러나 손 사장은 신규 브랜드를 사양하고 기존 브랜드에 전념하고 있다. 존스와 컴젠은 톨비스트를 전개하고 있는 S&A에서 인수하여 현재 조준행 사장이 경영을 맡고 있다. 손 사장이 관리하는 조이너스와 꼼빠니아, 트루젠은 예전의 명성을 되찾기 위해 분투하고 있다. 귀추가 주목된다.

다시 언급하지만 내수 브랜드 사업은 오너가 직접 경영해야만 성공확률이 높다는 것은 이견이 없다. 그러나 그룹사 규모라면 오너가 직접 경영과 관리를 하기는 어렵다. 내수 브랜드 사업에 오너형 CEO가 필요한 이유다.

기업 인수의 핵심은
경영 연착륙

STX 중공업의 전신은 쌍용중공업이다. STX 중공업은 주로 선박 엔진을 만들지만 플랜트 사업부도 있다. STX 그룹이 해체되는 과정에서 STX 중공업은 법정관리를 받게 되었다. 세아상역이 진출한 국가들은 경제 성장과 발전을 위해 인프라 부문의 투자가 절실하다. 나는 각 국가에서 인프라 구축사업을 하고 싶었다. 내가 가지고 있는 각국 정부 인사들과의 인적 네트워크는 짧은 기간에 형성된 것이 아니었다.

법정관리를 받고 있는 회사의 최종목표는 좋은 인수자를 찾아 매각하는 것이다. 인수자가 없으면 청산해야 한다. STX 중공업은 플랜트 사업부 때문에 매각에 난항을 겪고 있었다. 엔진 사업부는 관심을 가진 PE가 있었지만 플랜트 사업부가 걸림돌이었다. 플랜트 사업부는 대부분의 회사들이 인수를 기피했기 때문이다.

나는 STX 중공업의 플랜트 사업부를 들여다보았다. 국내는 물론 중동과 북아프리카에서도 오일과 가스, 화공과 환경 EPC(Engineering, Procurement, Construction) 건설 경험이 있었다. 규모도 적당했다. 플랜트 사업부 책임자는 A전무였다. 전체 인원은 125명 정도였는데 서울역 인근 연세빌딩을 임대하고 있었다.

글로벌세아가 인수작업을 진행하면서 플랜트 사업부 임직원들은 활기를 띠기 시작했다. 나는 대림과 삼호에서 근무했던 P상무를 소개받아 STX 중공업 플랜트 사업부에 출근하도록 했다. 글로벌세아는 STX 중공업에서 플랜트 사업부를 분리해서 2018년 '세아STX엔테크'라는 신규법인을 만들었다. 인수 후 인근 식당에서 간부들과 상견례를 하고 삼겹살 파티를 했던 기억이 있다. 세아STX엔테크는 그룹사 빌딩인 대치동 S타워로 본사를 이전했다.

나는 STX 중공업 플랜트 사업부 책임자였던 A전무를 부사장으로 진급시키고 대표이사를 맡도록 했다. 그러나 A전무 역시 리더형 인재가 아니었다. 발전공기업에서 수주한 프로젝트는 수지에서 문제가 많았으나 세아STX엔테크는 수주를 했다. 발전공기업의 계약서는 갑을 위한 일방적인 계약서였다. 프로젝트를 수주하는 을에 대한 배려는 전혀 없었다. 프로젝트 수행 도중 일부 직원들의 갑질 행태 또한 도를 넘을 정도로 지나쳤다.

A부사장은 발전공기업에서 수주한 프로젝트들에서 터무니없는 손실이 예상되자 범부로 돌아가겠다며 사표를 제출했다. 그 대신 글로벌세아에서 근무하던 신재훈 부사장이 대표이사를 맡아 현재 고군분투하고 있다. 참모형 인재가 CEO를 맡았을 때의 리스크를 보여주는 단적인 예다.

이종 업종 진출은 1등 기업의 숙명

태림은 제지 부문(태림페이퍼)과 포장 부문(태림포장)이 있다. 4개의 제지 공장과 9개의 포장 공장이 전국에 흩어져 있다. 태림은 창업주 정동섭 회장과 막냇동생 정영섭 사장께서 경영했다. 나는 하나금융그룹 김정태 회장의 소개로 정영섭 사장을 만났는데 형님처럼 따랐다. 정영섭 사장은 태림의 제지 부문을 맡고 있었다. 회사에 대해서는 별로 언급이 없었지만 인품으로 보았을 때 정도경영을 하고 있음을 느꼈다.

어느 날 정 사장께서 태림그룹 매각에 대해 언급했다. 외국계 기업과 논의 중이라고 했다. 나는 별로 관심을 갖지 않았다. 그러나 외국계 기업과의 매각작업은 여의치 않았다. 태림그룹은 약 1년 뒤인 2015년에 국내 IMM PE에 인수되었다. IMM PE는 태림그룹을 인수한 지 4년 후인 2019년 매각작업에 착수했다. 태림은 골판지용 원지와 골판지 상자 부문에서 선도적인 국내 1위 기업이다. 나는 태림 인수에 관심을 가졌다. 정영섭 사장을 찾아뵙고 여쭤보니 적정금액으로 인수하면 괜찮을 것이라고 했다.

며칠 후 나는 출근길에 대학 후배인 미래에셋증권 최현만 부회장에게 전화해 미래에셋증권이 매수 주관사를 맡아달라고 했다. 회계법인은 EY한영, 법무법인은 광장을 선택했다. 태림그룹은 2019년 예상 매출이 1조 원을, 감가상각 전 예상 영업이익은 1,000억 원을 상회할 것으로 알려졌다. 우리는 세아상역의 태림그룹 인수작업을 철저히 비밀에 부쳤다. 언론에는 한솔그룹을 포함해 몇몇 PE와 중국계 제지 회사가 인수후보로 언급되었으나 세아상역은 나오지 않았다.

미래에셋과 EY한영, 광장, 세아상역은 인수 관련 회의를 수시로 했다. 문제는 인수금액이었다. 어느 회사가 얼마를 적어낼 것인가가 핵심이었다. 그러나 그것을 맞춘다는 것은 불가능했다. 태림그룹의 현재 상태를 진단하고 미래를 예견하여 후회 없는 금액을 책정하는 것이 우리가 해야 할 전부였다. 결단의 날이 다가오고 있었지만 세아상역이 아직 노출되지 않았다는 것은 희망적이었다.

기업을 인수할 때 100% 자기 자금을 사용하지 않고 일부는 금융권 인수금융을 이용한다. 세아상역도 인수금융을 알아보고 있었다. 일반적인 M&A에서 금융권은 거래하고 있는 기업의 이종 업종 진출을 극도로 싫어한다. 이유는 경험이 없는 업종에 진출하면 실패할 가능성이 높기 때문이다. 실제로 이종 업종에 진출하면 성공할 확률보다 실패할 확률이 더 높다.

그러나 미래를 준비하는 기업의 입장은 전혀 다르다. 동종 업계에서 1, 2등으로 성장한 기업은 사업 다각화를 위해 이종 업종으로의 진출이 숙명이다. 두렵고 어려운 길이지만 가지 않으면 안 된다. 한두 업종에만 매달려 있을 때 해당 업황이 나빠지면 방법이 없다. 그러나 사업 다각화에 성공하면 위험성은 현격히 감소한다. 카톤 박스는 세아상역의 포장 부문에서 필수품이라는 점을 들어 우리는 금융권을 설득했다. 대략적인 인수금액 준비가 완료되었다.

인수금융 주관사는 한국산업은행이었다. 산업은행은 은행 중에서 금리가 가장 낮다. 미래에셋증권에서도 인수금융에 참여하고 싶어 했지만 매수 주관사 역할만 충실히 해달라고 부탁했다.

우리는 7,000억 원으로 인수금액을 제출했다. 외국계 PE, 세아상역, 중국계 제지 회사 등 3개 회사가 인수전에 참여했다. 우선협상 대상자 발표기일이 이미 지났고 추석이 3일 남았는데 IMM PE는 우선협상 대상자를 발표하지 않고 있었다. 소문에 의하면 중국계 제지 회사가 가장 높은 금액을 제시했다고 한다. 그러나 은행권 대출확약서가 첨부되지 않았다. 추석이 지나면 S은행에서 대출심사위원회를 열고 대출확약서를 발행할 것이라고 했다. IMM PE가 그것을 기다리고 있다는 생각이 들었다. 그러나 예상과 달리 세아상역은 결국 추석 전에 IMM PE로부터 우선협상 대상자에 선정되었다는 통보를 받았다. 우리는 PMI(합병후통합) 팀을 구성했다. 팀장인 심철식 전무를 포함해 모두 8명이었다. 약간의 문제가 있었지만 PMI도 원만하게 종료되었다.

2019년 10월 15일 세아상역과 IMM PE는 파르나스 호텔에서 태림그룹 주식인수 본계약을 체결했다. 나와 IMM PE 송인준 대표가 서명했고 매수 주관사였던 미래에셋증권 최현만 부회장이 참석하여 축하해주었다.

두 노조위원장의 감사 인사

기업 인수에서 가장 중요한 것은 경영의 연착륙이다. 연착륙을 위해서는 훌륭한 경영진의 포석이 필수다. 인디에프를 인수했을 때는 인재들을 제대로 포석하지 않아 실패했다. 뼈저린 아픔이었다. 태림그룹에서는 두 번 다시 그런 실패를 하면 안 되었다. 우리는 추천받은 인사 중 이복진 사장을 태림 대표이사로 선임했다. 그는 서울대학교를 졸업하고 한국과 중국에서 제지 회사 대표이사를 역임했다. 글로벌세아 그룹에서는 PMI에 참가했던 심철식 전무, 정동하 상무, 이호진 이사, 고경석 이사, 배철수 이사가 태림으로 발령을 받았다. 그 외에도 생산과 관리 책임자들을 외부에서 새로 영입했다. 신규 영입한 제지 및 포장 전문가들과 글로벌세아에서 이동한 인력들은 화합이 잘됐다. 또 태림의 기존 임직원들도 전략적 투자자인 세아상역을 신뢰했다.

내가 태림 인수 후 안산 태림페이퍼와 시화 태림포장 외에 첫 번째로 방문한 공장이 청원 공장이었다. 차에서 내린 나는 눈앞에 있는 3층 건물을 보고 깜짝 놀랐다. 너무 낡고 우중충했다. 그 건물은 직원 40명이 숙식을 하는 기숙사였다. 내가 태림 인수 후 첫 번째로 내린 지시는 청원 공장 기숙사를 즉시 신축하는 안건이었다. 세아STX엔테크가 기숙사 신축을 맡았다.

태림그룹 인수 1년 후인 2020년 매출과 영업이익은 양호했다. 2021년 1월, 제지와 포장 모두 실적에 따라 평균 300%의 인센티브를 지급했다. 그즈음 청원 기숙사 준공식에 초대받았다. 테이프 커팅 행사 후 신축 기숙사를 둘러보았다. 깨끗하고 아늑했다.

준공식 떡을 먹고 승용차에 오르려는데 2명의 노조위원장이 나에게 드릴 말씀이 있다며 다가왔다. 태림에는 2개의 노조가 있다. 나는 차 문을 닫고 그들의 말을 기다렸다. 그들은 세아가 태림을 인수한 것이 너무 다행이고 감사하다고 했다.

코로나19 팬데믹으로 온라인 쇼핑이 크게 늘었다. 또 전 세계 적으로 플라스틱 사용을 줄이고 종이로 대체하는 운동이 지속되고 있다. 그 결과 태림페이퍼와 태림포장의 매출과 영업이익은 매년 상 승했다. 2022년 상반기를 목표로 태림페이퍼 기업공개(IPO) 사전 준비작업을 했다. 증권사들을 상대로 PT를 받았다. 미래에셋증권 이 시총 1조 2,000억 원으로 가장 높이 평가했다. 다른 증권사들은 1조 원 대로 평가했다. 나는 미래에셋증권을 선정하지 않고 신한 증권과 하나증권을 주관사로 선정했다. 이유는 글로벌세아 그룹이 거래하는 은행들과 상부상조하는 것이 맞다고 생각했기 때문이다.

증권시장은 2022년 초부터 하락하기 시작했다. 태림페이퍼의 가치평가도 7,500억 원 정도로 떨어졌다. 그 정도의 가치밖에 평 가받지 못한다면 IPO를 할 이유가 없었다. 태림페이퍼는 준비했던 2022년 기업공개를 포기했다. 태림페이퍼와 태림포장의 2022년 매출은 1조 5,000억 원, 상각 전 영업이익은 1,400억 원이었다. 이 종 업종 진출은 완전한 성공이었다.

그리고 태림페이퍼는 2023년 12월 15일 전주페이퍼를 6,500억 원에 인수하는 계약을 맺었다. 지난 2년간 추진해온 인수계약으로 태림은 포장용 제지 생산량에서 2위 기업 대비 60% 높고, 전체 통 합 제지 부문에서도 국내 1위가 될 것이다.

사람과 사업이 모여 풍요의 숲이 되는 기적

- 20 -

시너지 효과와
썩은 사과 골라내기

나는 의류 제조 회사를 경영하면서 마음속에 항상 건설업에 대한 동경이 있었다. 아마도 대학 졸업 후 주택건축 시행과 시공, 매매를 했던 기억 때문일 것이다. 쌍용건설은 쌍용그룹 창업주 김성곤 회장의 차남인 김석준 회장이 42년 동안 경영하고 있었다. 2021년 기준 매출액 1조 4,000억 원, 도급 순위 33위의 중견 건설 회사다. 자산관리공사를 거쳐 법정관리 체제에 있던 중에 두바이투자청이 2015년 1,700억 원에 인수해서 운영하고 있었다. 나는 쌍용건설을 두바이투자청이 소유하고 있음을 알고 있었다. 미래에셋증권 최현만 회장에게 김석준 회장을 소개해달라고 부탁했다.

2022년 1월 3일 오전 10시 나와 김석준 회장은 포시즌스 호텔

28층 라운지에서 마주 앉았다. 소개를 위해 최현만 회장도 함께 참석했다. 김석준 회장은 예의가 바르고 진중한 분이었다. 나는 쌍용건설을 인수하려는 이유를 김석준 회장에게 설명했다. 또 내가 가지고 있는 인적 네트워크를 이용해 쌍용건설을 세아상역이 진출한 아시아와 중미 국가로 진출시킬 가능성에 대해서도 설명했다. 나는 국내 개발사업에서 시행과 시공을 함께 하고 싶었다.

2022년은 국내 건설 경기 전망이 좋지 않았으므로 비교적 저렴한 가격에 쌍용건설을 인수할 좋은 기회라고 생각했다. 쌍용건설은 한국은 물론이고 싱가포르와 말레이시아, 태국, 인도네시아, 두바이, 적도기니 등에서 건설 프로젝트를 수주했다. 두바이투자청이 인수한 후에는 두바이에서 시행하고 있는 두바이투자청 관련 회사들의 공사를 많이 했다.

쌍용건설은 유명한 건물의 건축공사를 많이 했다. 싱가포르 마리나베이 샌즈, 두바이의 아틀란티스 더 로열 호텔 앤드 리조트 등을 포함하여 공항, 지하철, 철도, 터널, 도로, 교각, 호텔, 병원, 아파트, 아파트 리모델링 등 헤아릴 수 없이 많은 실적을 가지고 있다. 이처럼 시공 실적은 화려하지만 기업의 존재 이유인 이익은 남기지 못했다. 김석준 회장은 쌍용건설 M&A에 대한 내 의견을 두바이투자청에 전달하겠다고 했다. 이렇게 해서 쌍용건설 인수작업이 시작되었다.

흠결까지 껴안을 자신이 있는가?

김석준 회장은 글로벌세아 그룹의 쌍용건설 인수를 환영했다. 글로벌세아 그룹 내에 환경 및 플랜트 회사인 세아STX엔테크는 있지만 건설 회사가 없고, 그룹 매출이 4조 6,000억 원이므로 규모도 적당했기 때문이었다. 또한 쌍용건설은 플랜트 부문이 약했다. 김석준 회장은 두바이투자청에 글로벌세아의 쌍용건설 인수 의사를 전달했고, 글로벌세아는 인수의향서를 두바이투자청에 제출했다.

며칠 후 김석준 회장으로부터 글로벌세아의 쌍용건설 인수의향을 두바이투자청에서 긍정적으로 받아들인다는 연락을 받았다. 쌍용건설 인수에는 두바이투자청 고문으로 계시는 장순영 박사의 도움이 컸다. 장 박사께서 인수과정에 긍정적인 도움을 주셨다.

김석준 회장은 대학 졸업 후 쌍용그룹 기획조정실에서 근무하다 약관 28세에 쌍용건설 대표이사에 취임해서 오늘에 이른 쌍용건설의 산증인이다. 쌍용건설은 두바이투자청이 인수한 후에도 흑자보다는 적자의 폭이 훨씬 컸다. 2021년 결산서에는 1,000억 원이 넘는 적자를 기록했다. 2022년 역시 수백억 원의 적자를 예상했다. 이런 이유로 두바이투자청에서는 자금 지원을 하지 않고 있었다. 인수 7년째인 2022년에 약 600억 원의 유상증자를 단 한 번 했을 뿐이다. 그런 이유로 두바이투자청은 피로감이 상당했고 쌍용건설의 운영자금은 거의 바닥을 보이고 있었다. 두바이투자청은 매각하고 싶었고 쌍용건설 입장에서는 글로벌세아의 인수 제안이 천군만마를 얻은 것과 같았을 것이다.

우리는 인수단을 조직했다. 미래에셋증권을 매수 주관사로 하고 회계법인은 EY한영, 법무법인은 광장을 지명했다. 태림그룹 인수 때와 동일한 회사들이었고 또한 세 회사는 과거 대우건설 인수단으로 참여했었다. 즉 대형 건설사 실사와 인수를 성사시킨 경험이 있었다.

두바이투자청 측은 사이먼, 글로벌세아 측은 김기명 사장이 양사의 연락창구가 되었다. 지리적 한계는 줌 콜로 해결했고 수시로 줌 미팅을 했다. 사이먼은 두바이투자청에서 근무하는 영국인이었다. 서울과 두바이는 5시간 차이로 양사 대표가 통화하는 데 시차로 인한 불편은 없었다. 쌍용건설은 태림그룹 인수와 비교했을 때 데이터룸의 자료가 불명확하고 충분하지 않았다. 채근을 해서 받아도 불충분한 부분이 많았다. 실사는 국내 건설현장을 먼저 했다. 해외 건설현장은 싱가포르와 두바이에 치중해서 실사팀을 양분하여 진행했다. 쌍용건설은 진행 중인 소송도 적지 않았다.

실사 과정에서 문제점이 수시로 노출되었으나 글로벌세아와 두바이투자청의 M&A 성사 의지로 서로 양보하며 해결했다. 원래 M&A 시장에 나오는 회사는 완벽하지 않다. 대부분 흠이 있다. 인수를 원하는 회사가 그 흠을 인정하고 껴안을 자신감이 있을 때만 M&A는 성사된다.

썩은 사과 하나가 전체를 망친다

실사가 거의 마무리 단계에 이르렀을 때 두바이투자청은 쌍용건설 지분을 자신들이 10% 보유하고 89.95%만 매각하겠다고 했다. 글로벌세아 입장에서는 대단히 좋은 제의였다. 두바이투자청은 세계적인 투자 회사다. 또한 UAE에서 많은 건설 프로젝트를 시행한다. 그런 회사가 2대 주주가 된다면 쌍용건설 입장에서도 마다할 이유가 없는 것이다.

오랜 진통 끝에 글로벌세아는 12월 29일 대금을 납입하고 쌍용건설 구주 매입을 완료했다. 또 2023년 1월 중순에 1,500억 원의 유상증자를 해 쌍용건설의 현금 유동성에도 문제가 없도록 했다. 유상증자로 인해 쌍용건설의 은행권 부채는 100억 원 이하로 내려갔다. 쌍용건설 직원 수는 약 1,200명이었다. 오랜 기간 주인 없이 방치되었던 회사를 새롭게 재탄생시키려면 새로운 경영진이 필요했다. 쌍용건설의 기존 직급별 조직도는 역삼각형 구조였다. 사원, 대리, 과장보다 고위 직급자가 더 많았다. 나는 경영권 인수

직후 김석준 회장의 의견을 받아들여 일부 임원의 사표를 수리하고 새로 5명을 임원으로 승진시켰다.

나는 인수작업을 하면서 몇 사람의 사장 후보자를 소개받았는데 그중 한 사람을 낙점하고 있었다. 현대건설에서 신입사원으로 출발하여 부사장으로 재직하다 2021년 말에 퇴임한 김인수 씨다. 김석준 회장은 쌍용건설에서 43년 동안 대표이사로 재직했다. 대표이사는 쉽지 않은 자리다. 스트레스도 많다. 김 회장은 인품이 온화한 덕장이다. 싱가포르와 두바이에 인맥도 두텁다. 나는 김 회장께서 회장 직함을 유지하면서 쌍용건설의 발전을 위해 노력해주면 든든하겠다고 생각했다.

나는 김인수 씨가 실무 사장으로 근무하고, 글로벌세아 김기명 대표이사가 6개월 정도 쌍용건설 대표이사를 겸직하면서 글로벌세아의 그룹 문화를 심은 후 김인수 사장이 대표이사로 취임하는 안을 택했다. 나는 2023년 1월 2일 시무식에서 쌍용건설 임직원들과 처음으로 상견례를 했다. 지주사와 계열사에서는 인원을 선발하여 쌍용건설로 발령을 냈다. 관리부문 총괄 심철식 부사장, 재무회계 이호진 상무, 기획 이건홍 부장 등이었다.

쌍용건설은 경영관리가 느슨했다. 국내 정규직이 800명인데 법인 신용카드가 300장이나 발급되었다. 세아상역에서는 일정 간부직에 한정해서 발급했으나 쌍용건설은 그렇지 않았다. 주인이 없는 회사의 전형이었다.

경영권을 인수하자마자 4,500억 원 프로젝트의 취소통보를 받았다. 그것은 모노파일 생산 공장의 철골 구조물 공사였다. 지사를 늦게 설립하는 등 쌍용건설의 잘못도 있었으나 PM 용역을 전문으로 하는 한 회사의 과욕 때문이었다. 그 회사는 자신들이 인수한 영국 현지의 영세한 건설 회사를 이용해 시공까지 맡으려는 목적으로 쌍용건설보다 더 저렴한 공사금액을 제출했다.

나와 김인수 사장이 프로젝트를 발주한 회사 회장과 경영진을 만나 생각을 돌려보려고 노력했으나 여의치 않았다. 물론 경쟁사 때문에 일어난 일이기도 했지만, 애초에 그런 일이 일어나지 않도록 더 철저하게 챙겼더라면 무려 4,500억 원짜리 프로젝트가 취소되는 어이없는 일은 벌어지지 않았을 것이다. 일부 임직원의 의욕 없고 안이한 업무 자세는 큰 문제였다. 세아상역이나 태림 같은 회사에서는 결코 있을 수 없는 일이다.

임직원이 회사의 인력이나 자금을 필요 이상으로 과도하게 사용하는 것을 두려워하지 않고 당연하게 생각하면 그 조직은 이미 부패한 조직이다. 그러한 임직원들은 최대한 빨리 정리해야 한다. 그들을 정리하지 않으면 다른 임직원에게도 잘못된 사고와 행동이 전염된다. 썩은 사과 하나가 조직 전체를 망치는 것이다.

인수 4개월 만에 119억 원의 당기 순이익

나와 김기명 사장, 김석준 회장은 쌍용건설이 완공한 두바이 아틀란티스 더 로열 호텔 앤드 리조트 오픈식에 초대받았다. 우리는 두바이 지사와 거래 회사들도 만나볼 겸 4박 5일 일정으로 두바이를 방문했다. 아틀란티스 더 로열은 인공섬 팜 주메이라에 있었다. 거대한 건축물이었다. 두바이의 최고층 건물인 높이 828m로 163층인 부르즈 칼리파와 함께 또 다른 명소가 탄생했다.

오픈식을 축하하기 위해 저녁 8시부터 1시간 동안 야외무대에서 가수 비욘세의 공연이 펼쳐졌다. 1시간 공연에 비욘세가 받는 개런티는 2,400만 달러라고 했다. 대단한 금액이었다. 오픈식에 초청받은 사람이 총 500명 정도라고 들었다. 그들은 모두 우리처럼 손목에 링을 차고 있었다. 링을 손목에 차고 있으면 호텔 내에서의 숙식이 모두 무료다. 프랑스식당, 일식당 등을 포함해 어디를 가도 돈을 받지 않았다. 식사 중에 와인을 한두 병 주문해도 마찬가지였다. 심지어 케이크 가게에서 파는 케이크까지도 무상이었다. 그들은 손님에게 돈을 받지 않지만 호텔 오너십을 가지고 있는 초청 회사에 비용을 청구했을 것이다.

우리는 김석준 회장의 안내로 두바이투자청을 비롯해 건설 고객사들을 방문하고 공사현장에도 방문했다. 또 쌍용건설이 완공한 빌딩과 호텔, 아파트 등을 방문했다. 얼마 후 쌍용건설 재경부 이호진 상무가 실적보고를 했다. 4월 누계 영업이익 130억 원, 당기 순이익 119억 원을 달성했다. 좋은 소식이었다. 쌍용건설은 2022년 매출이 1조 4,000억 원이었으나 450억 원의 적자가 발생했는데 인수 4개월 만에 119억 원의 당기 순이익을 만들어낸 것이다. 그 후 2023년 결산에서는 영업이익 583억, 당기 순이익 592억원을 달성했다. 경영과 관리는 이처럼 중요하다.

- 21 -

숲을 보는
지혜

나는 캘리포니아에 있는 스틸 캐니언 골프 클럽(Steele Canyon Golf Club) 27홀을 매입하기 전에는 단 한 번도 골프 클럽을 운영해보지 않았다. 스틸 캐니언 골프 클럽을 매입한 후 6개월도 안 되어 전 세계의 골프 산업은 내리막길에 들어섰다. 스틸 캐니언 골프 클럽의 가치도 50%나 떨어졌다.

설상가상으로 캘리포니아 전역에 10년에 걸친 가뭄이 시작되었다. 최악의 상황이었다. 나는 세 가지 중 하나를 선택하지 않으면 안 되었다. 스틸 캐니언 골프 클럽의 재매각, 현상 유지, 재투자가 그것이다. 재매각은 50% 투자손실을 감수해야 했고, 현상 유지는 잔디에 공급하는 물의 양을 최대한 줄여 적자 폭을 감소시키는 것이었다. 재투자는 손해를 보더라도 잔디에 물을 충분히 공급해 골프 클럽 본래의 모습인 초록색 페어웨이와 그린을 항상 유지하는 것이었다. 근처의 유명 골프 클럽들은 물을 줄인 탓에 잔디가 누렇게 변하기 시작했다.

나는 재투자를 통한 철저한 차별화 전략을 선택했다. 물 구입 비용이 커 연간 적자가 70만 달러를 상회했지만 골프 클럽 본래의 모습인 초록색을 변함없이 유지했다. 때문에 스틸 캐니언 골프 클럽은 매입 후 첫해부터 10년간 계속 적자였다. 그러나 그 10년 동안 다른 골프 클럽과 확실하게 차별화시키는 데는 성공했다. 그 차별화는 누구도 상상할 수 없는 결실을 안겨주었다. 그 경험을 통해 나는 나무만 보지 않고 숲을 보는 것이 얼마나 지혜로운 일인지를 알게 되었다. 냉정한 비즈니스 세계에서 좀처럼 일어날 수 없는 기적 같은 일도 경험했다. 숲을 보는 지혜를 공유하고 싶어 골프 클럽 스토리를 소개한다.

불황과 가뭄에도 변치 않는 초록 잔디를 사수하라

2008년 5월 18일 캘리포니아에서 SJS 투모로우 LLC를 설립하고 스틸 캐니언 골프 클럽을 인수했다. 스틸 캐니언은 미국 캘리포니아 휴양도시인 샌디에이고 다운타운에서 자동차로 약 30분 거리에 있다. 퍼블릭 27홀로 남아공 출신 프로 골퍼 게리 플레이어가 디자인한 시그니처 골프 클럽이다. '시그니처'라는 이름은 설계자가 모든 홀을 직접 설계했다는 의미다.

2007년 9월 중미와 미국 출장 중 귀국길에 성낙준 사장의 안내로 처음 방문했던 스틸 캐니언 골프 클럽은 나를 매료시켰다. 각 9홀은 랜치(Ranch), 메도우(Meadow), 캐니언(Canyon)이라는 이름을 가지고 있었다. 스틸 캐니언 골프 클럽은 미국인 사업가 3명이 주인이었다. 귀국한 뒤에도 스틸 캐니언의 거칠고 메마른 산과 바위, 완만한 평원에 이어진 협곡에서 펼쳐지는 드라마틱한 라운딩 경험을 잊을 수 없었다. 평소 감사한 마음을 가지고 있었던 세아상역의 미국 바이어들과 함께 가끔 스틸 캐니언에서의 그 드라마틱한 경험을 나누고 싶었다.

결국 캘리포니아 골프 클럽 전문 거래 회사를 통해 매수 요청을 했다. 수개월 후 매도 의사와 함께 날아온 호가는 고가였다. 결국 적정한 가격에 타협하고 인수했다. 인수 후 미국 이민 30년이 넘은 성낙준 사장에게 경영을 맡겨 모든 가구와 카펫, 설비를 바꾸고 새로운 골프 클럽으로 변모시켰다.

SJS 투모로우 LLC가 스틸 캐니언을 매입한 지 채 1년이 되지 않아 세계경제는 불황기에 접어들었고 골프 업계도 예외는 아니었다. 대부분의 골프 클럽 매매가가 절반 이하로 내려갔다. 엎친 데 덮친 격으로 캘리포니아 전역에 전례 없는 극심한 가뭄이 찾아왔고 그 가뭄은 이후 10년간 계속되었다. 스틸 캐니언은 자체 우물이 6개나 되었으나 심한 가뭄 탓에 우물을 사용할 수 없었다. 우물의 수위가 일정 수준 이하로 내려가면 타운에서 물을 사용하지 못하게 했기 때문이다.

작열하는 태양 아래에서 물을 주지 않으면 그린은 타들어가고, 페어웨이 잔디는 누렇게 변하며 시들어간다. 골퍼들은 그런 골프 클럽을 좋아하지 않는다. 극심한 가뭄 탓에 캘리포니아에 소재한 대부분의 골프 클럽에서 예전의 초록색을 찾아볼 수 없었다. 나는 한국 회사가 매입하더니 관리를 제대로 안 해 스틸 캐니언이 황폐화되었다는 소리를 듣기 싫었다. 외부에서 물을 구입해 스틸 캐니언 원래의 모습을 계속 유지하면서 타 골프 클럽들과 차별화시키기로 했다.

노후화된 카트 전체를 새로 리스하려 했으나 신규 거래라는 이유로 신용을 주지 않아 모두 현금으로 구입했다. 나는 골프 산업의 불황기에 신규 투자를 하고 차별화를 도모했다. 스틸 캐니언은 물값으로만 매년 70만 달러 이상의 돈이 들었고, 지독한 가뭄과 함께 적자는 10년간 이어졌다. 스틸 캐니언은 찾아주는 골퍼들을 위해 물값만큼의 적자를 감수했다. 덕분에 스틸 캐니언 골프 클럽은 항상 초록색의 잔디를 유지할 수 있었고, 골퍼들에게 사랑받는 명문 코스가 되었다.

어느 날 전설적인 골퍼인 흑기사 게리 플레이어의 비서로부터 연락이 왔다. 게리 플레이어가 샌디에이고를 방문하고 있는데 마침 시간이 있어 자신이 설계한 스틸 캐니언 골프 클럽을 방문해서 라운딩을 하고 싶다는 것이다. 스틸 캐니언에서는 흔쾌히 승낙했다. 마침 나 역시 중미 출장 중이어서 스틸 캐니언을 방문했다. 그는 약속한 날 오전 11시에 검은색 링컨 승용차를 타고 비서 겸 매니저와 함께 왔다. 게리 플레이어와 함께 클럽 하우스에서 샐러드로 간단히 오찬을 했고 9홀 라운딩을 함께 했다.

그는 오찬을 하면서 자신의 이야기를 들려주었다. 20대 청년 시절에 디오픈 챔피언십에 참가하기 위해 남아공에서 영국으로 건너왔다. 숙박비를 절약하려고 해변 백사장에서 모래를 파서 바람을 막고 캐디백을 베고 잠을 잤다고 했다. 그런 가난한 청년이 세계 골프계를 제패하고 잭 니클라우스, 아널드 파머와 함께 전설적인 프로 골퍼가 되었다. 그는 남아공에 와이너리를 소유하고 있었고, 자신의 젊은 시절 사진을 단 와인 브랜드를 소유하고 있었다.

그는 라운딩 전에 간단하게 연습을 했는데 아이언을 휘두르다가 나에게 건네주었다. 아이언을 받는 순간 헤드가 너무 무거워 아래로 떨어졌다. 자세히 보니 어른 주먹보다 더 큰 납덩어리가 샤프트 하단에 매달려 있었다. 나는 너무 무거워서 도저히 휘두를 수 없었다. 그때 게리 플레이어는 정확히 만 72세였다. 아담한 키에 은발을 단정하게 빗어넘긴 미남으로 누구에게나 예의를 갖춘 모습이 인상적이었다. 그는 9홀 라운딩을 하는 동안 수시로 나에게 레슨을 해주었다. 그의 드라이버샷은 직선으로 빠르게 멀리 날아갔으며 벙커샷 시범도 10여 차례나 보여주었다. 전설적인 골퍼와의 9홀 라운딩은 환상적이었다.

나는 게리 플레이어와 헤어지면서 작은 선물을 전했다. 설탕과 크림을 담는 붉고 푸른색의 조그만 칠보 자기와 쟁반 세트를 그의 아내에게 전해달라고 했다. 한국으로 귀국한 후 한 달 정도 지났을 때 손바닥보다 약간 작은 분홍색 편지봉투가 회사로 배달되었다. 깨알 같은 펜글씨로 내 이름이 적혀 있었다. 게리 플레이어의 부인이 보낸 편지였다. 분홍색 편지지에 정성스러운 글씨체로 "너무 아름다운 선물을 주어서 감사하고, 선물은 거실 가장 잘 보이는 곳에 두었다"라고 적혀 있었다. 남편처럼 예의 바르고 아름다운 마음씨를 가진 부인이었다. 짧은 글이었지만 기분이 좋았다.

나와 성 사장은 회계장부를 기록하는 미국인 대졸 여직원을 인터뷰한 후 채용했다. 그런데 몇 달간 일을 시켜보니 실수가 너무 잦고 근태도 좋지 않아 권고사직을 시켰다. 그녀는 얼마 후 "근무하면서 인종차별을 받았다"며 변호사를 통해 소송을 걸어왔다. 어이가 없었다. 모든 직원들이 미국인이었고 외국인은 성 사장 혼자였기 때문이다. 우리 측 변호사는 합의를 하는 편이 낫겠다고 했고 스틸 캐니언 골프 클럽은 합의금을 주었다. 미국인이 운영했더라면 이런 일은 없었을 것이다.

전혀 예상치 못한 소송을 당한 적도 있다. 스틸 캐니언 골프 클럽은 매월 하루를 정해 '레이디스 데이'를 운영했는데 마침 그날 남자 골퍼 2명이 찾아와서 라운딩을 요청했다. 당연히 "오늘은 레이디스 데이라 불가하다"고 했다. 그들은 그냥 돌아갔는데 얼마 후 변호사를 통해 소송을 걸어왔다. 퍼블릭 골프 클럽에서 성차별을 했다는 것이 이유였다. 우리 측 변호사는 이번에도 합의하는 것이 좋겠다고 했다. 합의금으로 2만 달러를 지불했다. 그 이후 레이디스 데이를 없앴다. 미국은 소송의 천국이라는 말을 실감했다. 성 사장은 자신이 골프 클럽을 관리하는 것에 한계가 있다고 생각했다. 그는 전문가로부터 도움을 받고 싶어 했다.

래리 테일러(Larry Taylor)는 골프장 관리 전문 컨설턴트로 일주일에 한두 차례 오후 시간에만 스틸 캐니언 골프 클럽에 출근했다. 창의적인 아이디어가 많았던 그는 스틸 캐니언을 대대적으로 변모시킨 주역이다. 그린 주변이나 페어웨이 관리는 스코어가 잘 나오게 하는 데 초점을 맞추었다. 아마추어 골퍼들은 스코어가 잘 나오는 골프장을 선호한다는 것이 그의 지론이었다.

당시 성낙준 사장은 자신이 경영하던 사업체의 영업 및 재정 상황이 좋지 않았고 또한 건강도 악화되어 골프 클럽 관리에서 손을 떼기를 원했다. 나는 래리를 신임했고 그에게 성 사장의 뒤를 이어 경영을 맡아달라고 제안했다. 래리는 골프장 임대 및 운영을 목적으로 하는 회사 SC GCC를 설립하고 SJS 투모로우 LLC와 임대계약을 맺었다. 스틸 캐니언 골프 클럽 소유권은 SJS 투모로우가 가지고 운영은 SC GCC가 했다. 골프 클럽에서는 예상치 못한 사고도 종종 발생하고 송사도 잦은데, 골프 클럽을 소유하고 있어 재산이 적지 않은 회사가 운영까지 하면 심각한 소송에 휘말릴 위험도 있다는 것이 래리의 의견이었다.

캘리포니아 주정부는 극심한 가뭄 때문에 골프 클럽들의 물 사용량을 감소시킬 방안을 강구했다. 티박스에서 공이 떨어지지 않는 지점까지는 잔디를 없애고 모래 또는 나무조각(mulch)을 깔아 야생화를 심고, 페어웨이 주변 나무에는 밑동까지 호스를 연결하여 물이 한 방울씩 떨어지도록 하는 것이었다. 그러한 공사를 하겠다고 신청하는 골프장에는 주정부가 최대 300만 달러까지 무상으로 지원했다. 스틸 캐니언 골프 클럽도 신청해 280만 달러를 지원받고, 전문업체를 통해 공사를 마쳤다. 주정부 지원금이 한정되어 있어 우리가 공사자금 지원을 받은 마지막 골프 클럽이었다. 인수 후 오랜만에 찾아온 행운이었다.

명문 클럽으로 다시 태어나다

몇 년 후 스틸 캐니언 골프 클럽 매입을 주선했던 회사에서 연락이 왔다. 은행에서 매각하려는 18홀 규모의 회원제 골프 클럽이 있는데 매입할 의사가 있는지 물었다. 베어 크릭 골프 클럽(Bear Creek Golf Club)이라는 곳으로, 스틸 캐니언처럼 잘 관리하면 최고의 명문 클럽이 될 것이라고 했다. 확인해보니 잭 니클라우스가 설계한 시그니처 골프 클럽이었다. LA에 소재한 미국계 부동산 개발 회사가 소유하고 있었으나 자금난 때문에 은행에서 매각하는 골프 클럽이었다.

나는 곧바로 LA로 출발했다. 둘러보니 베어 크릭은 야성적인 골프 클럽이었다. 코스마다 수령이 300년 이상 된 참나무들이 페어웨이 곳곳에 수호신처럼 서 있었다. 베어 크릭에서는 PGA 프로 선수 퀄리파잉 테스트가 매년 열렸다. 약 400명의 회원 중 싱글 핸디 골퍼(싱글-디지트 핸디캐퍼, Single-Digit Handicapper, 평균 72타부터 81타까지 스코어를 기록하는 골퍼)가 125명이나 되었다. PGA 프로선수 톰 퍼니스 주니어도 회원이었다. 코스는 훌륭했으나 곳곳에 손봐야 할 곳이 널려 있었다. 클럽 하우스도 마찬가지였다.

나는 물 공급 시스템부터 살폈다. 다행히 생활용수를 중수로 처리하여 판매하는 공장으로부터 파이프라인을 연결해 충분히 공급받고 있었다. 중수라 가격도 저렴했다. 중수는 사람이 사용할 수는 없지만 농작물 재배와 잔디 생육은 가능하다. 베어 크릭을 매입하여 잘 다듬고 관리하면 매우 훌륭한 회원제 골프 클럽이 될 것으로 판단했다.

수개월 후 SJS 투모로우 LLC는 베어 크릭 골프 클럽을 소유하게 되었다. 인수 직후 클럽 하우스 내외부에 페인팅을 새로 하고, 오래된 카펫을 스톤타일과 최고급 새 카펫으로 교체했다. 가구도 모두 새로 발주했는데 도착까지 1년이나 소요되었다. 그 사이에 나무를 정리하고 그린과 페어웨이를 보수하면서 벙커에 하얀 모래를 깔았다.

인수한 후로 회원이 증가했고 그것은 추가 수익으로 이어졌다. 베어 크릭 골프 클럽이 활성화된 덕분에 주변의 주택가격까지 많이 상승했다고 주민들이 고마워했다. 베어 크릭 인수 후 몇 년이 지나 PGA 프로 골퍼 필 미컬슨과 리키 파울러가 회원으로 등록했다. 필 미컬슨은 베어 크릭의 그린이 마스터즈 대회가 매년 열리는 오거스타 내셔널 골프 클럽의 그린 스피드와 비슷하다고 했다. 베어 크릭은 명문 프라이빗 골프 클럽으로 재탄생했다.

베어 크릭 골프 클럽을 인수한 지 2년 후 골프 클럽 중개 회사에서 다시 연락이 왔다. 중국 회사가 운영하는 프라이빗 골프 클럽인 도브 캐니언(Dove Canyon Golf Club)이 매물로 나왔다는 것이다. 1980년대에는 오렌지 카운티 인근에서 가장 비싼 명문 골프 클럽 중 한 곳이었으나 현재는 운영을 잘못해서 많이 망가졌고 매년 적자라는 설명이었다.

나는 중미 출장길에 도브 캐니언을 방문했다. 오렌지 카운티 얼바인에서 30분 거리에 있어 위치가 대단히 좋았다. 클럽 하우스는 웅장했다. 면적이 워낙 넓어 2층에 직원들이 사용하는 넓은 사무실이 별도로 있었고 결혼식 등 각종 행사를 유치했다. 1층은 골프 클럽 전용 프로숍과 식당 그리고 피트니스 센터 등을 운영하고 있었다. 전체 18홀 코스는 나무랄 데 없었지만 페어웨이와 그린 주변이 너무 망가져 있었다. 배수 문제가 특히 심각했다. 파3에 호수가 있었는데 관리를 제대로 하지 않아 갈대가 우거지고 물이 썩어 악취가 났다. 각 벙커의 모래 상태도 엉망이었다.

좋은 점은 도브 캐니언 골프 클럽도 중수를 저렴한 가격으로 공급받아 사용한다는 것이었다. 나는 SJS 레인보우 LLC를 설립하여 도브 캐니언 골프 클럽을 인수했다. 코스가 좋기 때문에 잘 다듬으면 다시 명문 클럽으로 만들 수 있다고 판단했다. 레이아웃이 좋지 않으면 아무리 단장해도 좋은 골프 클럽으로 만들 수 없다. 인수 후 가구, 카펫, 타일 등 모든 것을 바꾸었다. 페어웨이 잔디와 그린, 배수 시스템을 다듬고 가꾸는 데 3년 이상 걸렸다. 파3 호수를 다시 복원해서 주변에 나무조각을 뿌리고 꽃을 심었다. 3년 만에 호수에는 맑은 물이 넘치고 악취도 사라졌다.

클럽 하우스 2층에는 고급스러운 인테리어의 와인룸을 새로 만들었는데 회원들이 좋아했다. 도브 캐니언은 클럽 하우스에서 내려다보는 이른 아침과 석양 무렵의 18번 홀이 특히 아름답다. 이른 아침과 붉은 노을이 질 때는 사슴 가족이 종종 나타난다. 도브 캐니언도 야성적인 골프 클럽이다. 성 사장은 35년 전에는 도브 캐니언 골프 클럽의 회원 가입 비용이 30만 달러 이상으로 기억한다고 했다. 도브 캐니언 골프 클럽 역시 잭 니클라우스가 설계한 시그니처 골프 코스다.

돈보다 중요한 것

도브 캐니언을 인수하고 몇 년 되지 않았을 때 베어 크릭 골프 클럽 멤버 중 한 명이 래리 테일러 사장에게 편지를 보냈다. 자신이 여러 골프 클럽의 멤버로 있었고 베어 크릭 골프 클럽에서도 오랜 기간 멤버로 있었는데 SC GCC처럼 골프 클럽 관리를 잘하는 회사는 본 적이 없다고 했다. 자신은 아쉽게도 동부로 이사를 간다고 했다. 그는 베어 크릭 골프 클럽 멤버가 되기 전에 멤버들이 소유권과 운영권을 함께 보유하고 있는 파우마 벨리 컨트리클럽(Pauma Valley Country Club)의 멤버였다고 했다. 그런데 최근 파우마 벨리 컨트리클럽을 매각한다는 소문을 들었다는 것이다.

그는 파우마 벨리 컨트리클럽 운영 이사들에게 SC GCC를 소개하면서 스틸 캐니언과 베어 크릭, 도브 캐니언 골프 클럽을 직접 방문해서 라운딩을 해보라고 했다. 관리상태가 마음에 들면 래리 테일러 사장을 만나서 매수의사를 타진해보라는 것이다. 그들은 3곳의 골프 클럽에서 라운딩을 했고(당연히 SC GCC 모르게 다녀갔다) 관리상태가 훌륭하다고 판단했다. 결국 파우마 벨리 컨트리클럽 이사회 회장은 래리에게 연락했고, 사장인 래리와 부사장 콜린은 그를 만나기 위해 파우마 벨리를 방문했다.

파우마 벨리 컨트리클럽의 매각 이유와 조건은 간단명료했다. 오래전부터 클럽 회원들이 이사회를 만들어 관리해왔으나 수년간 적자가 발생했고, 회원들이 적자를 부담하다 보니 회원수가 감소했으며 골프코스가 점점 망가지고 있어 매각을 결정했다는 것이다.

사람과 사업이 모여 풍요의 숲이 되는 기적

SC GCC에 매각하는 조건은 파우마 벨리 컨트리클럽을 스틸 캐니언, 베어 크릭, 도브 캐니언 골프 클럽처럼 잘 관리하고, 자신들이 계획한 1,000만 달러가 넘는 리모델링 플랜을 수행하며, 5년 동안 재매각을 금지하는 것이었다. SC GCC가 컨트리클럽에 1,000만 달러를 투자하면 굳이 추가로 돈을 받고 싶지 않다고 했다. 실제로 파우마 벨리 컨트리클럽 구매를 원하는 다른 회사에서 받은 오퍼 시트(offer sheet)를 보여주었는데 매우 높은 금액이었다. 그들은 돈보다는 품격이 높고 잘 관리되는 컨트리클럽을 원했다. SC GCC의 관리 능력과 운영 능력의 우수성을 인정한 것이다.

나는 LA 공항에 도착해 래리와 콜린, 재무회계를 맡고 있는 제이슨과 함께 파우마 벨리 컨트리클럽을 방문했다. 파우마 벨리 컨트리클럽은 1960년에 세계적인 골프코스 디자이너 로버트 트렌트 존스 시니어가 설계한 전통 있는 컨트리클럽이었다. 주차장으로 들어서면 수백 년 된 참나무들이 장관이었고, 클럽 하우스 근처 페어웨이에 있는 아름드리 물푸레나무가 평화로웠다. 클럽 하우스는 내부공사만 새로 하면 될 정도였고, 페어웨이는 배수에 문제가 있는 곳들이 더러 있었으나 쉽게 해결 가능해 보였다. 그린은 몇 홀만 손보면 될 것 같았다.

특이한 것은 경비행기 이착륙이 가능한 활주로와 함께 격납고 17개가 컨트리클럽 소유였는데 그곳에는 경찰들이 상주하는 스테이션이 함께 있었다. 별도로 골프 카티지가 27개 있었다. 골프 카티지는 2베드룸, 1베드룸, 스튜디오로 구분되어 있었다. 또 피트니스 센터와 4개의 테니스 코트, 수영장 등도 있었다. 각 베드룸 거실에는 페치카가 있었고 마른 장작이 구비되어 있었다.

골프 클럽과 컨트리클럽은 시설 차이로 구분한다. 테니스장, 수영장, 피트니스 센터 등이 있으면 컨트리클럽이라 하고 그렇지 않으면 골프 클럽이라고 부른다. 13번 홀에 인접해 서부극으로 유명한 영화배우 존 웨인 하우스가 있었다. 4에이커(약 4,900평) 대지 위에 지은 집이었다. 존 웨인의 애칭은 듀크였는데 클럽 하우스 한쪽에 존 웨인 룸이 있었고 카우보이모자와 권총을 허리에 찬 그의 사진이 걸려 있었다.

파우마 벨리 기록물을 보관하는 방에는 설계자 로버트 트렌트 존스 시니어와 아들 주니어의 사진이 있었다. 또 파우마 벨리 컨트리클럽 코스에 접한 주택에 살았던 아널드 파머의 젊은 시절 사진과 빌리 그레이엄 목사의 라운딩 후 사진도 걸려 있었다. 예사롭지 않은 컨트리클럽임을 증명하는 사진들이다. 지미 카터 대통령도 빌리 그레이엄 목사와 함께 방문하여 라운딩했다고 한다. 존 웨인이 활동하던 시절에는 배우들이 영화촬영을 위해 할리우드에서 2시간 이내에 올 수 있는 거리에 있어야 했다. 존 웨인은 파우마 벨리에 있는 자신의 별장에서 경비행기를 타고 할리우드를 왕복했다.

클럽 하우스에서 오찬을 했는데 음식 맛이 훌륭했다. 실내에서는 핸드폰 사용을 금지하고 있었다. 컨트리클럽 정면에 샌디에이고에서 가장 높은 팔로마산이 있는데 고도가 1,000m를 넘는다고 했다. 정상까지 차로 갈 수 있는데 정상에는 천문대가 있다. 컨트리클럽 주변은 산으로 둘러싸여 있다. 코끼리 형상의 팔로마산은 석양 무렵에 신비스럽게도 보라색과 핑크색으로 변한다. 파우마는 인디언 언어로 '물이 모인다'라는 의미라고 하는데, 그래서 그런지 파우마 벨리 근처에는 오렌지 농장이 넓게 펼쳐져 있다. 또 모든 산의 중턱에 아보카도 농장이 있다. 물이 풍부하기 때문이다.

나는 파우마 벨리 컨트리클럽을 인수하기로 결정했다. 래리와 콜린이 이사회 회장과 멤버들을 접촉하기 시작했다. 이사회는 회원 전체 투표로 매각 가부를 결정하기로 했다. 450명의 회원들은 미국 중동부와 캐나다에 있었다. 전체 회원을 상대로 투표를 하는 절차는 시간이 많이 소요되었다. 80% 이상이 찬성해야 매각을 할 수 있었다.

수개월 후 SJS 레인보우 LLC 명의로 파우마 벨리 컨트리클럽을 무상으로 양도받았다. 부동산 소유권을 먼저 이전한 후 컨트리클럽을 리모델링 하는 특별한 거래였다. 비행장과 카티지, 피트니스 센터, 테니스장, 수영장까지 있는 18홀 명문 컨트리클럽을 무상으로 양도받은, 좀처럼 있을 수 없는 일이 일어났다.

우리는 클럽 하우스 리모델링을 위해 일본계 미국인 디자이너 데릭과 계약을 했다. 데릭은 아이디어가 풍부했고 매우 성실했다. 설계를 하고 타운에서 허가를 받는 데 6개월이 소요되었다. 나는 회원들에게 설계는 어떻게 했고 자재는 어떤 것을 사용할 것인지 보여주기 위해 도면과 건축자재를 전시하고 그들의 의견도 청취하도록 했다.

드디어 공사가 시작되었다. 클럽 하우스 바닥과 벽, 천장을 모두 뜯어내고 구조를 변경했다. 천장은 최대한 높여서 목재로 마감했다. 마루 종류와 카펫은 물론이고 타일 모양과 색상까지 서로 의논하여 선택했다.

미국 남성 골퍼들은 바를 좋아한다. 우리는 야외 데크와 경계선인 기존의 벽을 허물고 커다란 접이식 통유리 창문을 만든 후 그아래에 길고 넓은 대리석 바 테이블의 절반을 밖으로 돌출시켰다. 9홀 라운딩이 끝난 골퍼들이 밖에 있는 바 의자에 앉아 TV를 보며 맥주와 음료수를 마시도록 배려했다. 야외에 있는 넓은 데크에는 의자와 테이블 그리고 페치카를 설치했다.

새로 채용된 현장 관리자 슈퍼인텐던트(superintendent) 마크는 여름과 겨울 잔디를 구분하여 페어웨이에 오버시딩(난지형 잔디의 잎이 황화되는 시기에 낮은 기온에서도 잘 자라는 한지형 잔디를 추가하는 파종법)을 했고, 그린을 어린아이처럼 돌보고 잘 다듬었다. 물론 배수와 문제

사람과 사업이 모여 풍요의 숲이 되는 기적

있는 카트패스, 벙커들도 수리했다. 마크는 9살 때부터 골프 클럽 관리자였던 아버지를 따라다녔다. 마크는 좋은 대학교를 졸업했으며 모든 면에서 성실한 젊은이였다. 골프 클럽 코스를 관리하는 슈퍼인텐던트는 동트기 전 새벽에 출근하고 오전에 퇴근한다. 라운딩이 시작되기 전에 업무를 마쳐야 하기 때문이다.

파우마 벨리 컨트리클럽 이사회와 처음 접촉한 날로부터 약 2년이 흐른 후 공사는 완료되었고 오픈식 날짜와 시간을 정해 회원들을 초청했다. SC GCC는 명성에 걸맞게 더 많은 부분을 좋게 만들었다. 리모델링 비용은 1,000만 달러에 훨씬 못 미쳤지만 기대 이상으로 변모시켰다. 280명 정도의 회원들이 오후 6시 오픈식 디너에 참석했다. 래리가 사회를 맡아 공사에 대한 경과보고를 했다. 마침 비즈니스 때문에 세아상역 임원들과 LA를 방문하던 중이라 나도 함께 참석했다. 나는 새로운 오너로서 앞으로 파우마 벨리 컨트리클럽을 더욱 훌륭한 골프 클럽으로 만들겠다고 약속했다. 모두가 박수로 환영했고 앞쪽에 앉아 있던 한 여자 회원은 손수건으로 눈물을 훔쳤다.

실제로 몇 년 후에 파우마 벨리 컨트리클럽은 캘리포니아 전체 골프 클럽 중에서 50위 안에 드는 명문 컨트리클럽으로 선정되었고, 도브 캐니언 골프 클럽의 클럽 하우스는 캘리포니아 전체 골프 클럽 중 10위에 랭크되었다. 나는 1년에 두세 차례 골프 클럽들을 방문해서 라운딩을 한다. 라운딩을 해보지 않으면 페어웨이와 그린의 문제점을 알 수 없다. 클럽 하우스도 세면대와 화장실 변기까지 세밀하게 살펴보고 문제가 있으면 곧바로 지적한다.

파우마 벨리 컨트리클럽은 평화롭고 아름답다. 석양에 구름이 붉게 타오르면 시간의 흐름이 산들을 보랏빛과 핑크빛으로 물들이고, 산기슭에서 어둠이 서서히 피어나기 시작한다. 적막한 파우마 벨리에 칠흑 같은 어둠이 찾아오면 하늘에 별들이 빛나고 까닭 모를 애잔함이 가슴에 묻어난다. 파우마 벨리의 공기는 유달리 알싸하고 신선해서 저절로 심호흡을 하게 된다. 나는 파우마 벨리 컨트리클럽을 사랑한다. 은퇴하면 그곳에서 노후를 보내고 싶을 정도다.

미국 전역에 약 1만 5,000개의 골프클럽이 있다고 한다. 그중에서 비행장을 소유한 골프클럽은 10개밖에 안 된다. 파우마 벨리 컨트리클럽이 그중에 포함되었다는 것이 참으로 자랑스럽다.

사람과 사업이 모여 풍요의 숲이 되는 기적

- 22 -

정성을 다한 작품은
모두가 알아본다

파우마 벨리 컨트리클럽 공사가 끝나고 1년 후 래리 테일러 사장이 나에게 메일을 보내왔다. 팜스프링스에 소재한 27홀의 버뮤다 듄스 골프 클럽에서 연락이 왔다는 것이다. 자신들의 골프 클럽을 파우마 벨리 컨트리클럽과 같은 조건으로 인수해줄 수 있느냐는 문의였다. 래리가 알고 있는 버뮤다 듄스 골프 클럽은 1960년대에 오픈했는데 PGA 투어가 50년 동안 개최된 명문 골프 클럽이라고 했다. 나는 곧바로 LA행 항공기에 몸을 실었다.

팜스프링스는 LA 공항에서 내가 운전하는 렌터카로 약 2시간이 소요되었다. 래리와 콜린, 제이슨이 버뮤다 듄스 골프 클럽 이사회 회장과 함께 클럽 하우스에서 나를 기다리고 있었다. 버뮤다 듄스도 파우마 벨리처럼 약 450명의 회원들이 소유권을 가지고 이사회를 통해 운영해왔는데 최근 들어 적자가 지속되어 매각을 결정했다. 그러나 어떤 회사에 매각해야 골프 클럽을 잘 관리하고 운영할 수 있느냐가 문제였다. 이곳저곳 알아보던 중에 버뮤다 듄스 회원 한 분이(현재는 파우마 벨리 컨트리클럽 회원이다) SC GCC를 추천했다. 그는 SC GCC가 운영하는 스틸 캐니언, 베어 크릭, 도브 캐니언, 파우마 벨리 컨트리클럽을 방문해 직접 둘러보고 관심이 있으면 래리 테일러 사장에게 연락하라고 했다.

미국에는 골프 클럽 관리 회사들이 많다. 어떤 회사는 미국 전역에 걸쳐 120개가 넘는 골프 클럽을 전문적으로 관리한다. 그러나 내가 방문해 라운딩했던 골프 클럽들은 모두 관리상태가 기대 이하이였다. 관리 회사의 목적은 적은 비용만 투자하고 수익은 최대한 많이 가져가는 것이기 때문이다. 버뮤다 듄스 골프 클럽 이사회도 그런 점을 잘 알고 있었다. 버뮤다 듄스 이사회 멤버와 회원 20여 명이 SC GCC가 운영하는 4개의 골프 클럽을 둘러보고 라운딩을 했다. 그들 모두는 SC GCC의 관리상태와 운영에 만족했다.

나는 버뮤다 듄스 클럽 하우스 내부를 둘러보았다. 카펫과 가구, 집기, 시설들은 낡았으나 1, 2층 천장이 매우 높았고 특히 2층의 기둥과 나무 대들보가 거대하고 훌륭했다. 클럽 하우스 면적은 도브 캐니언에 버금가는 규모였고 넓은 2층 연회장이 마음에 들었다. SC GCC가 인수해 리모델링하면 훌륭한 클럽 하우스로 만들 수 있을 것 같았다. 클럽 하우스와 골프 코스는 기본이 되어 있지 않으면 아무리 노력해도 바꿀 수가 없다는 것을 나는 그동안의 경험을 통해 알고 있었다.

클럽 하우스에서 바라보는 클래식 코스 마지막 18번 홀의 경치는 환상적으로 아름다웠다. 정면에는 높은 산들이 둘러져 있는데 산봉우리마다 하얀 눈이 쌓여 있었다. 높이가 2,500m도 훨씬 넘을 것 같았다. 페어웨이가 끝나는 곳에 닿아 있는 호수 주변에는 거대한 팜트리 군락이 있었다. 호수 끝에 쌓아 올려진 바위 위에서 떨어지는 폭포의 하얀 물보라에 아름다운 무지개가 서려 있었다.

클럽 하우스 투어가 끝난 후 라운딩을 했다. 페어웨이 잔디는 오버시딩을 해서 나무랄 데가 없었다. 페어웨이 잔디가 촘촘해서 아이언 흔적이 남지 않았다. 그린 컨디션도 대단히 훌륭했다. 나는 구매하기로 마음을 굳혔다. 이사회 회장에게 조건을 물었다. 그는 파우마 벨리 컨트리클럽과 동일한 조건과 절차로 진행하길 원했다. 나는 그 이야기를 들으면서 마음속으로는 벌써 디자이너 데릭과 함께 어디를 어떻게 다듬을지 생각하고 있었다. 흥분으로 아드레날린이 솟구치는 느낌이었다.

사실 팜스프링스 방문은 이번이 두 번째였다. 첫 번째 방문은 2014년이었다. 스틸 캐니언 골프 클럽 프로숍 매니저인 앨런은

PGA 투어 선수였다. 앨런은 PGA 골프 클럽에서 열리는 밥호프 클래식에 출전했다. 밥호프 클래식은 클린턴 재단이 후원했다. 나와 아내는 경기 전날 팜스프링스에서 앨런과 그의 약혼녀, 성낙준 사장 부부와 함께 스테이크 식당에서 식사를 했다. 나는 앨런에게 금일봉을 주며 격려했다.

클린턴 대통령은 연임이 끝난 후 반기문 유엔 사무총장의 요청으로 아이티 유엔 특사가 되었다. 2010년 1월 12일 아이티 지진 이후 클린턴 대통령과 나는 아이티 투자 건으로 여러 차례 만났고 그 인연은 그때까지도 계속되고 있었다. 클린턴 대통령이 밥호프 클래식에 참석해 선수들을 격려한다고 했으나 나는 회사의 중요한 업무 때문에 그를 만나지 못하고 먼저 귀국했다.

후일 앨런에게서 클린턴 대통령에 대해 들었다. 나는 앨런에게 캐디백을 선물했는데 아이티와 세아라는 글자를 자수로 새긴 것이었다. 앨런이 연습장에서 캐디백을 세워놓고 연습을 하고 있었는데 클린턴 대통령이 다가와서 이 캐디백을 누가 주었느냐고 물었다고 한다. 앨런은 김웅기 회장이 스틸 캐니언 골프 클럽 오너인데 선물로 받았다고 했다. 클린턴 대통령이 반갑게 악수를 청하면서 "너희 회장을 내가 잘 알고 있으니 열심히 해서 우승하라"며 격려했다는 것이다. 그러나 앨런은 밥호프 클래식에서 좋은 성적을 내지 못했다. 지금도 스틸 캐니언 골프 클럽 매니저로 근무하면서 캘리포니아 PGA 투어에 참가하고 있다. 그는 캘리포니아 PGA 투어에서 한 번 우승했다.

내가 버뮤다 듄스 골프 클럽을 방문한 지 몇 개월 뒤에 SJS 투모로우 LLC는 버뮤다 듄스 골프 클럽 소유권을 무상으로 양도받았다. 우리는 데릭과 함께 리모델링에 대해 의논했다. 이전처럼 최고급 카펫을 발주하기 위해 디자인했고, 카펫에 어울리는 타일과 목재를 품질이며 색상까지 꼼꼼하게 비교해 골랐다. 의자와 테이블, 각종 집기 그리고 와인룸 디자인에 대해 의논했다. 그로부터 1년 6개월 후 버뮤다 듄스의 모든 공사가 끝나고 오픈식을 했다. 중요한 회사 업무 때문에 아쉽게도 나는 참석하지 못했다.

팜스프링스 골프 클럽들은 5월부터 10월까지가 비수기고 11월부터 4월까지 성수기라고 한다. 비수기에는 한낮 온도가 화씨 100도(섭씨 38도)를 넘기 때문에 라운딩이 어렵다. 그러므로 매월 회비를 내지 않는 퍼블릭 골프 클럽은 운영이 어렵다. 버뮤다 듄스까지 5개의 골프 클럽을 래리와 콜린, 제이슨이 운영하고 있다. 물론 각 골프 클럽에는 제너럴 매니저가 있지만 그들 3명이 중심적인 역할을 한다.

각 골프 클럽 간의 이동시간은 1시간 이내에서 길어야 1시간 반이었는데 팜스프링스는 2시간 이상이 소요되어 한 번 방문하면 호텔에서 숙박을 해야 했다. 나는 버뮤다 듄스 골프 클럽에 인접한 주택을 한 채 구입하라고 지시했다. 몇 개월 후 아담한 3베드룸 주택을 구입해서 3명이 각자 베드룸 1개씩을 사용하고 있다. 덕분에 그들은 골프장 방문 때 굳이 호텔을 이용하지 않아도 되었다.

성공을 자석처럼 끌어당기는 힘

2020년 5월경에 래리 테일러 사장은 스프링스 밸리 레이크 컨트리클럽 이사회에서 한 통의 편지를 받았다. 스프링스 밸리 레이크 컨트리클럽(Springs Valley lake Country Club) 소개와 함께 파우마 밸리 컨트리클럽과 버뮤다 듄스 골프 클럽처럼 스프링스 밸리를 동일한 조건에 인수할 의향이 있는지 래리 테일러 사장에게 정중하게 묻고 있었다. 스프링스 벨리 컨트리클럽 위치는 내륙 쪽으로 2시간 거리에 있었다. 나는 다시 LA행 항공편을 예약했다.

LA에 도착 전에 항공기에서 우연히 아래를 내려다보니 거대한 호수와 주변의 주택들이 보였다. 호수와 약간 떨어진 곳에 골프 코스가 있었다. 넓은 호수를 보고 스프링 벨리 레이크 컨트리클럽이라고 예상했다. LA 공항에서 렌터카를 빌려 스프링스 벨리를 향해 달렸다. 먼 거리였다.

스프링스 벨리 클럽 하우스는 오래전에 건립되어 천장 높이가 낮고 시설이 많이 낡아 있었다. 역시 회원들이 운영해서 그런 것 같았다. 언제나 그렇듯이 클럽 하우스 구석구석을 둘러보았다. 클럽 하우스는 평범했고 스쿼시와 테니스 코트들, 넓은 수영장과 샤워실이 있었는데 모두가 수리의 손길을 기다리고 있었다. 클럽 하우스는 작은 호수에 반쯤 걸쳐 있었는데 호수 위의 데크 나무판자가 너무 오래되었고 망가진 곳을 교체하지 않아 위험했다. 만약 인수하게 되면 데크를 가장 먼저 손봐야겠다고 생각했다. 아마 래리도 나와 같은 생각이리라.

코스를 파악하기 위해 라운딩을 했다. 지방 컨트리클럽의 평범한 18홀 코스였고 특색이 없었다. 라운딩 후 주변 호수를 차로 둘러보니 생각했던 것보다 거대했다. 호수 주변을 따라 좋은 주택들이 있었고 집집마다 요트가 있었다. 어떤 주택은 잔교(pier)도 있었다. 뜨거운 태양 아래 호수 멀리에서 수상스키가 하얀 물보라를 일으키고 있었다. 갑자기 프랑스 미남 배우 알랭 드롱이 주연했던 영화 '태양은 가득히'가 생각났다.

결국 SJS 레인보우 LLC 명의로 스프링스 벨리 레이크 컨트리클럽을 양도받았다. 이번에도 소유권을 무상으로 양도받았다. 래리는 내가 생각했던 것처럼 가장 먼저 클럽 하우스 호수 위 데크 판자를 모두 새로 바꾸었다. 래리와 콜린은 스프링스 벨리를 베어 벨리 컨트리클럽(Bear Valley Country Club)으로 이름을 변경하고 심벌마

크도 새로 만들었다. 우리는 급한 것부터 점진적으로 베어 벨리 컨트리클럽 리모델링을 하기로 했다. 먼저 프로숍의 오래된 재고들은 모두 정리하고 깨끗이 비웠다.

나는 골프 클럽을 소유하고 운영하면서 중요한 진리를 깨달았다. 무슨 일이든지 최선을 다하면 언젠가 좋은 결실을 거둔다는 것이다. 스틸 캐니언 골프 클럽을 매입한 후 골프 경기가 하락하고 캘리포니아에 극심한 가뭄이 10년간 계속되었을 때 물값을 아끼느라 골프 클럽 관리를 제대로 하지 않았다면 SC GCC의 명성은 없었을 것이다. 따라서 이후 5곳의 골프장도 우리에게 오지 않았을 것이다.

현재 SC GCC는 골프 클럽 관리와 운영을 특별하게 잘하는 회사로 캘리포니아 골프 업계에서 명성이 높다. 모두가 최선을 다했고, 극심한 가뭄에도 불구하고 10년간 흔들림 없이 밀고 나가 차별화에 성공했기 때문이다. 그것은 결코 운이 아니다. 나는 앞으로도 코스는 훌륭하지만 관리와 운영에 문제가 있는 골프 클럽을 계속 양도받을 것이다. 언젠가는 10곳, 20곳이 넘을 것이다.

골프장 비즈니스는 결국 부동산 사업이다. 그러므로 운영수익도 중요하지만 골프 클럽을 잘 다듬고 가꾸어서 골퍼들이 사랑하는 훌륭한 클럽 하우스와 코스로 발전시켜야 한다. 그렇게 해야만 골프 클럽의 가치를 제대로 인정받을 수 있다. 파우마 벨리 컨트리 클럽, 버뮤다 듄스 골프 클럽은 유서 깊은 명문 골프 클럽이다. 우리가 아니었으면 누구도 매입하지 못했을 것이다. 결코 금전만으로 매입할 수 있는 골프 클럽들이 아니었기 때문이다. 10년간 손해를 감수해가며 밀어붙인 차별화 전략과 뛰어난 관리, 경영 역량 덕분에 우리는 훌륭한 골프 클럽들을 무상으로 얻었다.

럭키 세븐, 일곱 번째로 나타날 골프 클럽이 기대된다. 일곱 번째와 여덟 번째로 나타날 컨트리클럽을 나와 래리 그리고 콜린은 이미 알고 있다. 머지않아 두 골프 클럽의 이사회 의장들이 래리에게 인수를 요청하는 서한을 보낼 것이다.

- 23 -

맨해튼의
꿈

미국은 2020년부터 코로나19 바이러스로 인해 사망자가 많았다. 세계 제1의 도시 뉴욕 맨해튼도 다르지 않았다. 맨해튼을 떠나서 뉴욕 및 뉴저지 등의 교외로 나가 단독주택에 거주하는 사람들이 증가하기 시작했다. 맨해튼은 빈 도시가 되어갔다. 고가의 아파트들은 가격이 하락하는 반면 북부 뉴욕과 뉴저지 단독주택들은 가격이 상승하기 시작했다. 기업들이 재택근무로 돌아서자 오피스 빌딩들도 공실이 증가했다.

나는 오래전부터 맨해튼 빌딩에 관심이 많았다. 2008년 리먼 브라더스 사태로 전 세계적인 금융위기가 발생했을 때 맨해튼 고가 빌딩들의 가격이 하락하기 시작했다. 금융 회사들이 몰락하기 시작하면서 상업용 건물 상당수가 저렴한 가격으로 나와 새 주인을 기다리고 있었다. 월스트리트와 파인스트리트에 있는 60층이 넘는 AIG 사옥들도 매물 리스트에 올라 있었다.

당시 나는 맨해튼에 있는 한 부동산 회사를 통해서 AIG 빌딩을 소개받았다. 월스트리트에 있는 60층이 넘는 고층빌딩과 파인스트리트에 있는 저층빌딩 2개를 포함한 매각가격이 미화로 2억 달러(현재 환율로 한화 약 2,650억 원)였다. AIG의 매각조건은 1년 후 2개의 빌딩에서 완전히 철수한다는 것이었다. 나는 빌딩 가격은 관심이 있었지만 1년 후 AIG가 철수하면 임대할 자신이 없었다. 부동산 회사는 AIG 철수 후 31층 이상을 콘도미니엄으로 개조하는 방안을 제시했다.

AIG 빌딩 2개 중 고층빌딩 로비가 지금도 생각난다. 온통 황금색으로 꾸며진 로비는 부의 상징이자 자본주의의 표상 같았다. 아쉽지만 매입을 포기했다. 빌딩 개조와 임대에 자신이 없었기 때문이다. 32번가에 강서회관과 우리은행이 있었던 빌딩도 매물로 나왔는데 1억 3,000만 달러 정도였다. 금융위기가 끝나고 시장이 정상으로 돌아온 이후인 2015년에 가격을 다시 알아보니 3억 달러를 상회했다. 어찌 되었든 나는 맨해튼 소재의 빌딩을 저렴한 가격에 매입할 기회를 놓치고 말았다. 매입 이후를 너무 걱정했기 때문이다. 그때 매입을 포기한 것에 대해 후일 두고두고 후회했다.

2021년에도 맨해튼의 콘도미니엄과 상업용 빌딩의 가치가 많이 하락했다. 나는 맨해튼 부동산 회사에 팬데믹 이전 가격 대비 현재의 가격을 파악해달라고 했다. 며칠 후 받은 내용은 매우 충격적이었다. 센트럴파크 주변 40~60층 사이에 위치한 100평 정도의 펜트하우스 가격이 50% 이하로 떨어져 있었다. 팬데믹 이전에는 2,600~2,800만 달러에 매각된 콘도가 1,250만 달러에 매물로 나와 있고, 즉시 계약할 수 있다고 했다. 추가적인 가격 협상도 가능하다고 했다. 그러나 나는 콘도에는 관심이 없었다. 적당한 규모의 상업용 빌딩을 찾아달라고 했다. 그 후 몇 개의 상업용 빌딩 사진과 매각 조건을 받았으나 위치가 마음에 들지 않아 모두 거절했다.

어느 날 아침, 출근해서 부동산 회사에서 보내온 이메일을 열었더니 빌딩 사진 하나와 매매 조건이 있었다. 지하 2층 지상 12층의 건물로 에어 라이트(air right, 공중권)가 있어 4개 층을 더 증축할 수 있었다. 무엇보다 위치가 아주 좋았다. 576번지 5th 에비뉴 47st 다이아몬드 거리 코너 빌딩으로 록펠러 센터와 두 블록 차이였다. 5th 에비뉴 50st부터는 세계적인 브랜드들이 들어선 명품거리가 시작된다. 좀처럼 나오기 힘든 빌딩이 매물로 나온 것이다.

나는 매입할 의사가 있다고 부동산 회사에 연락했다. 빌딩 매입을 위해 도움을 받을 맨해튼 제이(Jay) 변호사를 선임 후 NDA(non disclosure agreement, 비밀유지각서)에 서명하고 계약을 했다. 나는 미국

사람과 사업이 모여 풍요의 숲이 되는 기적

출장길에 맨해튼 576번지 5th 에비뉴 47st 건물을 방문했는데 위치는 역시 좋았다.

며칠 후 제이 변호사에게서 연락이 왔는데 576번지 5th 에비뉴 건물은 공개입찰로 진행한다고 했다. 그 건물은 그리스계 회사에서 64년 동안 소유하다가 매각하는 것이었다. 부동산 회사와 우리는 건물의 가치에 대해 의논했다.

얼마를 적어낼 것인가가 관건이었다. 글로벌세아 김기명 사장과 론 가우드 고문, 나는 며칠 동안 고심했다. 우리는 입찰 당일 적정금액을 적어서 10% 계약금과 함께 제출했다. 다음 날 제이 변호사는 매각 회사 변호사로부터 우리가 낙찰되었다는 통보를 받았다. 총 4개 회사가 입찰에 참여했다는 후일담을 며칠 후에 들었다. 우리는 잔금까지 전액 지불하고 576번지 빌딩의 명의 이전을 끝냈다. 나는 출장길에 맨해튼에 들러 빌딩 매입에 관여한 분들을 초청해 와인을 곁들인 만찬을 함께 했다.

한 달 정도 지난 후 제이 변호사에게서 연락이 왔다. 576번지 빌딩을 둘러싸고 있는 건물과 토지를 10년 전부터 조금씩 사서 모은 개발 회사가 있다고 했다. 그 회사도 입찰에 참여했으나 몇백만 달러 차이로 탈락했다. 그 회사는 576번지 빌딩까지 매입을 해서 대지 1,400평에 78층 건물을 신축할 계획이었다. 맨해튼에서 부동산 개발사업을 하는 회사로 최근에 센트럴파크 인근에 100층이 넘는 콘도미니엄도 신축했다고 한다. 맨해튼은 대지면적 그대로 빌딩을 올릴 수 있다. 제이 변호사와 안면이 있는 그 회사 오너 회장이 제이 변호사를 통해 제안을 했다. 그가 원하는 요구조건은 576번지 빌딩과 다른 빌딩을 교환하거나 낙찰금액의 150%에 구입 또는 동업을 하고 싶다는 것이었다. 나는 정중히 거절했다.

며칠 후 지인이 어느 세계적인 미국계 사모펀드의 한국 지사를 맡은 H회장을 모시고 나를 찾아왔다. 그 사모펀드 미국 본사가 부동산 개발 회사가 소유한 대지와 576번지 빌딩 매입에 관심이 있다는 것이다. 사모펀드 본사는 맨해튼 센트럴파크 인근 빌딩을 임대로 사용하고 있는데(거기에서 3,000명의 직원이 근무하고 있다고 했다) 576번지 빌딩과 인근의 토지를 매입하여 사옥을 신축하고 싶다는 것이다. 만약 이 빌딩을 매입하지 못하면 인근의 토지도 매입하지 않겠다고 했다. 576번지 빌딩이 제외되면 사각형 건물을 신축할 수 없기 때문이다.

576번지 빌딩의 세입자들은 임대계약을 모두 해지했다. 마지막 남은 세입자 1명도 명도소송을 하고 있었다. 사모펀드 본사에서 제이 변호사를 통해 연락이 왔다. 사모펀드는 명도금액을 양사가 각자 50%씩 부담하는 조건으로 내보내달라는 것이었다. 우리는 세입자를 내보냈다.

2022년 미국 인플레이션과 계속된 금리인상으로 경기가 하락하고 주가가 내려갔다. 기업들은 이자의 높고 낮음에 관계없이 무조건 자금을 확보하고 축적하기 위해 노력했다. H회장은 미국 본사로부터 576번지 빌딩과 부동산 개발 회사의 토지를 매입하지 않겠다는 연락을 받았다고 했다. 충분히 이해할 만했다. 그 회사의 주가도 많이 하락했기 때문이다. 576번지 빌딩은 다이아몬드 거리가 시작되는 초입의 코너 빌딩이다. 보석상들이 입주하고 싶다는 연락이 계속 오고 있으나 모두 거절하고 있다.

현재는 세아STX엔테크 한국 본사 직원이 맨해튼으로 출장을 가서 빌딩 해체를 위한 절차를 밟고 있다. 미국 경기가 좋아지면 인근 토지와 함께 576번지 토지도 함께 매각하거나 인근 토지를 글로벌세아에서 모두 매입해 쌍용건설이 78층 빌딩을 신축할 수도 있을 것이다. 576번지 토지는 시간이 지날수록 알차게 무르익을 것이다.

꿈을 꾸고 그것을 하나둘씩 이루어가는 과정은 참 신기하다. 30년 전 반포동 빌딩을 첫 사옥으로 마련했을 때가 떠올랐다. 올백머리 해결사의 협박과 각 층의 세입자들을 내보냈던 게 엊그제 같다. 그 후로 직원들이 일할 공간을 마련하기 위해서, 때로는 회사의 미래를 위한 투자로 여러 건물을 구입했다. 중미와 아시아 여러 나라에서 공장도 새로 짓고, 기숙사도 지었다. 맨해튼 576번지 빌

딩 매매는 그러한 일련의 일들 중에 정점을 찍은 사건이라 감회가
새로웠다.

열망과 노력은 아무도 꺾지 못한다

나는 꿈을 꾸기를 좋아한다. 그것은 공상이 아니라 희망을 현실로
이끄는 이정표다. 나는 꿈을 이정표 삼아 열망을 성취해왔다. 그래
서 나의 꿈과 희망은 언제나 현실로 이루어진다. 1970년대 직장생
활을 할 때 서울 시내를 걸어가며 크고 작은 빌딩을 보면서 '저 빌
딩은 도대체 가격이 얼마나 될까?' 하고 자문해본 적이 많았다. 그
러나 가격은 감히 짐작도 할 수 없었다.

세아상역의 초라한 규모와 자본으로는 해외 진출을 엄두도 내
지 못할 때 나는 난생처음 중미 과테말라와 온두라스, 엘살바도르
를 혼자서 방문하고 가동 중인 공장들을 둘러보았다. 보헤미안 같
은 나를 어느 누가 거들떠보기나 했겠는가? 한국에서 왔다고 하니
마지못해 공장을 보여주었을 것이다.

1991년 중미 국가들을 돌아보고 미국 마이애미에 도착했다.
곧바로 귀국하지 않고 어디에 있는지도 몰랐던 서인도제도 히스파
니올라섬 아이티공화국을 방문하기로 했다. 수도 포르토프랭스 공

항에서 혼자 택시를 타고 석양이 하늘을 붉게 물들이는 저녁 무렵에 홀리데이인 호텔에 도착했다. 프론트 데스크에서 키를 받아 들고 호텔 방문을 열었을 때 모기가 웽웽거리며 가장 먼저 나를 반겼다. 지금 생각하니 그때의 고독한 방황이 꿈과 희망을 현실로 만들어가는 여정의 시작이었다.

북마리아나제도 사이판에 10~20년 전 이미 진출했던 공장들이 가격 경쟁력 저하를 이유로 철수를 검토할 때 나는 세아상역의 명운이 걸린 대규모 투자를 감행했다. 과테말라와 니카라과, 인도네시아, 베트남, 코스타리카 투자도 마찬가지였다.

현재의 세아빌딩 15, 16층에 있었던 바잉 에이전트 마스트를 비즈니스 때문에 가끔 방문할 때 나도 언젠가 이런 빌딩을 사옥으로 매입할 것이라는 꿈을 가졌다. 결국 몇 년 후 그 꿈은 현실로 이루어졌다. 나는 부동산 중에서도 특별히 위치가 좋은 지역의 빌딩에 관심이 많다. 높은 임대료와 관리비를 지불하면서 사무실을 임대하는 것보다 차라리 빌딩을 매입하고 임대료로 금융권 이자를 지불하는 것이 더 이익이라고 생각하기 때문이다. 서울 강남에서 좋은 지역에 위치한 빌딩은 매년 지가가 상승한다. 금융 이자가 걸어간다면 좋은 위치의 빌딩 가격은 뛰거나 날아가는 격이다.

삼성역 사거리에 위치한 세아빌딩과 인디에프 빌딩 전 층을 세아상역과 인디에프에서 사용하기 시작했을 때 나는 매물로 나온 인근 빌딩을 파악했다. 세아빌딩에서 도보로 8분 정도 거리에 있는 대로변 빌딩이 매물로 나와 있었다. 그 건물은 5~6년 전에도 매입을 검토했는데 그때나 지금이나 비슷한 가격이었다. 나는 5~6년 전에는 적정가격이었지만 지금은 저렴한 가격이라고 판단하고 매입했다. 당장 직원 수백 명이 근무할 사무실 공간이 필요했기 때문이다. 더구나 삼성역에서 봉은사역까지의 지하공간 복합개발공사가 종료되는 2028년에는 빌딩 가치가 더 많이 상승할 여력이 충분했다. 그 빌딩은 대지면적 1,240평, 건평은 1만 평을 초과하는 건물이었다. 그 건물을 매입한 후 세아STX엔테크를 통해 대대적인 리모델링을 하고 빌딩 이름을 S타워로 변경했다. S타워를 구입한 지 얼마 안 되어 이면도로 쪽 S타워에 붙어 있는 대지 300평의 코너 빌딩이 매물로 나와 구입했다. 인디에프 빌딩과 S타워를 매입하려던 계획은 시간이 걸렸지만 결국 이루어졌다. 열망과 노력은 아무도 꺾지 못하며 꿈과 희망은 결국 이루어진다.

PART

5

목적이 이끄는
리더

아이티 세아학교는 2023년 첫 고교 졸업생을 배출했다.
700명 학생들에게 10년 넘게 무상교육을 하는 것은
말처럼 쉬운 일이 아니었다.
그 과정에서 클린턴 전 대통령 부부, 반기문 전 유엔 사무총장,
전 세계 구호현장을 누비는 영화배우 숀 펜 등과의 만남은
세상을 더 밝게 만들어가는 글로벌 리더십의 면면을
바로 옆에서 지켜보는 귀중한 기회였다.

- 24 -
경험하지 못한
파도가 몰려올 때

누구나 미래에 대한 준비에 깨어 있어야 한다. 미래는 지금까지 경험해보지 못한 높이의 파도가 치는 바다와 같다. 그리고 우리는 그 바다를 항해하지 않으면 안 될 운명이다. 세상을 읽는 입체적인 시각을 갖추어야 미래에 대한 일별(一瞥, glance)과 맥락(context)을 파악할 수 있다.

그렇다면 경영자는, 조직은 어떻게 미래를 준비해야 하는가? 먼저 경영은 미래에 대한 비전을 세우고 그것을 실현하기 위해 노력하는 것이다. 그러므로 그 비전을 모든 임직원과 공유해야 한다. 비전을 공유한다는 것은 임직원들의 의견을 존중하고 함께 논의하며 동행한다는 의미다. 나는 항상 그런 마음가짐으로 회사를 경영해왔다.

경영자는 목표를 달성한 성취의 공은 임직원들에게 돌리되 실패의 최종 책임은 자신이 져야 한다. 임직원을 경영의 하수인이나 도구로 생각하는 경영자는 이미 경영자가 아니다. 기업경영은 경쟁에 근거한다. 개인도 세상을 살아갈 때 남들과 똑같이 해서는 결코 앞서나갈 수 없다. 기업은 더 말할 나위가 없다. 기업은 영업이익을 자양분으로 성장하고 발전한다. 영업이익은 매출과 직결된다. 매출이 증가하면 영업이익도 증가한다.

세아상역은 1986년 설립 이후 지금까지 단 한 번도 적자를 낸 적이 없다. 그리고 매출은 매년 비약적으로 성장했다. 나는 세아상역을 경영해오면서 매출과 영업이익의 신장을 위해 매년 최선을 다했다. 매사 간절하고 노심초사하는 마음이었다. 또 언제나 시선을 미래에 고정하고 창의성과 전략적 혁신으로 경쟁사와 차별화하려고 노력했다. 그러한 마음가짐과 관점이야말로 경영자가 가져야 할 제1의 덕목이라고 생각한다.

앞서 설명한 것처럼 나는 CAFTA 혜택을 도모하기 위해 중미 국가에 방적 공장을 유치하려고 노력했다. 하지만 한국의 방적 공장들은 움직이지 않았다. 결국 세아가 직접 방적 공장을 설립했다. 실을 생산하는 방적은 섬유업의 한 부문이지만 세아는 그전까지 한 번도 시도해보지 않았던 이종 업종이었다. 비관하고 걱정하는 사람이 많았지만 그 덕분에 경쟁사와의 격차를 크게 벌렸다. 이런 도전이야말로 미래를 내다본 전략적 혁신이라고 나는 생각한다.

공장 설계부터 시행착오가 시작되었다. 독선적인 사고를 가진 리더가 진두지휘한 탓에 설계 단계부터 문제가 생겼다. 하지만 회사에 경험이 축적되어 있지 않았으므로 아무도 그를 제어할 수 없었다. 결국 잘못된 설계를 바로잡지 못하고 설계 회사와도 분쟁이 일어났다. 그런 시행착오를 겪었다고 해서 후회하느냐 하면 그렇지는 않다. 두 번, 세 번 시행착오를 겪더라도 도전하지 않으면 새로운 분야로 확장할 수 없기 때문이다. 고인 물은 반드시 썩는 것처럼 새로운 도전을 하지 않는 회사는 경쟁에서 이길 수 없고 생존 역시 불가하다. 다행히 이후에 설립한 제2, 제3의 방적 공장은 시행착오 없이 순조롭게 진행되었고 운영도 잘 되었다.

팬데믹 이후 의류 유통과 생산 시스템은 엄청나게 달라졌다. 모든 미국 바이어들이 인쇼어링(inshoring) 또는 니어쇼어링(nearshoring)으로 중미 생산을 원하고 있다. 중미투자와 생산에 관한 한 세아상역은 어느 경쟁사도 따라올 수 없는 압도적인 선도 회사다. 이제는 코스타리카 방적 공장 소유의 장점을 살려 중미에 풀 버티컬 시스템(full vertical system) 설립을 계획하고 있다. 2022년에 이미 과테말라에 10만 평의 부지를 매입해 성토를 끝냈다. 공장 설계가 끝나면 그 부지에 원단 공장을 설립할 것이다. 그렇게 되면 세아상역은 중미에서 미국 원면을 이용해 각종 실과 원단을 생산하고, 그것으로 의류를 제작해 미국으로 수출할 수 있다. CAFTA 혜택을 이용해 중미에서 생산한 완제품을 무관세로 미국으로 수출하면 아시아 생산 대비 리드타임(lead time)도 현격히 단축할 수 있다. 이처럼 세아상역은 항상 선제적으로 업계를 리드해왔다.

경영자라면 머릿속에 현재에 대한 생각이 50%, 미래에 대한 생각이 50%여야 한다. 1990년대부터 세아가 중미로 진출해 안착한 비결은 그러한 미래에 대한 일별과 맥락, 큰 그림과 긴 안목을 끝까지 놓지 않았던 데 있다. 물론 20년 가까이 흔들림 없이 추진하기란 쉽지 않았지만, 경영자의 머릿속 생각 중 50% 이상이 미래를 향해 있다면 불가능하지 않다.

경영은 인재와 범재, 둔재를 가려내는 것 먼저

경영은 인재와 범재, 둔재를 가려내는 작업이기도 하다. 뛰어난 경영자는 좋은 인재를 알아보고 발탁하고, 그들과 함께 창조적 변화를 끊임없이 추구한다. 항상 발전적인 변화를 시도하는 기업과 그럭저럭 연명하는 구태의연한 기업 중 어떤 기업과 거래하고 파트

너십을 맺고 싶은가? 어떤 기업이 경쟁에서 승리하겠는가? 구태의
연한 기업은 단시간 내에 도태되고 만다. 경영자는 임직원에게 성
장과 발전의 비전을 심어주어야 한다.

또 비전만큼이나 보상도 중요하다. 경영자가 인색하면 인재들
이 모이기는커녕 오히려 떠난다. 회사가 매출과 영업이익에서 괄
목할 만한 성과를 내면 그에 상응하는 보상을 임직원들에게 해야
한다. 보상하지 않고 또다시 노력만 요구하는 경영자라면 어느 누
가 따르겠는가?

나는 매년 연말에 매출과 영업이익의 결과에 비례해 인센티브
를 지급했다. 가장 많을 때는 부서별로 1,000%가 넘었고 적을 때
는 300% 정도를 지급했다. 세아상역이 업계에 두각을 나타내면서
부터 나는 급여를 업계 최고 수준으로 인상했다. 좋은 인재를 모으
고 그들에게 자긍심을 심어주기 위해서였다. 세아상역 사옥은 삼
성역 3번 출구에 바로 인접해 있다. 어려운 여건에서도 좋은 위치
의 사옥 매입을 강행했던 것은, 임직원의 출퇴근 편의와 자긍심 고
취를 위함이었다.

좋은 인재를 모으고 키우고, 보상하고 자긍심을 높여주는 것
으로 끝은 아니다. 리더 자신이 회사의 인재상을 몸소 보여주어야
한다. 회사의 성장 비전도 중요하지만 인재에게는 믿고 따르고 싶
은 리더가 필요하다. 그래서 경영자는 단 한 번이라도 일탈하거나

실수하면 안 된다. 임직원들의 모범이 되어야 한다. 비윤리적인 경영자가 임직원에게 늘 바르고 깨끗하기를 기대할 수는 없다. 자신은 일탈하면서 임직원들은 그러지 못하게 하면 그 순간 존경심은 사라지고 조직이 무너진다.

특히 요즘은 성인지 감수성(gender sensitivity) 문제도 중요하다. 2000년대 초반까지만 해도 남녀 직원들이 저녁 회식 후에 2차는 노래방에 가서 어울렸다. 남녀가 어깨동무를 하고 노래를 불러도 별 문제가 없었다. 그러나 언제부터인가 직장 내 성희롱 문제가 심각하게 대두되기 시작했다. 세아상역도 본사와 각 해외법인에 컴플라이언스팀을 두고 정기적으로 교육을 하는 등 문제가 발생하지 않도록 노력하고 있다. 인사위원회를 열어 가해자는 직급 관계없이 엄격하게 다스린다.

만약 최고경영자가 성희롱 논란의 대상이 되었을 때 엄중한 처벌과 사임이 따르지 않으면 회사는 단 한 걸음도 앞으로 나가지 못하고 절벽 아래로 추락할 것이다. 최고경영자가 오너라면 이는 오너 리스크다. 경영자는 외로운 리더다. 비전의 성취를 위해 계속해야 하는 도전 외에 다른 것은 없다. 그래서 외롭다.

인재는 참여감과 책임감을 먹고 자란다

리더는 두 유형이 있다. 첫 번째는 스스로 결정하는 리더, 두 번째는 조직원들의 의견을 경청하고 결정하는 리더다. 나는 두 번째 유형이다. 중요한 결정을 해야 할 때는 먼저 임원 또는 유관자들 회의를 소집한다. 참석자들 모두가 의견을 제시하고 서로의 의견을 경청한 후 충분히 토의한 다음 중지를 모아 결정한다. 내 의견은 다른 참석자들처럼 하나의 의견일 뿐이다. 내 의견이 채택되지 않는 경우도 많다.

자신의 의견을 제시하고 남의 의견을 경청하며, 활발한 토의를 거쳐 가장 좋은 답을 찾아내는 문화는 창업 이후부터 지금까지 계속 유지되어온 우리 회사만의 전통이다. 나는 이것이야말로 오늘의 세아상역을 만든 원동력이라고 생각한다. 활발한 토론으로 중지를 모은 결정이 아니라면 최선의 결정이라고 볼 수 없다.

의견을 제시하고 경청하며 토의하다 보면 참석자 각자가 가진 문제해결력과 토의능력, 경청하는 자세가 드러난다. 나는 이러한 회의를 통해 누가 리더의 자질을 가졌는지 판단한다. 나는 독선적인 사람을 싫어한다. 그러나 리더들 중에는 자기중심형 리더가 의외로 많다. 이러한 리더들은 모든 일을 자기 생각대로 결정한다. 이런 리더가 회사를 경영하면 실패할 확률이 높다. 실제로 나는 그런 경우를 많이 보았다.

좋은 결론을 내리는 것도 중요하지만 토의 과정 자체가 갖는 이점도 있다. 자기 의견을 말하고 남의 의견을 들으며 조율하는 과정에서 구성원들은 참여감과 책임감을 가진다. 그러한 참여감은 일에 더욱 몰입하게 하고 좋은 결과를 거두었을 때 느끼는 성취감도 배가시켜준다. 독단적으로 결정하고 지시만 하는 리더 밑에서는 좋은 인재가 클 수 없다. 구성원의 드러나지 않은 능력도 찾아내서 키워주는 리더가 조직을 발전시키는 리더다. 적든 크든 자신의 능력을 펼칠 기회조차 없는 곳에서 누가 의욕적으로 일하겠는가? 좋은 인재들은 결국 떠난다.

- 25 -

마스크와
방호복

2019년 12월 코로나19 바이러스가 출현했다. 2020년 3월부터 전 세계는 전대미문의 혼란 속으로 빠져들기 시작했다. 국가 간 이동이 중지되었고, 모든 비즈니스가 순식간에 정지되었다. 세아상역 바이어들도 고객이 오지 않으므로 스토어의 매출이 급감하고 재고가 증가했다. 제품 선적을 중지해달라는 요청과 오더를 취소하겠다는 통보가 모든 거래선에서 일시에 쇄도했다. 태어나서 처음 접해보는 혼란이었다.

나는 2020년 4월 초부터 잠을 잘 수가 없었다. 새벽 두세 시에 잠이 깨면 어두운 거실 소파에 혼자 앉아서 세아상역과 수만 명의 직원들을 위해 무엇을 어떻게 해야 할지 고민했다. 선적 보류와 오더 취소를 요청하는 거래선들을 어떻게 설득할 것이며, 전 세계 세아 공장에서 근무하는 6만여 명의 근로자들은 어떻게 할 것인지 고심했다.

세아상역의 가장 큰 수출국가인 미국에서는 코로나19 바이러스 전염으로 많은 사망자가 발생했다. 한때는 사망자가 폭발적으로 급증해 시신의 냉동보관도 어려운 상황이었다. 한낱 바이러스 때문에 미국이, 아니 전 세계가 무너지는 것처럼 보였다.

미국 정부는 국민들에게 지급해야 할 마스크와 방호복이 필요했으나 당장 수천만 장, 수십억 장을 조달할 수 있는 곳은 전 세계 어디에도 없었다. 미국 연방정부는 마스크와 방호복 조달을 위해 자국 회사들을 상대로 입찰을 했다. 미국에서 가장 큰 방적 회사는 파크데일이다. 세아상역은 파크데일에서 원사를 구입하는 거래관계에 있었고 나는 오너인 에릭 회장과 오래전부터 알고 지냈다. 그와 수차례 만나 비즈니스는 물론 미국의 중미 섬유 정책에 대해서도 논의했던 적이 있었다. 파크데일은 마스크와 방호복에 대한 연방정부 입찰에 참여하기 위해 세아상역에 단가와 생산 가능 수량, 납기를 문의해왔다. 세아상역은 코스타리카에서 방적 공장을 가동하고 있고 인도네시아에 부지 18만 평의 대규모 원단 공장을 소유하고 있다. 중미든 아시아든 신속한 원단 공급과 마스크 생산이 가능했다. 방호복 제조용 원단 생산 공장도 중국에서 이미 확보했다. 우리는 오더만 수주하면 즉시 생산에 돌입할 준비가 되었다고 회신했다. 모든 일이 초지급으로 진행되었다.

파크데일은 미국 연방정부가 필요로 하는 수량의 마스크와 방호복을 계속해서 낙찰받기 시작했다. 세아상역은 아시아와 중미 각국의 자사 공장과 모든 협력 공장을 풀가동해야 겨우 납기를 맞출 수 있는 오더들을 계속해서 수주했다. 마스크와 방호복은 매출도 컸지만 영업이익률이 의류에 비해 더 좋았다. 그러나 타 회사들은 오더가 부족하여 어렵게 공장을 가동하고 있었다.

세아상역이 파크데일을 통해 마스크와 방호복 오더를 대량으로 수주할 수 있었던 것은 힐러리 클린턴 국무장관이 창안했던 아이티 프로젝트가 도움이 되었을 것으로 추측한다. 미국 국무부와 파트너십으로 아이티 카라콜산업단지에 투자했던 세아상역의 이력이 마스크와 방호복 생산자 선정에서 신뢰 부분에 약간이라도 기여했을 것으로 나는 이해하고 있다. 어떻든 세아상역 거래선들의 오더 수주가 급감했던 시기에 대량의 면 마스크와 방호복 오더 수주로 인해 세아상역은 매출과 영업이익에 어떠한 문제도 없었다. 매출과 영업이익은 팬데믹 이전보다 오히려 더 증가했다.

미국 연방정부의 마스크와 방호복 구매는 코로나19 바이러스에 대한 대처방안과 백신이 개발되면서 급격하게 감소했다. 뒤늦은 시기에 우리나라의 많은 중소기업들이 부직포 마스크 제조기계를 발주하기 시작했다. 가격은 코로나 이전에 비해 1.5~2배가 올랐고 2~3개월이면 가능했던 납기는 1년이나 기다려야 했는데도 불구하고 말이다. 어떤 회사는 미국에 부직포 마스크 공장을 설립했고, 어떤 회사는 부직포 원단 제조 공장을 설립했다. 나는 그런 회사들을 이해할 수 없었다. 팬데믹은 머지않아 결국 진정될 텐데 마치 수십 년간 계속될 것처럼 투자했기 때문이다.

예상대로 2021년부터 마스크와 방호복 오더는 급감했다. 그 시기에 부직포 마스크 제조 기계는 넘쳐났고 마스크 제조 회사는 큰 손실이 발생했다. 대부분 레드 오션이 이미 시작되었을 때 투자를 했기 때문이다. 마치 불나방 같았다. 그때 세아상역은 면 마스크와 방호복 생산에서 이미 철수하고 본업으로 돌아간 뒤였다. 2020년 세아상역은 방호복 약 3,000만 장, 마스크 약 2억 장의 오더를 수주했고 그해 수출액은 18억 달러를 상회했다.

부직포 마스크와 방호복 부문의 레드 오션이 이미 시작된 2021년 12월에 나는 도미니카, 니카라과, 코스타리카를 거쳐 중미 과테말라를 방문했다. 과테말라 대통령궁에서 알레한드로 히아마테이 대통령을 만났다. 그는 의사 출신으로 취임 이후 두 번째의 만남이었다. 과테말라 국세청에서 부과한 터무니없는 세금의 감면을 요청하고(몇 년째 표류 중인 사안이었다), 코스타리카 세아 방적 공장에서 생산된 면사를 사용해 원단을 만드는 대규모 공장을 과테말라에 설립하기 위해서였다. 원단 공장 설립에 필요한 토지는 약 10만 평 정도였다. 대통령 면담은 함께 차를 마시면서 1시간 정도 진행되었다. 며칠 뒤 나는 코로나19 바이러스에 감염되어 미국에서 약 10일 동안 치료를 하고 완치판정을 받은 후 한국으로 돌아왔다. 함께 차를 마신 과테말라 대통령이 걱정되어 전염 여부를 확인해보니 대통령은 아무런 문제가 없었다.

팬데믹은 많은 체계를 허물어트리고 터무니없는 상황들을 연출했다. 대부분의 미국 회사들이 재택근무를 실시했다. 정부는 코로나 실업수당을 지급하기 시작했다. 항만 근로자들에게도 예외는 아니었다. 실업수당은 5,000달러 전후였으나 그 이상으로 지급하는 주정부도 있었다. 그러나 직업이 있는 근로자들에게는 실업수당을 지급하지 않았다. 실업수당이 급여와 큰 차이가 없는데 어느 누가 근무를 하려고 하겠는가? 미국으로 들어간 컨테이너는 하역 인력이 부족해 회수되지 않았다. 미국 항구에 하역을 기다리는 선박들이 줄을 섰다. 때문에 베트남과 인도네시아 등 아시아에서 생산된 제품들은 컨테이너와 선박이 부족해 출고되지 못했다. 아시아 각국에서 미국으로 선적되는 컨테이너 1대당 물류비용이 평소의 5배나 치솟았다.

해운 회사들은 유사 이래 최고의 호황을 맞았고 화주들은 최대의 손실을 입었다. 더구나 화주들이 컨테이너 부족과 선복량 부족을 극복하고 제품을 미국에 도착시켜도 운송지연으로 제품 판매 시기를 놓쳐 창고마다 재고가 넘쳐났다. 그렇게 3년간 해운 회사들은 호황을 누렸고 화주들은 눈물을 흘렸다.

그러나 2023년부터 화주들의 눈물은 컨테이너 전문 해운 회사들의 눈물로 변했다. 제품 재고가 너무 많아 화주들이 2023년부터 제품구매를 파격적으로 줄였기 때문이다. 물량 부족으로 해상운임은 바닥으로 추락했고 해운 업계에는 불황의 그림자가 짙게 깔리기 시작했다. 세아상역과 같은 제조 회사는 화주는 아니지만 화주의 매출과 연동되어 희비가 갈린다. 화주들은 재고가 너무 많으니 오더를 줄일 것이고, 제조 회사들은 부족한 오더 수주를 대비할 방안을 고민하며 2024년을 기다리고 있다.

한편 글로벌세아 그룹이 인수한 태림페이퍼와 태림포장 등은 코로나로 인해 오히려 매출과 수익이 증가했다. 사람과 사람의 접촉을 경계하게 만든 바이러스는 세계적으로 온라인 구매를 활성화시켰다. 대한민국도 예외는 아니었다. 게다가 지구 환경의 미래를 위해 플라스틱 사용을 줄여야 하는 당위성은 종이상자의 사용을 촉진했다.

팬데믹은 아무도 예상하지 못했다. 인류의 조상인 아담의 원죄, 즉 인류의 원죄는 무엇인가? 금단의 열매를 먹고 하나님과 같아지려 한 것이다. 인간이 하나님께서 만드신 환경과 질서에 순응하지 않고 파괴를 일삼으며 하나님의 권위에 도전하는 한 인간은 코로나바이러스보다 더 큰 재앙을 걱정해야 할 것이다.

- 26 -
직원들의 마음속으로
들어가기

나를 포함해 단 3명으로 출발한 세아상역이 10년 만에 중견 의류 수출 업체로 성장할 수 있었던 것은 오로지 임직원들 덕분이었다. 어느 회사든 실제로 일을 진행하는 이들은 직원들이므로 지극히 당연한 생각이다. 경영자의 역할도 중요하지만 결국은 직원들이 노력하는 만큼 회사가 성장한다. 축구팀이나 야구팀의 경우도 감독이 아무리 완벽한 전략과 전술을 세워도 선수들이 최선을 다하지 않으면 패배한다.

내가 직원들과의 관계에 관심을 갖기 시작한 것은 창업 후 2년이 지난 1988년 무렵이었다. 직원 수가 10여 명을 넘어가니 직원들과의 관계를 재정립할 필요를 느꼈다. 그들이 회사에 애착을 갖게 하고 싶었다. 어떻게 해야 직원들이 애사심을 가질까? 직원들이 주인의식을 가지려면 사장인 내가 무엇을 해야 할까? 사람과의 관계 맺기가 세상 그 어떤 일보다 지난한 일임을 알고 있었기에 내 고민은 점점 깊어져 갔다. 오랜 시간 심사숙고한 끝에 내린 결론은 '직원들의 마음속으로 들어가자'는 것이었다. 언뜻 보면 아무것도 아닌 전략처럼 보이지만 그 안에는 깊은 의미가 있다.

서로를 이어주는 마음보다 더 강한 연대는 찾기 어렵다. 자신을 알아주고 존중해주는 상사가 함께한다면 직원들은 어떤 어려움도 기꺼이 감내한다. 언제나 자신을 먼저 배려해주는 상사에게는 충성을 다한다. 그러므로 나와 직원들이 마음으로 연대를 맺는다면 세아상역은 한층 강한 회사로 성장할 것이 확실했다. 문제는 그 방법이었다.

내가 찾은 방법은 '직원들을 소중히 여기고 가족처럼 감싸주는 리더가 되는 것'이었다. 자신을 아끼고 존중해주는 사람에게 마음을 여는 것은 인지상정이다. 나는 본래 사람을 좋아하고 인연을 소중하게 여기는 성격이지만, 그때부터는 직원들에게 더 마음을 쏟고 애정을 보이기 시작했다. 일단 어렵고 힘든 일은 항상 내가 먼저 했다. 나이가 어리고 직급이 낮을수록 회사생활이 더 편안해지는 독특한 문화가 조성되기 시작했다. 나는 외근 중인 직원들이 단 1명이라도 퇴근하지 않으면 나도 퇴근하지 않았다. 시간이 오래 걸리고 어려운 외근은 항상 내 몫으로 만들었다. 만약 내가 없을 때는 내 아래에 있는 직급자가 나 대신 힘들고 어려운 일을 도맡아 하도록 했다.

내가 발을 들여놓을 때만 해도 섬유 업종은 이미 사양화되어가는 저임금 산업 중 하나였다. 세아상역이 안정궤도에 오르면 직원들에게 업계 최고의 대우를 하겠다고 나는 스스로 다짐했다. 그리고 그 약속을 지키기 위해 최선을 다했다. 실제로 오늘날 세아상역의 급여는 업계 최고 수준이다. 이는 신입사원 연봉을 다른 기업과 비교해보아도 금세 알 수 있다. 회사가 본격적인 성장기에 접어들면서 임직원들의 급여를 꾸준히 상향 조정해온 결과다.

매년 고위 임원들과 함께 연말 성과급을 의논하고 책정할 때도 나는 실무자들이 제시하는 몇 가지 안 가운데에서 금액이 가장 높은 안을 선택한다. 회사가 감당할 수 있는 범위에서 최고액의 성과급을 지급함으로써 직원들의 노고를 진심으로 격려하고 사기를 북돋워주고 싶어서다. 많을 때는 영업이익의 30~35%까지도 지급했다. 보통 성과급은 부서별로 차등 지급하는 데 성과가 유난히 좋았던 해에는 실적이 우수하고 기여도가 높은 부서에 1,000% 이상 지급했던 적도 있다. 그해 가장 적게 받은 부서의 성과급도 400% 정도였다.

임직원들에게 연봉이나 성과급보다 더 중요한 것이 있다. 정신적으로 피로감을 주는 회사, 직원들을 도구처럼 여기며 혹사하는 회사, 교육과 복리후생 등 직원의 미래에 무관심한 회사라면 연봉과 인센티브가 아무리 많아도 직원들은 회사에 마음을 주지 않는다. 기회만 되면 언젠가 회사를 떠날 것이다. 마지못해 일하더라도 성과가 없을 것이다. 임직원들이 일터에 나와 시간만 낭비하는 회사라면 과연 발전하고 성장하며 미래를 도모할 수 있겠는가?

"자신보다 나은 후계자를 양성할 것"

나는 업계에서 좋은 평가를 받는 인재들을 기용하기 위해 많은 노력을 했다. 오래전에 바잉 에이전트 콜스의 C지점장은 나를 가리켜 동종 업계에서 좋은 인재들을 빨아들이는 진공 흡입기와 같다고 했다. 그렇다. 좋은 인재들이 세아상역 성장의 원동력이다.

자본이 기업의 가장 중요한 자원인 시대는 끝났다. 오늘날 기업의 경쟁력을 결정하는 가장 중요한 자원은 바로 사람이다. 창의적인 인재와 도전하는 조직문화를 가진 기업이 새로운 제품과 서비스를 창출해 이익을 낼 수 있고, 새로운 시장에 진출하는 데도 유리하기 때문이다.

인재가 회사를 이끌어간다. 미래 성장동력의 핵심은 다름 아닌 인재양성을 통한 역량 강화에 있다. 따라서 차세대 리더를 양성하기 위한 '인재경영'은 기업의 핵심 경쟁력 강화에 필수 불가결하다. 인재경영이란 핵심인재를 발굴하고 기업이 바라는 인재로 양성하는 모든 활동이다.

글로벌세아 그룹이 추구하는 인재는 전문성과 인성을 겸비한 사람이다. 지치지 않는 열정으로 혁신적인 결과를 만들어내고, 미래에 대한 비전을 제시하며 남다른 실행력으로 동료에게도 좋은 자극을 주는 사람, 항상 내일의 변화를 준비하고 창조적인 사고로 최고를 지향하는 사람이다. 또 윤리적이고 투명한 자기관리로 모범을 보이며 넘치는 인간미와 유연함으로 조직의 인화를 이끄는 사람이다.

손무는 《손자병법》에서 장수를 용장, 지장, 덕장의 세 부류로 나눈 뒤 이렇게 말했다. "용장은 지장을 이기지 못하고, 지장은 덕장을 이기지 못한다." 여기서 용장은 강력한 추진력으로 군사들을 압도하고, 지장은 뛰어난 지략과 전술로 부하들을 통솔한다. 반면 덕장은 따뜻하고 부드러운 카리스마로 부하들의 솔선수범을 유도한다. 내가 바라는 인재는 지장보다 덕장에 가깝다. 덕장은 자기 지식과 경험의 한계를 알기에 타인의 말을 경청하고 존중하며 늘 후계자 양성에 힘쓴다. 그래서 나는 임원들에게 "자신보다 나은 후계자를 양성할 것"을 항상 강조한다.

나는 '리더십과 전문성을 지닌 글로벌세아인'이라는 교육철학에 근거하여 인재육성 목표를 분명하게 설정했다. 그리고 조직의 성과에 기여하는 방향으로 인재경영을 촉진해왔다. 세아의 인재육성 체계는 공통 역량과 리더십 역량, 전문 역량을 근간으로 한다. 세아인의 행동규범인 공통 역량은 '신사고, 인화, 진취'의 공유가치와 글로벌 인재로서 갖추어야 할 '글로벌, 정보화 역량'으로 구분된다. 직무 역량은 높은 성과 창출에 필요한 지식, 기술, 태도의 집합을 말하는데, 이는 다시 모든 구성원에게 통용되는 공통 직무 역량과 전문 직무 역량으로 구분된다.

인사평가 제도를 빼놓고 인재경영을 이야기할 수는 없다. 물론 제도만으로 사람이 변화하거나 기업문화가 바뀐다고 생각하지는 않는다. 하지만 인사평가 제도가 임직원에게 동기를 부여하고 그들이 최고의 성과를 도출하게 한다는 것은 부인할 수 없는 사실이다. 나는 예전부터 BSC(Balanced Scorecard)를 기반으로 '전략 – 평가 – 보상'을 연계함으로써 공정하고 객관적인 평가보상 제도를 만들고 운영해왔다. 2014년에는 승진제도도 개선하여 승진을 성과에 대한 보상이자 능력개발의 긍정적인 자극제로 삼고자 했다. 직급별 맞춤형 심사항목을 도입하고 승진선발(특진) 개념도 도입했다.

이와 더불어 '전 사원의 핵심인재화'와 인재경영 철학에 바탕을 둔 별도의 리더십 모델 체계도 수립했다. 특히 2020년부터는 기존의 교육체계를 확대해 '글로벌세아 그룹 리더 양성 제도'를 구축하고 운영하기 시작했다. 고위 경영자와 임원 후보를 양성하기 위해 세아만의 리더십 프로그램을 개발하고 MBA 과정을 운영함으로써 그룹사다운 인재양성 체계를 갖추었다.

글로벌세아의 리더 양성 제도는 크게 3단계로 구성된다. 인재 타워의 맨 하단에는 계열사의 모든 임직원을 대상으로 하는 SVP(Sae-A Shared Value Program)가 있다. 이는 경영철학과 핵심가치를 공유하는 단계로 그룹 내 조직문화의 확산과 내재화를 목표로 한다.

SVP 위에는 실무관리자를 대상으로 하는 S-MBA(Sae-A Master of Business Administration)가 자리 잡는다. S-MBA는 한마디로 차세대 리더를 육성하기 위한 경영수업 프로그램이다. 그리고 인재 타워의 맨 위에는 고위 경영자 준비과정, 즉 SLP(Sae-A Leadership Program)가 배치된다.

글로벌세아 그룹 인재 양성 제도의 핵심이라 할 수 있는 SLP는 각 분야 석학과 전문가를 교수로 초빙해 경영전략, 비즈니스 모델 혁신, 세계 흐름의 변화, 전략적 의사결정 등을 교육하는 한편 현장 교육도 병행해 이론과 실무의 조화를 도모하고 있다. 2020년 8월 SLP 1기 과정을 시작으로 2021년 11월에는 3기 과정이 완료되었다. 그 결과 지금까지 총 48명의 차세대 리더가 탄생했다.

나는 아무리 바쁜 일이 있어도 SLP 수료식에는 반드시 참석한다. 글로벌세아의 내일을 이끌어갈 그들에게 들려주고 싶은 이야기가 있기 때문인데, 다름 아닌 리더의 덕목에 관해서다. 내가 생각하는 리더에게 필요한 덕목은 로열티, 경청, 혁신, 전략과 도전, 도덕성이다. 궂은일에 먼저 팔을 걷어붙이는 리더의 희생이 회사에 대한 직원들의 로열티를 만들어낸다. 직원들의 이야기에 귀를 기울이는 경청의 자세야말로 바른 소통의 시작이며, 리더의 창조적이고 개방적인 마인드셋이 뒷받침될 때 비로소 조직혁신이 가능해진다. 또 목표를 세우고 그것을 달성하기 위해 열정적으로 노력하는 도전과 변화의 전략은 아무리 강조해도 부족함이 없는 리더의 필수조건이다.

- 27 -
글로벌 리더십의
최전선에서 만난 사람들

세아상역은 클린턴 대통령이 운영하는 클린턴 재단의 회원사다. 클린턴 재단은 빌 클린턴 대통령이 퇴임 이후 만든 재단이다. 연중 세미나 또는 업무보고 형식의 행사는 대부분 뉴욕 맨해튼과 워싱턴 DC에서 진행되었다.

빌 클린턴 대통령을 생각하면 맨 먼저 떠오르는 장면이 있다. 2010년 1월 12일 아이티 대지진 이후 사망자 추모 행사에서 작열하는 태양 아래 빌 클린턴 대통령이 아이티 르네 프레발 대통령과 함께 서 있던 모습이다. 나 역시 천장이 무너져 벽만 남은 포르토프랭스 대성당에서 각국 대사들과 함께 진행하는 추모 미사에 초청을 받아 가는 길에 그 모습을 보았다. 그 장면은 빌 클린턴 대통령의 트레이드마크로 지금까지 나에게 강렬하게 인식되었다.

내가 빌 클린턴 대통령을 처음 만났던 것은 포르토프랭스 직업 훈련소 내에서 진행되었던 투자 조인식이었다. 내가 미 국무장관 비서실장 셰릴 밀스와 방 안에서 탁자를 마주하고 앉아 있을 때 우연히 옆을 보니 빌 클린턴 대통령이 문틀에 양손을 짚고 빙긋이 웃으며 서 있었다. 셰릴 밀스가 나를 소개했고 클린턴 대통령은 축하한다며 나에게 악수를 청했다. 빌 클린턴 대통령은 연설을 아주 잘하는 대통령으로 평가받는다. 나는 축사를 하기 위해 빌 클린턴 대통령 옆자리에 두 번 앉은 적이 있다. 그는 두 번 모두 인쇄된 연설 원고를 고치고 또 고쳤다.

클린턴 대통령은 대지진 이후 포르토프랭스를 한 달에 한두 차례씩 방문했다. 어느 날 그가 나를 포함한 20여 명의 사업가들을 포르토프랭스의 한 호텔로 초청해서 아이티 투자를 권유했다. 호텔 그룹 CEO, 가구 회사 CEO 등 모두 미국 사업가들이었다. 그날 클린턴 대통령이 했던 이야기가 생각난다.

클린턴 대통령 부부는 신혼여행을 아이티에서 보냈다고 했다. 그들은 아이티를 결코 잊을 수 없었을 것이다. 빌 클린턴 대통령은 아칸소주 호프에서 태어났고 32살 젊은 나이에 아칸소주 주지사에 당선되었다. 그리고 주지사일 때 미국 42대 대통령에 당선되었다.

그는 아칸소주를 잊을 수 없을 것이다.

1803년 미국 토머스 제퍼슨 대통령은 프랑스 나폴레옹으로부터 프랑스령 루이지애나 214만km²를 1,500만 달러에 사들였다. 루이지애나는 미네소타, 미주리, 아칸소, 캔자스, 오클라호마, 네브래스카, 몬태나 등이 포함된 거대한 땅이었다. 프랑스가 이처럼 거대한 땅을 미국에 매각한 이유는 다음과 같다.

나폴레옹은 프랑스 식민지였던 아이티에서 1791년부터 시작된 노예반란 전쟁에서 패했다. 전쟁에서 승리한 아이티는 1804년 1월 1일 독립국가를 수립했다. 나폴레옹은 식민지였던 아이티의 노예반란 전쟁에서 패배하자 루이지애나를 미국에 매각했다. 미주 대륙과 주변의 프랑스 식민지가 감소하고 아이티 전쟁에서도 패배하여 결국 루이지애나만 남았기 때문이다. 빌 클린턴 대통령은 만약 아이티가 프랑스와의 독립전쟁에서 승리하지 못했더라면 자신이 프랑스 국민으로 태어났을 것이라고 했다. 그러나 아이티의 승리로 자신은 미국 국민으로 태어났고 미국 대통령이 되었으므로 아이티에 고마운 마음을 가지고 있다는 흥미로운 내용이었다.

한편으로는 대지진 이후 미국으로 들어오려는 아이티 보트피플이 급증할 것을 우려해 기업들의 투자를 권유했을 것으로 짐작된다. 아이티 대지진 이후 기업들의 투자가 전무한 상황이었기 때문이다. 그렇더라도 아이티 국민들은 클린턴 대통령 부부의 고마움을 잊지 말아야 할 것이다.

클린턴 대통령 부부는 세아상역의 아이티 투자를 매우 고마워했다. 세아상역에 필요한 것이 있다면 무엇이든 도움을 주려 했다. 카라콜산업단지의 S&H 글로벌 공장 건축이 완공될 즈음에 세릴 밀스로부터 연락이 왔다. 세아상역과 거래를 하고 있는 미국 바이어들의 명단을 주면 빌 클린턴 대통령이 각 회사의 사장들 또는 회장들에게 아이티 생산 오더를 도와달라는 편지를 보내겠다는 것이었다. 나는 정중히 거절했다. 바이어들은 자신들의 사업에 미국 정부가 관여하는 것을 원치 않을 것이기 때문이다.

힐러리 클린턴 국무장관은 아이티 프로젝트를 '무역을 통한 원조'라고 불렀다. 물고기를 주는 것보다 물고기 잡는 방법을 알려주는 것이 더 중요하다고 했다. 힐러리 클린턴 국무장관은 2005년 부산 에이팩(APEC) 총회 기조연설에서 세아상역의 아이티 투자를 가리켜 '무역을 통한 원조'라고 소개했다.

2011년 10월 이명박 대통령이 미국에 국빈 방문했을 때 바이든 부통령과 힐러리 클린턴 국무장관이 주최하는 국무부 오찬이 있었다. 힐러리 클린턴 국무장관은 나를 국무부 오찬에 초청했다. 이명박 대통령의 방문에 맞춰 미국 의회는 한미 FTA 이행법안을 비준했다. 나는 이명박 대통령과는 별도로 미국 워싱턴 DC로 출발했고, 12시 오찬 참석을 위해 국무부를 방문했다. 국무부 비서실 잔 루이가 예전처럼 국무부 로비에서 나를 7층으로 안내했다. 나는 셰릴 밀스, 국무부 아이티 담당팀 책임자 토마스 애덤스 대사와 반갑게 조우했다. 나는 그를 아이티와 국무부에서 여러 차례 만났는데 참으로 친절하고 좋은 사람으로 기억하고 있다.

오찬은 8층에서 12시부터 진행될 예정이었다. 잔 루이는 한 층만 올라가면 되므로 12시 5분 전에 출발하자고 했다. 나와 잔 루이는 5분 전에 엘리베이터에 올랐다. 그러나 8층 버튼은 락이 설정되어 작동하지 않았다. 1층으로 내려가보니 모든 엘리베이터의 8층 버튼에 락이 걸려 있었다. 국무부 로비에는 이명박 대통령 부부를 위해 레드 카펫이 깔려 있었다. 잔 루이가 경호원에게 사정을 설명했더니 경호 책임자가 와서 우리를 8층까지 직접 안내했다. 잔 루이는 자신도 8층에 와보기는 처음이라고 했다. 연회장은 200~250명 정도를 수용할 수 있었다. 초록색 대리석 기둥들 위아래에 미국의 상징인 별들이 수놓아져 있어 화려함을 더했다.

내 자리는 주빈 테이블 바로 옆 테이블이었다. 힐러리 클린턴 국무장관의 배려였다. 잠시 후 이명박 대통령 부부, 바이든 부통령 부부 그리고 힐러리 클린턴 국무장관과 김성환 외교통상부 장관이 입장했다. 나는 클린턴 국무장관을 만났고 그녀는 반갑게 맞아주었다. 그녀의 소개로 바이든 부통령과 인사를 나누었다. 물론 이명박 대통령도 만나 인사를 나누었다.

이명박 대통령은 약 200명의 참석자들에게 현대건설에 재직하던 젊은 시절 포클레인을 완전히 분해했다가 다시 조립한 경험담을 이야기했다. 나도 전에 책에서 읽었던 내용이지만 직접 들으니 새로웠다.

클린턴 대통령 부부는 워싱턴 DC에 소재한 자택으로 자신들의 지인들과 함께 나를 두 번이나 초청했다. 집기와 가구는 일반 미국인 가정과 다르지 않았다. 소박했다. 현관에 들어서면 유화 한 점이 걸려 있는데 빌 클린턴 대통령이 베트남을 방문했을 때 선물로 받은 것 같았다. 세아상역의 베트남 호치민 사무실에도 동일한 화가의 유사한 작품이 걸려 있기 때문에 나는 알 수 있었다.

요르단 후세인 국왕이 미국을 방문했을 때 빌 클린턴 대통령은 자신과 국왕의 면담에 나와 몇 명의 인사를 맨해튼 클린턴 파운데이션으로 초청했다. 초청된 인사들 중 내 옆자리에 앉았던 미쓰비시 미국 CEO가 기억에 남는다. 요르단은 시리아 난민 450만 명을 받아들였고 난민 수용소도 운영하고 있었다. 후세인 국왕은 그들이 자립할 수 있도록 직업을 만들어주고 싶었다. 그런 까닭에 클린턴 대통령은 사업가들을 부른 것이다. 난민 수용소 내에서 공장을 가동하면 컴플라이언스와 관련해 심각한 문제들이 많이 발생할 수 있다. 때문에 세아상역은 도울 수가 없었다.

트럼프 정권이 들어서고 미국 국무부 아이티 팀은 20명이었던 인원이 절반 이하로 줄었다. 또한 아이티에 대한 지원과 관심도 현저하게 사라졌다. 힐러리 클린턴 국무장관이 약속했던 것들이 모두 중단되었다. 주택도 5,000세대가 아닌 기존에 지은 1,500세대에서 중단되었고, 항구 투자는 전혀 진척이 없었다.

어느 날 미국 뉴욕 출장길에 빌 클린턴 대통령에게 인사를 하고 싶어 미리 약속을 하고 맨해튼에 있는 클린턴 파운데이션 사무실을 찾았다. 클린턴 대통령은 미국 국무부의 아이티 지원이 여의치 않아 내가 도움을 요청하기 위해 자신을 찾아온 것으로 착각한 것 같았다.

"내가 김 회장을 위해 아이티에서 도움을 줄 수 있는 것이 이제는 별로 없습니다."

"대통령께 도움을 요청하기 위해 찾아온 것이 아닙니다. 오랫동안 뵙지 못해 안부 인사를 드리기 위해 왔습니다."

빌 클린턴 대통령 사무실에는 1800년대 초창기 맨해튼의 모습을 담은 흑백 사진들이 걸려 있었다. 대통령은 그 사진들에 대해 설명해주었다. 빌 클린턴 대통령 부부를 나는 잊을 수 없다. 또 아이티에 대한 그들의 헌신도 잊지 못한다. 클린턴 대통령 부부는 글로벌 리더십이 무엇인지 나에게 보여주었다.

글로벌 이해관계자를 움직이는 파워 피플

나는 2011년 7월 18일 스위스 제네바 세계무역기구 총회에서 반기문 유엔 사무총장을 처음 만났다. 당시 나는 세계무역기구(WTO) 주최의 '무역을 통한 원조' 회의에 한국 기업인으로는 유일하게 초청을 받았다. 지진 피해를 입은 아이티 투자에 관한 미국 정부 및 미주개발은행과의 협력사례를 발표했다. 세계 각국 외무 장관을 포함해 350여 명의 인사들이 참석했다. 스위스 대통령의 안내로 총회장으로 들어선 반기문 사무총장은 개막식 연설을 했다.

아이티에 유엔군이 주둔하고 있었으므로 나는 언제든 반기문 유엔 사무총장을 만나면 감사의 인사를 하고 싶었다. 반기문 사무총장의 초청으로 2014년 7월 19일 맨해튼 유엔본부에서 김원수 유엔 사무처장과 함께 반 총장을 만났다. 아이티 관련 내용, 유엔의 역할과 활동에 대해서 대화를 나누었다.

빌 클린턴 대통령의 연임이 종료되었을 때 반기문 사무총장은 그에게 유엔 아이티 특사를 맡아줄 것을 부탁했다. 빌 클린턴 대통령은 망설임 없이 요청을 받아들였다. 반기문 사무총장을 예방했던 자리에서 반 총장으로부터 전해 들은 내용이다. 반기문 사무총장 면담은 원래 오후 6시에 공관에서 하기로 약속했으나 갑자기 오후 3시 유엔본부 집무실로 변경되었다. 2014년 7월 17일 우크라이나 상공에서 친러 반군 미사일에 의해 말레이시아 민간 항공기가 격추되었는데 그 사건으로 긴급히 출장을 가야 하기 때문이라고 했다.

반기문 사무총장은 아이티 치안 유지를 위해 유엔군을 파병했다. 그런데 네팔 출신 유엔군이 아이티에 콜레라를 전염시켰다는 이유로 아이티인들이 반기문 사무총장에게 피해보상금 20억 달러를 내놓으라는 소송을 했다. 반 총장은 유엔 사무총장을 상대로 유엔과 관련한 어떤 소송도 법적으로 할 수 없다고 했다.

반 총장은 OECD 의장과 함께 아이티 수도 포르토프랭스에 건립된 체육관 오픈식에 참석했을 때 세아상역과 나에 대해 처음 들었다고 말했다. 마텔리 대통령이 한국 세아의 투자에 대해 언급하며 김 회장을 아느냐고 물었다는 것이다. 반 총장은 잘 아는 사이라고 대답했다며 웃었다. 반기문 사무총장은 한국 기업이 미국 정부, 미주개발은행과 파트너십으로 아이티에 투자를 했다고 해서 나를 만나고 싶었다고 했다.

2013년에 아이티에서 발생한 콜레라는 매우 심각했다. 카프아이시앵도 예외는 아니어서 세아 공장 근로자들도 전염되었다. 세아는 카프아이시앵과 도미니카 소재 비누 공장에서 비누를 대량으로 주문하여 근로자들은 물론 인근 주민들에게 무상으로 지급했다. 또한 콜레라 예방을 위한 행동수칙을 담은 홍보물도 제작해 나누어주었다. 물론 공장과 식당 내외부 소독도 수시로 했다. 덕분에 콜레라의 위험에서 벗어날 수 있었다.

반기문 사무총장이 유엔에서 퇴임한 후 서울에서 김원수 대사와 함께 저녁식사를 하면서 아이티에 대해 다시 이야기를 나누었다. 나는 어렸을 때 유엔 사무총장 이름을 교과서에서 처음 접했다. 유엔 사무총장이 세계의 대통령이라고 믿었고 밤하늘 멀리 있는 별과 같다고 생각했다. 그런 유엔 사무총장의 직책을 한국인이 맡았을 때 나는 첫 번째로 놀랐고, 세계무역기구 총회는 물론 맨해튼 유엔본부 사무총장실에서 반기문 사무총장을 만나면서 두 번째로 놀랐다. 어린 시절 생각지도 못했던 일들이 현실로 이루어졌기 때문이다.

김원수 대사는 외교부 부부 대사다. 김원수 대사는 반기문 사무총장과 함께 유엔에서 10년 동안 근무하고 퇴임한 후 현재는 대학에서 강의를 하고 있다. 부인은 주영 대사를 마치고 2030년 세계박람회를 부산에 유치하기 위해 위원장을 맡아 바쁘게 활동 중이다. 나는 얼마 전에 코스타리카 대통령과 엘살바도르 대통령을 만났을 때 대한민국이 세계박람회를 유치할 수 있도록 지원해달라고 부탁했다.

- 28 -
파워 인맥으로
세계의 구호현장을 누비는 남자

2011년 12월 어느 오후, 배우 숀 펜은 아이티 포르토프랭스에서 약속한 대로 시나리오 작가 폴 헤기스와 프로듀서 한 사람을 데리고 세아상역 뉴욕 오피스를 방문했다. 나와 김기명 사장, 론 가우드 고문이 그들을 기다리고 있었다. 뉴욕 현지법인 사무실은 맨해튼 브로드웨이 1407 빌딩 35층에 있었다. 그들은 모두 검은색 모자를 눌러쓰고 깃을 세운 검정색 긴 모직 코트를 입고 있었다. 브로드웨이 길거리에서 지나친 행인들은 아무도 숀 펜을 알아보지 못했을 것이다.

우리는 그들 세 사람과 인사를 나누었다. 김기명 사장이 회사 소개를 했다. 숀 펜은 아이티에 관해 많은 이야기를 했다. 함께 온

손 펜의 친구 프로듀서는 포르토프랭스 인근의 해변 도시에서 연기학원을 무료로 운영하고 있었다. 우리는 오후 6시 저녁식사를 약속했고, 장소는 손 펜이 알려주기로 했다. 손 펜이 전화로 알려준 장소는 디자이너 도나 카란의 집이었다. 도나 카란의 집은 센트럴파크에 인접한 고층 아파트의 펜트하우스였다. 나는 아이티 행사에서 그녀를 몇 번 만났고 식사도 함께 했다. 클린턴 재단 행사에서도 만났었다. 도나 카란도 아이티 지원에 적극적이었기 때문이다.

나는 약속시간에 맞춰 김기명 사장과 함께 도나 카란의 집을 방문했다. 그녀는 우리를 반갑게 맞아주었다. 손 펜과 폴 헤기스는 이미 도착해 있었다. 당시 랑콤 화장품 모델도 있어서 인사를 나누었다. 그녀는 흰색 블라우스에 검은색 긴바지를 입고 있었는데 매우 아름다웠다. 도나 카란의 아파트는 넓고 쾌적했으며 잘 정돈되어 있었다. 100호 크기의 커다란 부처 얼굴 사진이 은은한 조명 아래에서 신비감을 자아냈다. 우리는 그곳에서 와인을 곁들인 저녁식사를 했다.

며칠이 지나 손 펜으로부터 연락이 왔다. 폴 헤기스가 영화각본을 무상으로 써주지 않을 것 같다고 했다. 내가 제작비를 대고 손 펜이 개런티 1달러로 출연하려 했던 영화제작은 수포로 돌아갔다. 그러나 그것은 아직도 유효할 것이다. 나는 언제쯤 손 펜이 출연하는 영화를 제작할지 궁금하다.

숀 펜과의 인연은 그 후에도 계속 이어졌다. 숀 펜은 아이티 지진 이후 매년 오스카 수상식 전날 저녁에 아이티를 위한 자선 모임을 계획하고 지인들에게 초청장을 보낸다. 참석자들은 대부분이 영화배우와 가수, 각계 유명인사들이었다. 물론 정치인들도 있었다. 다음 날 개최되는 오스카상 시상식에 참석하기 위해 할리우드에 온 유명 배우들은 숀 펜의 모임에도 많이 왔다. 나도 몇 차례 참석했는데 1회 때는 CNN 간판 앵커 앤더슨 쿠퍼가 사회자로 나섰다. 힐러리 클린턴 당시 미 국무장관은 영상으로 축하인사를 했다. 나는 그 자선 모임에서 영화배우 마이클 더글러스와 샤론 스톤을 비롯한 많은 사람들을 만날 수 있었다.

자선 모임의 후반부에는 경매 행사를 한다. 인기 스타와 유명인사들이 기증한 여러 가지 물품들이 경매에 부쳐진다. 빌 클린턴 대통령 등 유명인사와 함께 하는 식사 초대권, 기증받은 미술작품 등이 나왔고, 숀 펜은 자신이 가지고 있던 오래된 연두색 자동차도 기증했다. 나는 8인용 원탁 테이블 1개를 10만 달러에 구매했고, 행사 때마다 캘리포니아에 거주하는 지인들과 회사 임직원들을 초청하는 형식으로 숀 펜을 지원했다.

우크라이나 피난민을 위한 지원

2022년 6월 숀 펜에게서 연락이 왔다. 자신이 운영하는 NGO 코어(CORE)에서 우크라이나 난민 지원을 위한 모금 행사를 하는데 초청하고 싶다는 내용이었다. 나는 김기명 사장, 론 가우드 고문과 함께 행사 전날 LA 공항에 도착했다.

오후 7시에 시작한 행사에는 많은 인사들이 참석했다. 바로 옆 테이블에 빌 클린턴 대통령이 앉아 있어서 나는 오랜만에 반갑게 인사를 나누었다. 빌 클린턴 대통령 옆자리에는 영화 레옹에서 어린 마틸다로 출연했던 배우 나탈리 포트만이 함께 앉아 이야기를 나누고 있었다. 샤론 스톤을 포함해 많은 연예인들과 사업가들이 참석해서 행사장은 발을 디딜 틈이 없이 성황을 이루었다. 숀 펜과 함께 코어를 리드하고 있는 책임자인 앤이 소개를 해서 미국 상원의원과 하원의원 몇 사람과도 인사를 나누고 명함을 주고받았다.

우크라이나 전쟁의 참상이 화면에 나타났고, 코어 직원들이 식품과 의약품을 피난민들에게 나누어주고 있었다. 볼로디미르 젤렌스키 우크라이나 대통령도 영상 메시지를 보내왔다. 숀 펜은 우크라이나에 전쟁이 일어난 후 수차례 젤렌스키 대통령을 만났다고 했다.

행사는 여느 때와 다르지 않다. 유명 가수들이 노래를 하고 모금을 위한 경매를 했다. 나는 영화 '타이타닉'으로 유명한 영화배우 레오나르도 디카프리오가 소장하고 있다가 기부한 미국인 작가의 회화작품 1점을 몇 차례의 경합 끝에 구입했다. 금화를 쥐고 있던 손을 초록색 악어가 물고 있고 손등에서 붉은 피가 흘러내리며 금화가 손에서 떨어지는 그림이다. 모금 행사와 잘 맞아떨어지는 내용이었다.

행사 마지막에는 현금 기부를 받았다. 많은 분이 기부했는데, 내가 가장 큰 금액인 100만 달러를 기부했다. 행사장의 모든 사람이 환호하며 나에게 박수를 보내왔다. 행사가 끝난 후 앤이 해준 얘기로는 나의 100만 달러 기부에 숀 펜이 울었다고 했다.

우리는 다음 날 숀 펜과 앤을 포함한 코어 책임자들을 만났다. 우크라이나 피난민들은 폴란드에 450만 명, 루마니아에 100만 명 정도가 체류하고 있었다. 숀 펜은 겨울이 오면 더 걱정이라고 했다. 지금은 여름이라 학교나 창고 같은 곳에서 임시로 거주할 수 있지만 날씨가 추워지면 견디지 못할 것이기 때문이다. 미국 정부는 NGO가 우크라이나 피난민을 위한 현금 기부를 받으면 100% 매칭 펀드를 운영한다고 했다. 예를 들어 세아재단이 100만 달러를 기부하면 미국 정부도 100만 달러를 지원하는 제도다.

나는 세아재단을 통해 분기마다 100만 달러씩 기부하기로 했다. 또한 쌍용건설 직원들을 폴란드로 보내 코어에서 모금한 자금을 이용해 비어 있는 정부 건물들을 아파트로 개조하는 공사를 해주겠다고 약속했다. 우리는 귀국 후 폴란드에 파견할 직원들을 인선해주도록 쌍용건설 김석준 회장에게 부탁했다. 한편으로는 인도네시아의 세아상역 원단 공장 윈텍스에서 재고로 보관 중인 폴라플리스 원단으로 세아 봉제 공장에서 신속하게 담요를 제작하도록 했다.

글로벌세아 김기명 사장과 론 가우드 고문 그리고 쌍용건설 부장 1명, 과장 1명 등 총 4명이 곧바로 폴란드로 출발했다. 그들은 폴란드에서 코어 책임자의 안내로 피난민들이 체류하는 지역을 둘러보고 숙소로 개조가 가능한 건물들을 살펴보았다. LA에서 귀국한 날부터 약 1개월 뒤 우리는 담요 1만 8,000장과 의류 3만 8,500장을 인도네시아에서 폴란드와 루마니아 코어 물류창고로 선적했다. 담요와 의류는 금액으로 환산하면 23억 원 정도인데 코어를 통해 우크라이나 피난민들에게 전량 전달되었다. 쌍용건설 김용균 부장과 2명의 직원들이 폴란드 건축업체와 피난민들을 고용하여 아파트 개조공사를 1차로 진행했다. 1차는 종료되었고 계속해서 2차, 3차 공사를 시작할 것이다.

숀 펜이 젤렌스키 대통령을 만났을 때 나에 대해 소개했다는 연락을 받은 지 며칠 안 되어 우크라이나 대통령실에서 주한 우크라이나 대사관을 통해 초청장이 왔다. 초청 대상은 나와 김기명 사장, 론 가우드 고문이었다. 우리는 숀 펜과 앤을 폴란드 코어에서 만나 함께 기차를 타고 키이우로 가기로 약속을 했다. 물론 젤렌스키 대통령 면담 약속도 했다. 그러나 나와 김기명 사장은 우크라이나를 방문할 수 없었다. 대한민국 외교부에서 우크라이나가 전쟁 중이라 위험하다는 이유로 취재를 포함한 특별한 목적 외에는 방문을 허가하지 않았기 때문이다.

2023년 4월 초에 김원수 대사와 식사를 했다. 김 대사는 우크라이나 대사관에서 연락이 와서 대사를 만났는데 대사관 운영이 많이 어려운 것 같았다고 했다. 대사관 임대료는 임대주가 도움을 주고 있다고 했다. 나는 론 가우드 고문과 김기명 사장에게 우크라이나 대사를 만나서 도움이 필요한 부분이 있는지 문의하고 도와주라고 지시했다. 우크라이나 대사는 두 사람에게 젤렌스키 대통령 영부인이 방한할 예정이므로 그때 연락할 테니 영부인을 만났으면 좋겠다고 했다. 우리는 연락을 받으면 만나기로 약속을 했다.

나는 외교부의 우크라이나 방문 허가 거절을 이해하지 못한다. 한국 기업인을 우크라이나 대통령실에서 초청한 것은 국가적으로도 얼마나 좋은 일인가? 우크라이나는 세계의 곡창지대인 데다 철광석 등의 광물 매장량도 많다. 전쟁이 끝나면 전후 복구 사업비만 1,000조 원이 넘을 것으로 예상한다. 최근에 외교부에서 한국인의 우크라이나 방문을 30명까지 허용한 것은 참으로 다행스러운 결정이다.

- 29 -

인류의 미래를 위해
헌신하는 사람들

아이티 세아학교는 초등학교 과정으로 2013년 9월에 개교했다.
2017년 5월이면 6학년 학생들이 졸업하게 되는데, 나는 걱정되었
다. 많은 공을 들여 세아학교에서 초등 과정을 이수한 그 학생들이
아이티 교육부에서 운영하는 중학교에 입학할 수밖에 없다는 것이
아쉬웠다. 그래서 나는 고심 끝에 중학교와 고등학교 건물을 동시
에 신축하기로 결정했다. 세아학교의 전반적인 행정업무를 책임지
고 계신 이천일 고문에게 필요한 부지를 급히 알아보도록 했다.

세아학교와 멀지 않은 이캄(EKAM) 사이트 내에 적당한 규모의
부지가 있었다. 이천일 고문과 론 가우드 고문에게 USAID에 부지
증여를 요청하도록 했다. 또한 건물 설계를 의뢰함과 동시에 건설

회사도 선정했다. 중고등학교이므로 체육관도 필요했다. 서두른 덕분에 다행히 2017년 초에 중고등학교 건물이 완공되었다. 이제는 세아초등학교 졸업생 전원이 세아중학교에 진학할 수 있었다. 2017년 세아중고등학교 건물 준공식에는 마텔리 대통령 후임으로 지금은 고인이 된 조브넬 모이즈 대통령과 루이-마리 카도 교육부 장관 및 정부 각료들, 주아이티 미국 대사 등이 참석해서 리본 커팅을 했다.

아이티 교육제도는 고등학교 과정이 13학년까지 있다. 2023년 9월 3일 세아고등학교 첫 번째 졸업생이 배출되었다. 현재 전체 재적 학생 수는 700명이다. 개교 5주년을 맞은 2018년부터는 문화교육에도 관심을 가졌다. 1학기부터 태권도를 정규과목으로 택했다. 한국의 고신대학교 신학대학에서 파견된 사범이 체육관에서 태권도를 가르쳤다. 체육 시간에는 학생들 전원이 학교에서 제공한 도복을 입고 태권도를 배운다.

하나금융그룹의 나눔재단(김한조 이사장)으로부터 3,000만 원을 지원받아 악기를 구입하여 중고등학교 밴드부도 창단했다. 문화관광체육부 산하 재단인 세종학당과 함께 학교 내에 '세종학당 카라콜 캠퍼스'를 개원해 한국인 선생님이 한글을 가르치기 시작했다. 세아학교 운영비용은 세아재단에서 전액 부담하고 있다.

나는 카라콜산업단지를 방문할 때마다 세아학교를 둘러본다.

초등학교, 중학교, 고등학교를 차례로 둘러보고 미진한 부분이 없는지 살핀다. 특히 초등학교 저학년 학생들의 천진난만한 얼굴과 검은 눈동자를 보면 그렇게 사랑스러울 수가 없다. 세아 공장에 출근하는 근로자들의 자녀는 세아학교의 학생 중 일부일 뿐이다. 세아학교가 명문으로 소문이 나면서 멀리 떨어진 지역에서도 다니고 있다. 모두 수용하기가 어려워 대기자로 이름을 올린 학생들이 많다.

세아학교 학부모 대부분은 세아상역이 아이티 공장에서 이익을 많이 내서 학교를 무상으로 운영하는 것으로 착각한다. 일부 학부모들은 세아상역에 고마워하기도 하지만 대부분은 무상교육이 당연한 것으로 여기는 듯하다. 아이티 사람들은 오랜 식민 지배로 인해 피해의식이 강한 데다, 역사적으로 긴 세월 동안 외부 원조에 의존해왔기 때문에 도움을 당연하게 생각하는 것 같다. 또 그들은 직업이 거의 없어서 가난해도 가난에 대한 불편함을 전혀 느끼지 않는다.

아이티 국민들은 성격이 급하고 자존심도 매우 세다. 그 부분은 정치인이나 정부 관료들도 다르지 않아서 나는 아이티 사람들과 대화할 때 그 부분에 매우 신경 쓴다. 아이티 투자를 결정했을 때 총리 공관에서 당시 르네 프레발 정권의 총리였던 장 막스 벨리브 총리가 나에게 했던 말이 생각난다. "아이티를 돕겠다는 생각으로 투자하지 말고 아이티에서 돈을 벌 수 있겠다고 판단되면 투자하십시오."

매년 2,500명씩 진료하고 시술한 아이티 의료봉사단

나는 카라콜 세아학교 기공식 즈음에 인근 병원들을 둘러보았다. 일반 병원들은 병원이라고 할 수 없을 정도로 시설이 열악했다. 의료설비는 물론 약품도 거의 없었다. 쿠바에서 운영하는 종합병원이 있다고 해서 방문했다. 의료설비가 있었지만 나같이 의료 지식이 없는 사람이 봐도 노후한 설비임을 한눈에 알 수 있었다. 병원 안팎에 치우지 않은 쓰레기 더미가 있었다.

나와 김기명 사장은 귀국길에 워싱턴 DC에 소재한 조지워싱턴대학교를 방문해 안면이 있던 총장에게 아이티 의료봉사를 요청했다. 총장은 간호대학 학장을 소개해주었다. 나는 조지워싱턴대 간호대학이 제약 회사로부터 의료봉사에 필요한 의약품을 무상으로 지원받으면 봉사에 참여하는 교수들의 항공료와 숙식비를 세아상역이 전액 지원하겠다고 했다. 학장은 흔쾌히 노력해보겠다고 했다.

귀국 후 나는 전남 광주로 내려가 모교인 전남대학교 김윤수

총장과 전남대학교병원 송은규 원장을 만나서 여름방학을 이용한 아이티 의료봉사에 대해 의논했다. 조지워싱턴대학교 간호대학에 제시한 조건과 동일한 조건을 제시했다. 김 총장과 송 원장도 노력해보겠다고 했다. 후일 알게 되었지만 교수들의 의료봉사는 자신들의 연차를 사용해야 가능한 것이었다. 의사로서의 사명감이 없으면 할 수 없는 일이었다. 결국 전남대학교병원에서 각 학과 교수 한 분씩, 약사 두 분을 포함해 15명이 참여했다. 김윤수 총장과 송 원장도 별도로 참여했다. 조지워싱턴대 간호대학에서는 학장을 포함한 교수 12명이 참여하기로 했다.

세아상역에서는 당시 정동하 이사가 아이티 의료봉사를 담당했다. 마이애미를 경유하는 항공편을 예약하고, 유니폼을 만들어 전남대학교와 조지워싱턴대학교라고 앞뒤에 프린트했다. 미국에서는 당시 뉴욕 현지법인 사장이었던 김기명 사장이 도움을 주었다. 첫해 의료봉사는 2012년 7월에 6일 동안 이루어졌다. 약 3,000명에 달하는 환자를 대상으로 진료와 시술을 했다. 의료봉사단은 낮에는 환자들을 진료하고 저녁에는 공장 기숙사에서 그날 처방한 약들을 약봉지에 넣었다. 어떤 환자는 평생 한 번도 병원에 가본 적이 없다고 했다. 그런 환자들이 많았다.

전남대학교병원에서는 6일 동안의 진료를 바탕으로 《아이티 의료백서》를 제작했다. 그 의료백서는 유엔본부에도 전달되었다.

의료봉사가 종료된 후 남은 의약품은 인근 병원들에 모두 기증했다. 나는 2013년 여름에도 의료봉사를 계획하도록 했다. 부산대학교 양산병원에서 흔쾌히 참여했다.

그 후 매년 동일한 방법으로 아이티 의료봉사가 진행되었다. 미국인 간호대학 교수들과 한국인 대학병원 교수들이 서로 어울려 낮에는 세아학교에서 진료하고 밤에는 세아 기숙사에서 그날 있었던 진료에 대해 서로 토론을 하고 처방한 약들을 봉지에 넣는 일을 반복했다. 미국 뉴욕 맨해튼 타임스퀘어 광장의 대형 모니터에 의료봉사를 하고 있는 의사들의 진료 모습이 나오기도 했다. 2020년 코로나 팬데믹으로 중단되기 전까지 아이티 의료봉사단이 진료하고 시술한 환자 수는 매년 2,500명에 달했다.

교육은 미래를 위한 가장 확실한 투자다

2023년 9월 2일 미국 플로리다 포트 로더데일 국제공항에서 출발한 항공기는 아이티 카프아이시앵 국제공항에 도착했다. 국제공항이지만 트랩이 단 1개도 없다. 좁고 허름한 청사 앞에서 악사들이 아이티 전통악기를 연주하고 있었다. 입국 심사를 마치고 카라콜 산업단지로 가는 길 주변은 팬데믹 이전인 2019년에 비해 별로 달라진 것이 없었다. 공단 내부의 기숙사도 마찬가지였다.

고등학교 졸업식은 다음 날 오전 11시에 세아중고등학교 강당에서 시작되었다. 졸업생 학부모님, 선생님 그리고 외부 인사들이 초청되었다. NGO 코어를 운영하는 숀 펜을 비롯해 클린턴 재단, 미주개발은행, 미 국무부 중미 책임자, 세아상역 바이어 회사들로부터 많은 축전이 왔다. 재학생들이 곳곳에서 봉사활동을 하고 있었다.

유치부부터 초중고등학교 전교생 700명 중 이번 졸업생은 모두 47명이었다. 2012년 초등학교 건물 기공식을 하고 2014년 9월 유치부와 초등학교를 개교한 이후 만 10년 만에 고등학교 첫 졸업식이라 감회가 새로웠다. 10년 전 눈망울이 유달리 검고 초롱초롱했던 코흘리개 꼬맹이들이 이제는 의젓한 성인이 되었다. 47명의 졸업생 중 11명은 취업을 했고, 36명은 대학에 진학할 계획이다.

700명 학생들에게 10년 동안 한결같이 무료교육과 무료급식을 제공한다는 것이 그렇게 쉽지는 않았다. 그동안 교장 선생님이 네 분이나 바뀌었다. 그만큼 오지에서 견디기가 어려웠을 것이며 학부모들과의 갈등도 심했기 때문이다. 학부모들은 대부분 세아학교의 무상교육을 당연한 것으로 여기고 더러는 학교 운영에도 간섭했다. 초창기에 컴퓨터 교육을 위해 노트북 컴퓨터 30대를 설치했으나 오래가지 못했다. 일부는 도둑을 맞았고 일부는 망가졌다.

졸업식은 감개무량했다. 47명의 남녀 졸업생은 자신들의 조국이자 지구상에서 가장 가난하고 치안이 안 좋은 나라 아이티를 위해 일할 것이다. 10년 전에 뿌린 교육이란 작은 씨앗이 아이티의 미래를 이끌 인재로 성장해 대견하고 자랑스러웠다. 그리고 앞으로 매년 그런 인재들이 세아학교에서 배출된다고 생각하니 더욱 큰 책임감이 밀려왔다.

나와 교장 선생님이 축사를 했고 졸업생 대표가 답사를 했다. 졸업생 대표는 일부 문장을 한글로 읽었다. 학생들의 단체 태권도 시범은 놀라웠다. 그동안 갈고닦은 실력을 무대에서 유감없이 발휘했다. 세아학교의 모든 학생이 모국어인 크레올어와 영어, 스페인어 그리고 세종학당에서 파견된 선생님에게서 한국어를 배운다. 졸업식을 지켜보면서 나는 매년 대학에 진학하는 성적이 우수한 학생들에게 어떤 식으로든 도움을 줄 제도를 마련해야 하겠다고 생각했다.

다음 날 미국으로 출발하기 전에 최순옥 교장 선생님의 안내로 초등학교 건물과 시설들을 둘러보았다. S&H 글로벌 공무실에서 수리를 했어도 시설은 많이 낡아 있었다. 마침 장금상선 정태순 회장께서 세아학교를 위해 두 번째로 기증해주신 미화 10만 달러가 있었다. 부족한 금액은 세아재단에서 출연하기로 하고 모든 책걸상과 비품, 학교시설, 건물을 새롭게 바꾸고 리모델링하기로 했다.

견적이 산출되면 최대한 신속하게 진행하기로 했다.

초창기에는 경험이 없어 학교 운영이 서툴고 어려웠으나 이제는 지원하는 세아재단이나 S&H 글로벌 한국인 관리자들의 도움이 확고하게 자리를 잡아가고 있다. 교육은 한 국가의 백년대계이고, 미래 발전을 위한 가장 확실한 투자다. 세아학교 졸업생들은 장차 아이티를 이끄는 훌륭한 재목이 될 것이다. 하나님께서 선함으로 이끄시는 우리의 삶은 참으로 놀랍다.

- 30 -
가족은 하나님이 주신
가장 귀한 보물

세연이와 진아가 미국으로 유학을 떠나기 전에 그리스로 가족여행을 떠났다. 그리스에는 아내의 친구가 신학 공부를 하는 남편을 따라 세라 나이의 외동딸 혜빈이와 함께 살고 있었다. 우리 가족은 아테네에 도착하여 미리 예약한 호텔에서 여장을 풀었다.

다음 날 아내는 호텔로 찾아온 친구와 반갑게 재회했고 우리는 함께 아침식사를 했다. 여름의 아테네는 무척 더웠다. 작열하는 태양이 파르테논 신전의 여행객들을 무기력하게 만들고 에게해의 잔잔한 물결 위에서 물고기 비늘처럼 부서지는 찬란한 햇빛에 현기증이 일었다. 아테네 사람들은 바다를 사랑하고 수영을 즐긴다. 그들은 차를 타고 가다가도 멈추고 바다로 뛰어든다. 때문에 속옷은 항상 수영복이다. 아내 친구의 남편인 권 목사의 설명을 듣고 보니 바닷가 길가에 멈춰 있는 차들이 많았다. 그들은 에게해 바다에서 유영하며 떠 있었다. 그들은 과연 포세이돈의 후예들이었다.

권 목사는 호리호리한 몸매로 눈빛이 빛났다. 벌써 2년 동안 신학 공부를 하면서 관광 안내로 생계를 해결해온 가장이었다. 권 목사의 집안은 목회와 신앙의 집안이었다. 친가와 처가가 도와줄 형편이 안 됐다. 그의 집에 갔었는데 조그만 방 2개가 붙어 있었고 그렇게 더운 날씨에도 불구하고 선풍기가 없었다. 에어컨도 아닌 선풍기 한 대를 살 돈이 없었던 것이다. 마음이 아파 눈물이 나려 했다.

나는 아테네를 떠나면서 지갑에 있는 달러를 모두 아내를 통해 친구에게 전달했다. 또한 귀국한 이후에도 아내에게 가끔 달러를 송금하도록 했다. 권 목사는 공부를 마치고 몇 년 후 가족과 함께 귀국해 교인이 적지 않은 어느 교회의 담임목사가 되었다. 아내로부터 전해 들은 후일담이지만 아테네에서 우리를 만나기 전 권 목사 가족은 금전적인 이유로 더 이상 버틸 수 없어 한국으로 돌아가려 했다고 한다. 그런데 어느 날 아내 친구 가족으로부터 도움을 받아 학업을 계속한 것이다.

가족은 나의 가장 귀한 보물

아테네에서 한국으로 돌아오고 한 달 후 아내와 막내 세라도 미국으로 떠났다. 나는 혼자가 되었다. 하루 일과가 끝나고 아파트 문을 열면 갇혀 있던 어둠만 나를 반기는 생활이 시작된 것이다. 나는 요리에 눈썰미가 있어 기본적인 국이나 반찬, 내가 먹고 싶은 음식은 무엇이든 직접 만들어 먹을 수 있었다.

아내와 아이들이 떠난 지 몇 년 후 겨울 날씨가 을씨년스러운 토요일 저녁이었다. 이제는 혼자 사는 생활에 익숙해졌다. TV를 보면서 저녁식사를 하고 있는데 갑자기 왼쪽 입 언저리가 감각이 없고 말을 듣지 않았다. 입 왼쪽에서 음식이 흘러내렸다. 안면마비였다. 나는 옷을 입고 밖으로 나가 택시를 타고 서울성모병원으로 갔다. 응급실에 가서 사정을 설명하고 응급처치를 받은 후 입원을 했다. 병명은 구안와사, 즉 안면마비증이었다. 찬바람을 심하게 맞거나 차가운 곳에 얼굴을 장시간 접촉하면 발생하는 병이라고 했다. 입원해서 매일 링거와 주사를 맞고 약을 복용했다. 회사의 중요한 결재는 병실에서 했다. 열흘 후 퇴원했으나 완벽하게 치료되지는 않았다. 다시 한방병원에 다니면서 침을 맞았다. 지금도 얼굴 한쪽에 약간의 마비증세가 나타날 때가 있다. 그럴 때는 손으로 마사지를 하면 증세가 곧 사라진다. 그 이후부터 사진을 찍으면 양쪽 얼굴이 미묘하게 비대칭이다.

나는 한 달에 한 번 정도 중미 출장을 가면서 미국에 들렀다. 아이들이 한국을 잊지 않도록 출장 때마다 한국어 서적을 20권 이상 구입해서 가져갔다. 또한 아이들에게 맞는 한국 브랜드 의류도 함께 구입했다. 3단 가방에 책과 의류를 넣으면 대단히 무거웠지만 아이들을 위해서라면 그보다 더한 것도 서슴지 않았다.

나는 가장이자 남편이고 아버지로서 가족을 사랑한다. 아내와 세 딸은 하나님께서 나에게 주신 가장 큰 보물이다. 그러므로 나의 존재 이유는 아내와 세 딸을 사랑하고 보호하기 위함이다. 세 딸 중에서 가장 걱정되는 아이는 막내 세라였다. 초등학교 1학년부터 미국에서 생활했으니 한글을 깨우치지 못할까 봐 걱정이 많았다. 그래서 세라에게 맞는 수준의 책을 많이 사서 날랐다.

2000년 전후 뉴저지의 겨울은 몹시 추웠다. 겨울밤은 일찍 시작되었고 그 밤들은 깊고 길었다. 어느 날 아내가 자고 일어나니 밤새 눈이 너무 많이 내려 도저히 밖으로 나갈 수 없는 상황이었다. 타운에서 도로의 눈은 치우지만 길에서 주택으로 들어가는 길은 개인이 치워야 한다. 아내와 아이들은 돈을 받고 눈을 치워주는 사람들이 올 때까지 꼼짝없이 집 안에 갇혀 있어야 했다. 당시 뉴저지의 겨울은 그런 날이 많았다. 리버 베일에 어둠이 내리면 칠흑 같은 겨울밤이 시작된다. 미국은 한국과 달리 가로등이 많지 않다.

나는 뉴저지 리버 베일 집에 가면 남자가 해야 하는 일들을 모두 찾아서 했다. 예를 들면 경수를 연수로 바꾸는 데 필요한 공업용 소금 포대를 자동차 트렁크에 가득 채울 만큼 구입해 지하실에 쌓아놓는다. 정원에는 뜻밖의 손님들도 찾아온다. 이른 아침에 일어나면 여우가 얌전히 앉아 있을 때가 있고, 밤비 사슴도 마실을 온다. 토끼는 아내가 가꾸는 채소를 맛있게 먹어 치운다.

리버 베일의 여름 밤하늘은 쏟아져 내릴 듯한 별들이 검은 벨벳 원단에 박힌 보석처럼 빛난다. 정원 잔디와 나무 사이를 반딧불이가 요정의 전령처럼 떠다닌다. 아이들은 그런 곳에서 학창시절을 꾸밈없이 보냈다. 홀로 세 딸을 키우느라 아내는 정신없이 바빴다. 자동차로 세 아이를 등하교시키고, 미술학원부터 과외학원까지 데려다주고 또 데려왔다. 아내는 미국에서 10년 세월을 기사와 가정부로 그렇게 보냈다. 나는 나대로 사업 때문에 정신없이 바쁜 세월을 보냈다.

사라진 종양

모든 사람이 행복을 추구하지만 각자가 원하는 행복의 개념은 서로 다르다. 지나온 과거를 되돌아보며 행복했던 때를 찾으려 해도 딱히 기억나는 시절이 없다. 그렇다고 특별히 고통스러운 시기는 언제였나 되짚어보니 그 역시 생각나지 않는다. 나에게 행복과 고통은 언제나 현재 진행형이다. 그러므로 그것들은 과거에 존재하지 않는다.

행복은 사랑하는 사람들과 필히 나누고, 고통은 혼자 안고 가야 한다. 누군가는 고통을 함께 나누면 반으로 줄어든다고 했는데 그렇지 않다. 내가 느끼는 고통을 사랑하는 사람들에게 전하는 순간 동일한 고통이 그들에게 전이될 뿐 나의 고통이 줄어들지는 않기 때문이다. 시간이 지나면 과거가 될 현재를 살면서 나는 현실에 안주하지 않고 미래를 위해 노력한다. 나는 미래를 위해 나의 모든 것을 투자할 때 행복감과 충만감을 가장 많이 느낀다.

어느 날 출근 후 화장실에서 소변을 보는데 흰색의 변기가 온통 붉은 피로 물들고 있었다. 소변 줄기가 붉은 피였다. 깜짝 놀랐다. 친구인 이성 박사에게 전화를 했다. 그는 외과 전문의로 성바오로병원 원장이었다.

"슬이 아빠, 아침에 출근해서 소변을 보는데 온통 붉은 피가 쏟아집니다."

"전에도 그랬습니까?"

"아니요, 처음입니다."

"우리 병원으로 바로 와서 접수하세요. 비뇨기과 과장에게 연락해놓겠습니다.”

나는 곧바로 성바오로병원으로 달려갔다. 접수를 하고 비뇨기과로 갔더니 초록색 수술복을 입은 과장이 진료를 했다. 즉시 내시경을 하자고 했다. 마취도 하지 않고 하는 내시경은 정신을 잃을 만큼 아팠다. 여자 간호사들이 스스럼없이 옆에 있는 것이 그 와중에도 부끄러웠다. 아픔과 부끄러움의 정도가 같았다. 내시경 후 옷을 추슬러 입고 진료실로 들어갔다. 의사가 침울한 표정으로 말했다.

“방광암입니다.”

“네? 크기는요?”

“우측 상단에 있는데 약 2cm 정도입니다. 수일 내로 수술을 하셔야 합니다.”

머릿속이 하얗게 변했다. 아무런 생각 없이 회사로 돌아왔다. 평소처럼 근무하고 정시에 퇴근했다. 아파트 문을 여니 여전히 어둠만 나를 반겼다. 변기에 소변을 보았다. 아침과 다르지 않았다. 붉은 피가 변기의 물을 붉게 물들이고 있었다. 나는 힘없이 변기 옆에 주저앉았다. 아내와 세 딸과 회사가 걱정되었다. 나는 아직 상속도 증여도 아무것도 준비하지 않았다. 또한 내 인생은 어떻게 될 것인가? 눈물이 볼을 타고 흘렀다.

3일째 되는 날 나는 평정심을 되찾았다. 다시 서울대학교병원 비뇨기과 과장에게 진료를 받았다. 그는 내시경은 하지 않고 이틀 후에 수술을 하자고 했다. 수술은 난생처음이었다. 생각할 시간이 필요했다. 또 수술은 가족이 있는 곳에서 하고 싶었다. 나는 성바오로병원 비뇨기과 과장에게 내시경 결과에 대한 소견서를 요청했다. 소견서는 영어로 작성해달라고 했다.

나는 영문 소견서를 가지고 뉴저지 리버 베일로 출발했다. 아내를 만나서 사실대로 이야기했다. 그리고 나서 지인의 도움으로 보스턴 하버드의대 비뇨기과의 저명한 미국인 교수에게 소견서를 전달하고 면담을 했다. 교수는 직업부터 시작해 과거부터 현재까지 내 인생 전반에 대해 질문했다. 미국의 진료상담은 한국과 달랐다. 이틀 후로 수술 날짜를 정했다. 나는 보스턴에서 리버 베일로 돌아와 수술 준비를 했다. 아내와 아이들이 함께 가겠다고 했다. 보스턴 병원 인근에 있는 호텔에 방을 예약했다. 즐겁지 않은 가족여행이었다. 아내는 아이들과 함께 출석하던 펠리사이드 장로교회와 한국에서 출석하던 화평교회 목사님들, 교우들에게 기도를 부탁했다.

다음 날 나는 아내와 함께 아침 7시에 병원에 도착해 8시에 시작하는 수술을 준비했다. 미국 수술복은 부직포로 만든 일회용 가운이다. 수술복으로 갈아입고 침대에 누웠다. 팔에 굵은 주삿바늘이 들어갔고 링거액이 주입되었다. 수술팀은 간호사들을 포함하여 모두 5명이었다. 나는 간호사들이 나를 수술 침대로 옮기는 순간 정신을 잃었다. 마취가 시작된 것이다.

어렴풋이 의식이 들었다. 집도 교수의 모습이 희미하게 보였다. 잠이 쏟아졌다. 꿈을 꾸고 있다고 생각했다. 비몽사몽인 채 어렴풋이 "낫씽(Nothing)"이라는 단어가 맴돌았다. 정신이 돌아온 후 아내로부터 설명을 듣고 집도 교수가 운영하는 그의 개인병원으로 가서 면담을 했다.

"수술을 위해 방광을 확대시킨 후 내시경으로 들여다보니 아무것도 없었습니다. 당신은 행운아입니다. 이제는 평소처럼 행동하면 됩니다."

나는 기분이 날아갈 것 같았다. 그냥 평소처럼 살아가면 된다는 것이다. 한국으로 돌아와서 이성 교수에게 있었던 그대로 설명했다. 이성 교수의 설명을 들은 비뇨기과 과장의 이야기다.

"그럴 리가 없습니다. 내시경으로 직접 확인했는데 우측 상단에 2cm 크기의 종양이 분명히 있었습니다."

나는 성바오로병원 비뇨기과 과장의 진단을 믿는다. 또한 하버드의대 비뇨기과 교수의 진단도 믿는다. 그들이 오진할 리는 없다. 종양은 있었다. 그러나 없어졌다. 목사님들과 교인들 그리고 아내와 세 딸의 기도로 하나님께서 종양을 사라지게 하신 것임을 나는 믿는다.

방광암 진단 이후 나는 삶과 죽음의 경계에 대해 생각했다.

시간은 쉬지 않고 흐른다. 단 한 순간도 멈추지 않는다. 지나간 시간은 두 번 다시 오지 않는다. 같은 시간 속에서 어떤 사람은 행복하고 또 어떤 사람은 불행하다. 삶의 목적과 방법이 다르기 때문이다. 그러나 행복과 불행은 동전의 앞면과 뒷면처럼 함께 이어져 있다. 마음가짐에 따라 언제든 동전처럼 뒤집힐 수 있다.

죽음은 아득히 먼 곳에 있지 않다. 언제나 우리 곁에 있다. 삶의 끝은 죽음이다. 그러므로 삶과 죽음은 같은 페이지에 있다. 인간은 무에서 와서 먼지처럼 사라진다. 주어진 시간 동안 인생을 살면서 의미 있는 삶, 즉 인류를 위해 헌신적인 삶을 사는 가치관은 대단히 중요하다. 헌신적인 삶의 흔적은 먼지처럼 사라지지 않기 때문이다. 나는 가난한 나라의 국민들에게 직업을 만들어주는 일이 내가 할 수 있는 헌신적인 삶의 흔적이라고 생각한다.

끝없이 도전하는
존재는 썩지 않는다

고인 물은 반드시 썩는다. 이는 누구도 거부할 수 없는 자연의 이치다. 썩은 물은 주변을 오염시키고 생명을 파괴하여 생태계를 위협한다. 따라서 물은 계속 흘러야 한다. 사람도 마찬가지다. 방향을 정하고 끊임없이 나아가야 한다. 그 노력을 멈추는 순간 퇴보의 길로 들어서기 때문이다. 뒤처지지 않으려면 매 순간 깨어 있어야 한다. 그리고 목표를 달성하기 위해 자신의 모든 역량을 쏟아부어야 한다. 그것이 바로 도전이다. 도전은 발전과 성장을 이루어내는 출발점이며 삶에 의미와 생동감을 부여하는 에너지다.

세아상역은 한순간도 안주하지 않고 도전에 도전을 거듭하며 성장해왔다. 그 과정에서 남들이 꺼리는 일도 마다하지 않았다. 창업 초기에는 다른 기업이 기피하는 어려운 오더를 수주했고, 그렇게 쌓은 성과를 기반으로 한 걸음 한 걸음 앞으로 나아갔다. 하나를 이루면 다음 목표를 세웠고 그 목표를 이루고 나면 다시 그다음의 목표를 세워 과감하게 도전했다. 37년 동안 이러한 과정을 수없이 반복했다. 때문에 세아상역은 도전의 DNA를 가진 기업으로 평가 받는다.

현상 유지는 곧 퇴보를 의미한다. 금년 매출이나 영업이익이 전년도와 같을 때 "그래도 떨어지지 않고 유지는 했으니 다행이다"라고 생각하는가? 그 순간 추락은 시작된다. 나는 창조적인 변화를 원한다. OEM의 한계를 넘어 ODM에 도전한 것도 그런 이유다. 세아상역이 중국을 시작으로 사이판, 과테말라, 멕시코, 니카라과, 코스타리카, 도미니카, 아이티, 인도네시아, 베트남 등의 국가에 각종 공장을 건설하고 M&A를 통해 사업영역을 확장한 것도 고인물이 되지 않으려는 몸부림이었다.

특히 M&A를 추진할 때는 몸과 마음이 긴장으로 굳고, 막연한 불안감에 고통스러운 불면의 밤을 보내야 했다. 수면 중에도 절반은 의식이 깨어 있어 진행 중인 M&A에 골몰했다. 최고경영자로서 직원들 앞에서는 의연해 보이려 하지만 혼자 있는 시간에 찾아오는 두려움은 피할 도리가 없다. 그러나 그 역시 성장과 발전을 위해 피할 수 없는 도전이었다. 앞으로 어떤 M&A를 추진할지, 어떤 사업에 새롭게 도전할지는 알 수 없다. 하지만 이것 하나는 분명하다. 앞으로도 흐르는 물처럼 세상을 향해 당당히 나아갈 것이며 오늘 이룬 성과에 만족하지 않고 다음 목표를 세워 전력 질주할 것임을.

물론 무리한 도전은 경계해야 하겠지만 말처럼 쉬운 일은 아니다. 어쩌면 경영자에게 가장 난해한 과제일지도 모른다. 그러므로 무엇보다 과감한 도전과 과도한 욕심을 구별하는 지혜와 현실을 직시하는 냉철한 판단이 중요하다. 이것이 바로 최고경영자가 견지해야 할 길이다.

가장 높은 곳에 달린 열매를 따겠다는 의지

최선이란, 손을 뻗어 누구나 딸 수 있는 열매에 목표를 두는 것이 아니라, 가장 높은 곳에 달린 열매를 따겠다는 생각이다. 그런 생각을 가진 사람만이 부는 바람도 고려하고, 발 디딜 가지도 확인해 끝내 가장 높은 곳에 달린 열매까지 딴다. 자기 눈높이에서 적당한 정도가 아니라 모든 자리에서 무엇이 최선인지 고민하고, 늘 그 최선을 추구하는 자세를 가져야 한다.

나는 가끔 오래전에 히트했던 드라마 '모래시계'를 떠올리곤 한다. 스토리도 좋았지만 당시 내가 그 드라마에 매료되었던 이유는 따로 있다. 연기자뿐만 아니라 제작에 참여한 모든 스태프들이 각자 위치에서 참 많이 노력한다는 느낌을 받았기 때문이다.

그 후에도 시간이 날 때마다 드라마 한두 작품을 챙겨 보는데 역시 스토리보다도 하나의 작품이 완성되기까지 제작에 참여한 사람들의 면면을 유심히 관찰하는 편이다. 드라마 앞뒤로 흐르는 타이틀롤(title role) 자막을 보고 있노라면 감독, 연기자, 미술, 음악 등 수많은 이들이 제 역할을 잘 수행했다는 게 놀랍고 감동적이기까지 하다. 해마다 헤아릴 수 없을 만큼 다양한 드라마와 영화가 제작된다. 하지만 그중 수작으로 평가받는 작품은 그다지 많지 않다. 같은 작가가 쓴 대본으로 같은 배우가 출연하더라도 결과물의 수준은 천차만별이다. 나는 그 원인이 한 사람 한 사람의 '창조적 열정'의 차이에 있다고 생각한다.

사업도 한 편의 드라마나 영화를 만드는 것과 비슷하다. 구성원들이 얼마나 창조적으로 사고하고 맡은 임무를 열정적으로 수행하느냐에 따라 성패가 갈린다. 2020년 팬데믹으로 세계경제가 직격탄을 맞았을 때 수많은 회사가 돌파구를 찾지 못해 휘청거렸지만 세아상역은 한 번도 시도해보지 않았던 마스크와 방호복을 대량으로 제작해 높은 매출과 수익을 만들었다. 이것이 바로 창조적 열정이 가져다준 달콤한 보상이다.

창조적 열정의 바탕에는 이른바 '로열티'가 있다. 더 나은 결과, 더 뛰어난 성과를 도출하기 위해 자발적으로 헌신하고 몰두하는 것이 바로 로열티다. 그 밑바탕에는 회사를 아끼고 사랑하는 마음, 자기 일의 완성도를 높이고 탁월함을 지향하는 열망이 깔려 있다. 로열티가 있느냐 없느냐에 따라 업무 결과는 완전히 달라진다. 로열티는 매사에 정성을 다하고 헌신적으로 몰두하는 힘, 다시 말해 창조적인 열정을 발휘하게 하는 원동력이다.

모든 직원이 높은 로열티를 갖고 자신의 맡은 바 임무를 수행하는 것이야말로 경영자가 바라는 최상의 모습일 것이다. 하지만 로열티가 저절로 생겨나지는 않는다. 경영자가 직원들의 마음속에 들어가 앉아 있어야 가능한 일이다. 정원을 가꾸듯 끊임없이 회사의 성장과 발전에 대한 믿음을 주고, 미래에 대한 비전을 보여주며 열정의 불씨를 계속 살려주어야 한다. 그러한 정성이 닿았을 때 직원들의 마음속에 꺼지지 않는 불꽃처럼 로열티가 밝고 환하게 빛난다.

나는 도전한다, 고로 존재한다

불황의 그림자가 짙게 깔려 있다. 미국 연방준비제도이사회에서는 2023년 7월 26일 기준금리를 0.25% 인상하여 미국 중앙은행 기준

금리는 5.50%가 되었다. 미국의 인플레이션을 저지하기 위한 양적 긴축정책이다. 또 우크라이나와 러시아 전쟁은 언제 끝날지 가늠하기 어렵다. 국내에서도 아파트 매매 감소를 필두로 건설경기가 하락하고 정부에서 저지하고 있는 부동산 PF 폭탄이 언제 터질지 노심초사하고 있다. 기업들은 높은 금리에도 불구하고 현금을 확보하기 위해 비상이 걸려 있다.

기업은 업종별 불황에 대비하기 위해 사업다각화를 해야 한다. 그래야 한 업종이 불황에 접어들었을 때 다른 업종으로 대처할 수 있기 때문이다. 그러나 금융권에서는 기업의 이종 업종 진출을 반대한다. 이종 업종의 경영에 성공한다는 것이 쉽지 않기 때문이다. 나는 의류 제조 및 수출 회사인 세아상역을 FOB 매출 2조 4,000억 원의 회사로 성장시켰다. 리테일 가격으로 환산하면 약 7.2조 원에 달할 것이다. 앞에서도 말했지만 세아상역은 설립 이후 지금까지 37년 동안 단 한 번의 적자도 기록하지 않았다.

태림페이퍼와 태림포장을 인수한 것은 이종 업종으로 진출하기 위함이었고 결과는 성공적이었다. 세아STX엔테크, 발맥스기술, 쌍용건설을 인수한 것 역시 사업다각화의 일환이었다. 쌍용건설은 전쟁이 끝나면 우크라이나 도시재건 사업에 참여할 것이다.

어떤 분이 나에게 적은 나이가 아닌데 사업 의욕이 많다고 했다. 맞는 말이다. 나는 할 수 있는 한 글로벌세아 그룹을 성장시키고 신규 M&A를 위해서도 전력을 다할 것이다. 나는 사업가로서 개척하고 도전하는 인생을 살고 싶다. 엘살바도르와 온두라스, 과테말라는 세계에서 가장 위험한 국가들이다. 30년 전 사업 초기에 산살바도르와 산페드로술라, 과테말라시티를 둘러보고 위험한 밤거리를 겁 없이 배회했다. 투자할 자본은 없었지만 내가 꿈을 꾸는 미래에 한발 더 가까이 다가가기 위해 먼저 진출한 한국 공장들을 둘러보고 해외투자를 배우고 싶었다. 젊은 혈기와 사업에 대한 의욕이 두려움을 앞섰다.

바람개비에게 바람이 없는 상황은 절망적이다. 하지만 바람개비를 돌리겠다는 의지를 가진 사람은 가만히 앉아서 바람이 불기를 기다리지 않는다. 바람개비를 들고 뛰어서라도 돌리고야 만다. 인간의 의지는 새로운 것을 만들고, 놀라운 결과를 보상으로 돌려받게 해준다. 그런 의미에서 나는 천수답(天水畓) 경영을 해서는 안 된다고 자주 말한다. 오로지 하늘에서 비가 내려야만 농사를 짓는 방식의 경영으로는 기업을 지속시킬 수 없다. 주변의 모든 용수를 이용하는 수리답(水利畓) 경영이라야 지속 가능한 기업이 된다.

지나온 시간은 매 순간이 도전과 결단의 연속이었다. 언제나 나는 승리에 목말라했다. 사업도 전쟁과 다르지 않다. 승리는 산 자의 것이고 패배는 죽은 자의 것이다. 나는 가끔 스스로에게 묻는다. 과연 나는 살아 있는가? 풍요롭고 달콤한 인생은 내가 꿈꾸는 인생이 아니다. 그런 인생은 패배자의 인생이다. 내가 살고 싶은 인생은 도전하고 성취하는 인생이다. 운명은 도전하는 사람만이 바꿀 수 있고, 그래서 나는 도전한다.

- 저자소개 -

김웅기

글로벌세아 그룹 회장

충북 보은에서 태어나 전남대학교 섬유공학과를 졸업했다. 직장생활을 하다가 서른다섯에 퇴사하고 1986년 자본금 500만 원, 2명의 직원과 함께 세아교역을 설립했다. 의류 제조 및 수출을 전문으로 해온 세아상역은(1988년 세아상역 주식회사로 법인 전환) 단 한 번의 적자도 없이 37년간 눈부시게 성장해왔다. 중국을 비롯해 사이판, 베트남, 인도네시아는 물론이고 과테말라, 멕시코, 니카라과, 아이티, 코스타리카, 엘살바도르 등 중미 여러 국가에 진출해 사업을 펼친 결과 세계 1위 패션 OEM 회사로 등극했다. 업계에서는 김웅기 회장을 '패션 거목'이라 부른다.

무역의 날 대통령표창(1997), 석탑산업훈장(2000), 제23회 섬유의 날 금탑산업훈장(2009), 무역의 날 십억불 수출의 탑(2011), WFDP '제1회 세계패션대상'(패션&인더스트리 부문)(2011), '대한민국 100대 CEO'(8회

수상), EY한영 '제15회 최우수 기업가상(EOY)'(2022), '제10회 매경럭스맨 올해의 기업인상'(2022) 등을 수상했다. 2011년에는 WTO 주최 스위스 제네바 '무역을 통한 원조' 회의에 참석해 한국 기업 최초로 사례 발표를 했다.

2014년 아이티에 세아학교를 열었고, 2017년에는 세아중고등학교도 개교했다. 10년의 노력 끝에 2023년 9월 첫 고등학교 졸업생이 배출되었다. 2014년 니카라과 명예 영사로 임명되었으며, 2015년 그룹 지주회사 글로벌세아를 출범시켰고 세아재단을 설립했다. 세아상역은 'GWP 한국의 일하기 좋은 기업' 특별상(2010)과 본상(2011)을 수상했고, '국가지속가능경영 우수기업 외교부 장관상'(2020), '국제협력 부문 사회공헌기업 대상'(2021)을 수상했다.

2007년 나산을 인수했고(인디에프로 사명 변경), 2018년 세아STX엔테크를 출범했다. 2020년 태림그룹, 2022년 쌍용건설, 발맥스기술을 인수하고 S2A갤러리를 개관했다. 한국 미술품 중 역대 최고가인 김환기 작가의 작품 '우주'를 낙찰받아 '세계 200대 컬렉터'(2022, 2023)에 선정되기도 했다. S2A갤러리에서 '우주'를 일반에 무료로 공개했다. 글로벌세아는 2023년 대기업 집단에 포함되었으며, 2025년 그룹 전체 매출액 10조 원을 바라보고 있다.

푸르른 청춘에게 고한다.
눈을 감아라. 그리고 마음을 열어라.
그대들이 달려갈 넓은 세계가 보일 것이다.
그곳으로 달려가라.
내 꿈과 희망도 아직 끝나지 않았다.
그대들과 함께 더 멀리 더 높이 날고 싶다.
바로 꿈꾸는 자의 운명처럼.

화   보

사진01 1994년 중국 칭다오에 합작법인으로 설립한 청도승리세아복장유한공사 공장 전경.

사진02 1998년 과테말라에 설립한 세아인터내셔널 공장 내부. 세아인터내셔널은 과테말라 최대 의류 수출 기업이 되었다.

사진03 2008년 개성공단에 세운 인디에프 공장 전경.

사진04 2011년 1월 아이티 재건을 위한 섬유단지 조성의 본계약을 체결했다.

사진05 2011년 7월 18일 세계무역기구 주최의 '무역을 위한 원조' 회의에 한국 기업인으로는 유일하게 참석해 아이티 투자에 관한 사례발표를 했다.

사진06 2011년 9월 클린턴 글로벌 이니셔티브(CGI) 포럼에 참석했다.

사진07 2012년 10월 아이티 공장 준공식에 참석한 힐러리 클린턴 전 국무장관과 공장 투어.

사진08 2011년 아이티에서 만난 영화배우 숀 펜. 그는 글로벌 파워 인맥으로 전 세계 구호 현
장을 누비고 있다.

사진09 2011년 숀 펜과 함께 아이티 재건에 힘을 보탠 디자이너 도나 카란과 함께.

사진10 2012년 10월 첫 번째 아이티 공장 준공식에 많은 내외 귀빈이 참석했다.

사진11 2012년 영국 대사관저에서 클린턴 가족과 함께.

사진12 2012년 뉴욕 타임스퀘어 뉴스 전광판에 소개되고 있는 세아재단의 아이티 의료봉사.

사진13 2013년 인도네시아 위너스 공장 직원들과 함께.

사진14 2014년 3월 아이티 세아학교 오픈식. 파멜라 화이트 아이티 주재 미국 대사(오른쪽 첫 번째)와 존 그로아크 USAID 디렉터(오른쪽 두 번째)가 참석했다.

사진15 2014년 세아학교 학생과 선생님들이 수업을 진행하고 있다.

사진16 2014년 7월 반기문 제8대 유엔 사무총장의 초대로 뉴욕 유엔본부를 방문했다.

사진17 2015년 4월 코스타리카 세아스피닝 1공장 오픈식.

사진18 2016년 공장 부지를 둘러보기 위해 아프리카를 방문했다.

사진19 2016년 자선 행사에서 만난 빌 클린턴 전 대통령.

사진20 2016년 건립한 세아중고등학교.

사진21 2016년 인도네시아 조코 위도도 대통령을 만났다.

사진22 2017년 10월 세계지식포럼 행사에 연사로 참석한 힐러리 클린턴과 함께.

사진23 2017년 미국 법인 SC GCC의 경영진 래리와 콜린 부부를 한국에 초청했다.

사진24 2019년 과테말라 부통령과 산업부 장관을 만났다.

사진25 2019년 12월 미국 공장 부지를 확인하기 위해 방문한 앨라배마 담당자들과 함께.

사진26 2020년 글로벌세아 그룹과 한 가족이 된 태림포장 공장 내부.

사진27 2022년 제15회 EY 최우수 기업가상을 수상했다.

사진28 2022년 코스타리카 세아스피닝 2공장 준공식에서 축사를 했다.

사진29 2022년 7월 글로벌세아 그룹 S2A 갤러리 개관식.

사진30 2022년 10월 우크라이나에 구호 의류와 용품을 기부했다.

사진31 2023년 엘살바도르 부켈레 대통령을 만났다.

사진32 2023년 쌍용건설이 건설한 두바이 아틀란티스 더 로열.

사진33 2023년 9월 세아중고등학교 첫 졸업식에서 축사를 했다.

사진34 2023년 9월 세아학교의 첫 졸업식.

세상은 나의 보물섬이다

2024년 1월 17일 초판 1쇄 | 2024년 2월 5일 7쇄 발행

지은이 김웅기
펴낸이 박시형, 최세현

책임편집 최세현 **디자인** 윤민지
마케팅 양근모, 권금숙, 양봉호 **온라인홍보팀** 최혜빈, 신하은, 현나래
디지털콘텐츠 김명래, 최은정, 김혜정 **해외기획** 우정민, 배혜림
경영지원 홍성택, 강신우, 이윤재 **제작** 이진영
펴낸곳 쌤앤파커스 **출판신고** 2006년 9월 25일 제406-2006-000210호
주소 서울시 마포구 월드컵북로 396 누리꿈스퀘어 비즈니스타워 18층
전화 02-6712-9800 **팩스** 02-6712-9810 **이메일** info@smpk.kr

쌤앤파커스(Sam&Parkers)는 독자 여러분의 책에 관한 아이디어와 원고 투고를 설레는 마음으로 기다리고 있습니다. 책으로 엮기를 원하는 아이디어가 있으신 분은 이메일 book@smpk.kr로 간단한 개요와 취지, 연락처 등을 보내주세요. 머뭇거리지 말고 문을 두드리세요. 길이 열립니다.